Digital Humanities

Susanne Kurz

Digital Humanities

Grundlagen und Technologien für die Praxis

Susanne Kurz
HKI – Historisch Kulturwissenschaftliche
Informationsverarbeitung
Universität zu Köln
Albertus Magnus Platz, Köln
Deutschland

ISBN 978-3-658-11212-7 ISBN 978-3-658-11213-4 (eBook)
DOI 10.1007/978-3-658-11213-4

Die Deutsche Nationalbibliothek verzeichnet diese Publikation in der Deutschen Nationalbibliografie; detaillierte bibliografische Daten sind im Internet über http://dnb.d-nb.de abrufbar.

Springer Vieweg

Grafiken: Viktoria Napp und Johanna Puhl, Köln

Gedruckt auf säurefreiem und chlorfrei gebleichtem Papier

Springer Fachmedien Wiesbaden ist Teil der Fachverlagsgruppe Springer Science+Business Media
(www.springer.com)

The Analytical Engine weaves algebraic patterns, just as the Jacquard loom weaves flowers and leaves.
Ada Lovelace (1815–1852)

Geleitwort

Ein Lehrbuch für Digitale Geisteswissenschaften ...

Am selben Tag, an dem Frau Kurz mir die endgültige Fassung ihres Lehrbuches zuschickte, begann Willard McCarty in seiner Diskussionsliste „Humanist" die Diskussion darüber, ob die Betonung der Möglichkeiten, durch den Einsatz der Informationstechnologien in den Geisteswissenschaften Arbeit zu sparen, nicht unzulässig den Blick dafür verstelle, dass die Pioniere von 1949 an darauf bestanden hätten, der Sinn des Einsatzes von aus der Informatik abgeleiteten Techniken sei primär methodisch, ihr praktischer Nutzen dürfe dies nicht verschleiern.

Die Kölner Studiengänge vertreten das Konzept einer geisteswissenschaftlichen Fachinformatik. Das Fach beschränkt sich nicht darauf, die geisteswissenschaftliche Forschung bei der Anwendung von Techniken zu unterstützen, die in anderen Fächern oder durch die Industrie entwickelt wurden. Aus der Analyse der spezifischen Natur von „Information" und „Wissen" in den Wissensdomänen der Geisteswissenschaft und unter Einsatz und Weiterentwicklung der Werkzeuge der allgemeinen Informatik leitet es eigenständige neue Verfahren ab und setzt diese in Pilotprojekten um.

Man könnte die Frage stellen: „Und mit diesem ehrgeizigen Anspruch beginnen Sie mit handcodiertem HTML, wo doch zahllose Authoring-Werkzeuge das Triviale so viel leichter machen?" Wir tun dies nicht trotz der oben erhobenen Ansprüche, sondern gerade ihretwegen, denn:

Alle Welt beklagt, es gäbe viel zu wenig Leute, die kompetent mit der Informationstechnologie umgehen könnten. Einer der Gründe dafür dürfte sein, dass die ständige Betonung, wie märchenhaft einfach der Umgang mit ihr inzwischen geworden sei, eine enorme Hemmschwelle aufbaut, sich aus dieser märchenhaften Einfachheit zu lösen und doch genauer hinzusehen, was man erreicht, wenn man einen Blick unter die schöne Oberfläche wirft. Ein anderer Grund ist sicher der, dass technische Studiengänge gerne an den Anfang die abstraktesten formalen Hürden stellen, deren Relevanz für die Beschäftigung mit einer täglich als selbstverständlich erlebten Technologie meist erst Jahre später wirklich verständlich wird. Beide Probleme wiegen umso schwerer, wenn es um Studiengänge an einer philosophischen Fakultät geht, bei der Technikaffinität nie erwartet wird.

Dementsprechend werden die Digitalen Geisteswissenschaften immer noch oft als eine Kooperation zwischen zwei unterschiedlich qualifizierten Personen (miss)verstanden;

einer, die den Inhalt und einer, die die Technik versteht. Das mag für die Optimierung von Arbeitstechniken ausreichen: Die Art von Interdisziplinarität, die durch die beiden Beispiele am Anfang impliziert wird, kann nur im Kopfe stattfinden, und setzt voraus, dass diese Hemmschwelle der vertiefenden Beschäftigung mit der Technologie auch von geisteswissenschaftlich Orientierten überwunden wird.

Der Ansatz, die Beschäftigung mit den Möglichkeiten der Informationstechnologien in den Geisteswissenschaften damit zu beginnen, zunächst nachzusehen, wie gerade die als alltäglich empfundene Webtechnologie „eigentlich funktioniert", bevor man sich abstrakteren Themen zuwendet, überwindet die zitierten Hürden – und hat in den letzten 15 Jahren in Köln für viele Studierende erfolgreich die Basis für sehr viel weiterführende Wissenskarrieren gelegt.

Frau Kurz hat die meisten von ihnen auf dem Beginn dieses Weges in der diesem Lehrbuch zu Grunde liegenden Veranstaltung begleitet. Mit großem Erfolg.

Auch wenn ein Lehrbuch nie das persönliche Engagement der Lehrenden vermitteln kann: Wir hoffen, dass der Text auch außerhalb von Köln diese Begleitung übernimmt.

Prof. Dr. M. Thaller

Vorwort

Schon längst ist die digitale Welt aus den Geisteswissenschaften nicht mehr wegzudenken: Durch den gezielten Einsatz digitaler Medien sind in allen klassischen Disziplinen der Geisteswissenschaften, die die universitäre und außeruniversitäre Forschungseinrichtungen, die Institutionen des Kulturerbes (Bibliotheken, Archive, Museen) sowie die Verlage und jedwede weitere Medieninstitution umfassen, neue Praktiken für und von Softwaresysteme(n) entstanden. Die Prämisse für einen erfolgreichen Einsatz digitaler Systeme ist die Assoziation von fundierten geisteswissenschaftlichen Kenntnissen mit solider informationstechnischer Kompetenz, die weit über das reine Schreiben und Gestalten am Rechner hinausgehen muss. Sowohl die Konzeptionierung von fachspezifischen digitalen Angeboten wie auch deren reale technische Umsetzung mit und ohne Unterstützung von externen Dienstleistern setzen fundierte Kenntnisse der dafür möglichen und nötigen Technologien voraus.

Das vorliegende Buch ist eine Einführung in die theoretischen und praktischen Kenntnisse, die notwendig sind, um die Konzepte, Methoden und Technologien der Digital Humanities zu verstehen und ausprägungsunabhängig zu benutzen. Ziel ist ein allgemeines Verständnis der Konzepte der jeweiligen Bereiche und nicht ein trainierter Umgang mit einem bestimmten Softwaresystem. Da aber gerade im Bereich der Angewandten Informatik ein routinierter Umgang mit Rechnersystemen unerlässlich ist, müssen die Konzepte in konkreten Projekten umgesetzt werden. Zu diesem Zweck finden sich im vorliegenden Buch regelmäßig praktische Aufgaben, die mit einer entsprechenden Applikation umgesetzt werden sollen. Eine Aufgabenstellung für ein größeres Projekt, das in vergleichbarer Form als reale Aufgabenstellung im beruflichen Alltag vorkommen könnte, verbindet alle Kapitel bis einschließlich „Markupsprachen am Beispiel von XML".

Der Aufbau ist bis zum Kapitel „Einführung in die Bildbearbeitung" konsekutiv und es wird empfohlen, diese entsprechend zu bearbeiten. Die anschließenden Kapitel zum Thema digitale Bilder und Informationssysteme sind autonom.

Durch die hier vermittelten theoretischen und praktischen Kenntnisse wird ein effizientes und selbstständiges Arbeiten mit den verschiedensten Softwaresystemen in unterschiedlichen Fachbereichen zu verschiedensten Fragestellungen möglich, sodass ein zielorientierter Einsatz von Informationstechnologien auch und gerade in den Digitalen Geisteswissenschaften möglich wird.

Susanne Kurz

Inhaltsübersicht

Inhaltsverzeichnis

Über die Autorin

Susanne Kurz geb. 1968, ist Lecturer und Beauftragte für Studienmanagement der HKI an der Universität zu Köln. Nach verschiedenen Projektbeschäftigungen an nationalen und internationalen Projekten der Digital Humanities ist sie derzeit mit der Konzeption und der Durchführung des IT-Zertifikates der Philosophischen Fakultät betraut. Frau Kurz leitet zudem an der Universität zu Köln das zweisemestrige Seminar „Basissysteme der Informationsverarbeitung", das von dem Institut Historisch-Kulturwissenschaftliche Informationsverarbeitung (HKI), Prof. Dr. M. Thaller, für die Studiengänge Medieninformatik und Informationsverarbeitung angeboten wird.

Abbildungsverzeichnis

1 Einleitung

Der umfangreiche Komplex der Digital Humanities beinhaltet hier die digitale Verarbeitung sowohl von sprachlichen Informationen in Form von Texten[1] als auch von nichttextueller Information. Dementsprechend widmen sich die folgenden Kapitel schwerpunktmäßig den Themen

- Klassische und moderne Web-Technologien,
- Fortgeschrittene Markupsprachen am Beispiel von XML,
- Angewandter Markup: TEI,
- Digitale Bildbearbeitung sowie
- Informationssysteme am Beispiel von Geographischen Informationssystemen.

In jedem Kapitel findet sich zunächst eine theoretische Auseinandersetzung mit dem jeweiligen Thema, gefolgt von deren praktischer Verwendung. Rein praktische Kenntnisse der jeweiligen Applikationen, gerade für den Einsatz in dem extrem heterogenen Bereich der Geisteswissenschaften, führen in seltensten Fällen zu guten Ergebnissen. Anhand der praxisnahen Beispiele und Übungen, die sich immer am Ende einer logischen Einheit befinden, wird der reale praktische Bezug zu der zuvor behandelten Theorie hergestellt und durch Übungsaufgaben ergänzt. Unter http://dhbuch.de können Sie Material downloaden, Codebeispiele einsehen und weitere Übungsaufgaben bekommen. Dort gibt es einen Bereich Errata, der aktuelle Änderungen zur Auflage enthält.

[1] In diesem Kontext soll der Begriff des Textes ausdrücklich nicht definiert werden, es wird jedoch eine sehr breite Interpretationvariante des Textbegriffes zu Grunde gelegt.

S. Kurz, *Digital Humanities,* DOI 10.1007/978-3-658-11213-4_1

Ziel ist es,

- Konzepte und Möglichkeiten von Markup-Systemen in komplexen Kontexten zu erfassen und zu nutzen;
- die technologischen Prinzipien der wichtigsten IT-Anwendungen, die in Medien und Geisteswissenschaften gebräuchlich sind, kennen zu lernen;
- die Fähigkeit zu erwerben, sich rasch und selbstständig in unbekannte Softwarepakete einarbeiten zu können und
- sich mit den grundlegenden Diskussionen der IT im nicht naturwissenschaftlichen Bereich vertraut zu machen.

Da die hier behandelten Inhalte einem beständigen Wandel unterliegen, wird dieses Buch kontinuierlich fortgeschrieben, wobei sich immer auch einige veraltete Techniken in den Kapiteln befinden. Diese werden erst dann vollständig herausgenommen, wenn sie wirklich keinerlei Bedeutung mehr aufweisen.

Zur besseren Übersichtlichkeit werden alle Attributnamen mit dem Präfix @ versehen.

Viele der im Folgenden verwendeten Beispiele sind den Seiten der w3schools (http://www.w3schools.com) entnommen bzw. daran angelehnt. Alle angegebenen URLs wurden letztmalig im Januar 2014 überprüft und die Autorin kann keine Garantie dafür übernehmen, dass die Inhalte zum Zeitpunkt eines späteren Aufrufs den hier beschriebenen noch entsprechen.

Fortgeschrittene Web-Basics

2

Paul fragt Laura: „Wer war eigentlich Lorenzo Gafà?“ Laura antwortet: „Hmm, keine Ahnung…“ Diese Szene findet ihre Fortsetzung sicher nicht in einer Bibliothek, sondern vor einem Rechner mit Internetanschluss.

Sehr hohe und international ständig steigende Nutzungszahlen des Internets belegen ein großes aber durchaus unterschiedliches Interesse an diesem Medium. Eine Gesellschaft ohne dieses Netzwerk ist in vielen Bereichen kaum noch vorstellbar. Durch die massive Etablierung der Webtechnologien und die fortschreitende Digitalisierung in allen nur denkbaren Bereichen sind die Anforderungen an die Informationsinfrastruktur deutlich gestiegen.

2.1 Grundlagen Internet

Dieses Kapitel gibt einen Überblick über die Entstehung, den Aufbau, die Nutzungsvoraussetzungen, die Dienste (Möglichkeiten) sowie die Orientierung im Internet.

2.1.1 Historie und Basis

1962 wurden die ersten bereits existierenden militärischen Netzwerke, die einen sehr kleinen Umfang aufwiesen und vollständig souverän angelegt waren, auf Vorschlag von Paul Baran zu einem großen Netzwerk ohne Zentraleinheit zusammengeschlossen. Die erstmals als digitale Netzarchitektur umgesetzte Idee entsprach der Struktur eines traditionellen Fischernetzes. Das zugrunde liegende Regelwerk für die Kommunikation der Rechner untereinander war das Netzwerkprotokoll NCP (network control protocol). Dieses frühe Netzwerk trug den Namen ARPAnet.

S. Kurz, *Digital Humanities*, DOI 10.1007/978-3-658-11213-4_2

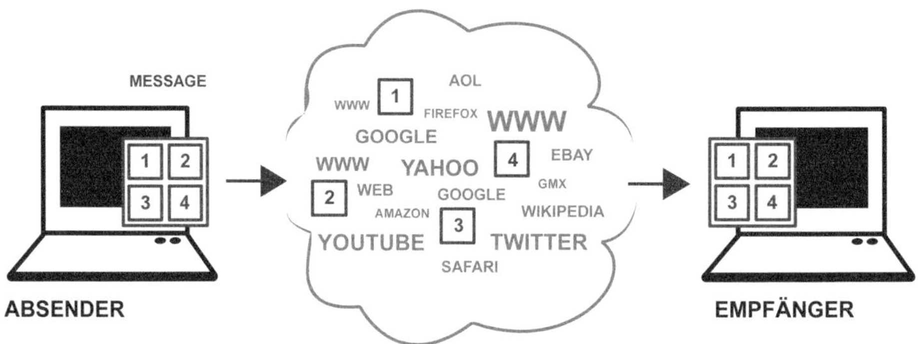

Abb. 2.1 Paketorientierung

1969 wurden vier separate universitäre Netzwerke in den USA auf die gleiche Art miteinander verbunden und 1972 umfasste dieses Netzwerk vierzig Rechner.

Die noch heute weltweit genutzte Netzwerkprotokollfamilie TCP/IP (Transmission Control Protokoll/Internet Protokoll) wurde 1982 eingeführt und das so neu entstandene Netzwerk bekam den Namen Internet, eine Abkürzung für den englischen Begriff Interconnected Networks, also zusammengefügte Netze.

Die Datenübermittlung erfolgte damals wie heute nicht in einer einzelnen Gesamtheit sondern paketorientiert: Die Gesamtdatenmenge wird in einzelne Einheiten, die sogenannten Pakete, zerlegt und mit Headerdaten versehen, die Zugehörigkeit und Ziel des Paketes beinhalten. Wie in Abb. 2.1: Paketorientierung dargestellt, werden diese Pakete unabhängig voneinander auf den unterschiedlichsten Wegen durch das dezentrale Netzwerk geschickt und erst am Ziel beim Empfänger wieder zu einer Dateneinheit zusammengesetzt.

Diese grundlegende global einheitliche Struktur ermöglicht das Netzwerk „Internet“ und ist somit ein eher konzeptueller Begriff. Was das Internet letztlich ausmacht, ist die festgelegte, einheitliche Form (Protokoll) der Datenkommunikation zwischen einem beliebigen Client und einem Server, die physisch miteinander verbunden sind und TCP/IP als Kommunikationsgrundlage nutzen. Auf diesem Netzwerk können nun weitere Techniken aufsetzen, um Serviceleistungen im Internet anzubieten. Es empfiehlt sich hierbei eine standardisierte Vorgehensweise, um eine möglichst große Reichweite zu erzielen. Um diese Standards bemüht, hat Tim Berners-Lee[1] einerseits das WorldWideWeb ins Leben gerufen und andererseits im Oktober 1994 das World Wide Web Consortium, kurz W3C[2], gegründet. Dieses, in Arbeitsgruppen organisierte, internationale Konsortium entwickelt in einem sehr transparenten Prozess unter Einbeziehung relevanter Usergruppen aktuelle standardisierte Technologien für das WWW. Ein zunächst als Arbeitsentwurf (Working Draft) vorgestellter Standard wird öffentlich diskutiert und letztlich als W3C-Empfehlung

[1] Biographie unter http://www.w3.org/People/Berners-Lee/Overview.html.

[2] Siehe http://www.w3.org und http://www.w3c.de.

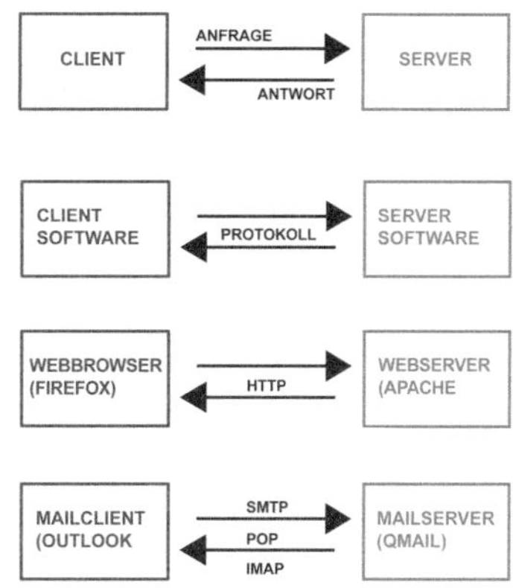

Abb. 2.2 Client-Server-System

(W3C Recommendation) veröffentlicht.[3] Prominente Beispiele sind HTML/XHTML, XML und Familie sowie XML Schema und XSLT, CSS, PNG, RDF, DOM, OWL uvm.

2.1.2 Client – Server – System

Zwei Agenten, die miteinander in Kontakt treten möchten, benötigen eine einheitliche Strategie und eine definierte Sprachregelung. Übertragen auf heutige Rechensysteme bedeutet dies, zwei Softwaresysteme – der Client, der die Anfrage stellt und der Server, der diese beantwortet – nutzen die bereits vorhandene physische Verbindung zwischen den Rechnern und TCP/IP, also das Internet, zur allgemeinen Datenübermittlung und verwenden zielorientierte Protokolle (Regelwerke), um eine bestimmte Funktion zu realisieren. Auf Abb. 2.2: Client-Server-System ist dies veranschaulicht.

Das Ziel „Anzeige einer Webseite" erfordert also die Anfrage der Browsersoftware als Client mittels des Regelwerkes/Protokolls HTTP[4] an einen Server, der diese Anfrage versteht, also ein Webserver wie z. B. Apache HTTP Server. Dieser übermittelt den gewünschten, dort gespeicherten HTML-Code[5] an den Browser, der wiederum in der Lage ist, diesen zu interpretieren und anzuzeigen.

Das Ziel „Versenden einer E-Mail" erfordert entsprechende Client-Software, die das Protokoll SMTP[6] benutzen kann, um eine Mail an einen Mailserver zu übertragen, der diese dann zur Abholung durch den Empfänger verfügbar macht.

[3] Siehe http://www.w3.org/TR/.

[4] HyperTextTransferProtokoll: HTTP/1.0 1996: Standard RFC 1945 und HTTP/1.1 1999: Standard RFC 2616/Tutorial für Webentwickler: http://net.tutsplus.com/tutorials/tools-and-tips/http-the-protocol-every-web-developer-must-know-part-1/.

[5] HyperTextMarkup Language, Kap. 2.2.

[6] Simple Mail Transfer Protocol, RFC 5321.

Nur wenn die Protokolle – die Regelwerke für ein bestimmtes Ziel – exakt eingehalten werden, kann eine Kommunikation zwischen zwei Rechensystemen gelingen.

2.1.3 Dienste – Funktionalitäten – Möglichkeiten

Die verschiedenen Protokolle, die im Internet Anwendung finden, bedingen die verschiedenen Dienste und damit die Möglichkeiten des Internets. Eine Etablierung neuer Protokolle ermöglicht die Erweiterung der Funktionalität des heutigen Internets auf zukünftige Herausforderungen und neue Ideen. In Tab. 2.1 finden sich einige Beispiele.

2.1.4 Aufbau

Das Internet ist letztlich ein Zusammenschluss von vielen Einzelnetzen, die eine gemeinsame Kommunikationsstrategie verwenden. Jeder einzelne Netzbetreiber ist für sein Netz verantwortlich und trägt damit seinen Teil zum Internet bei. Ressourcen werden über Webserver der Provider zur Verfügung gestellt und können von beliebigen Rechnern angefragt werden. Siehe dazu Abb. 2.3: Internet – Aufbau und Teilhabe.

Voraussetzung ist, dass ein Rechner eine Verbindung zum Internet über einen Provider und eine Client-Software hat, die solche Anfragen formulieren und die Antworten interpretieren kann.

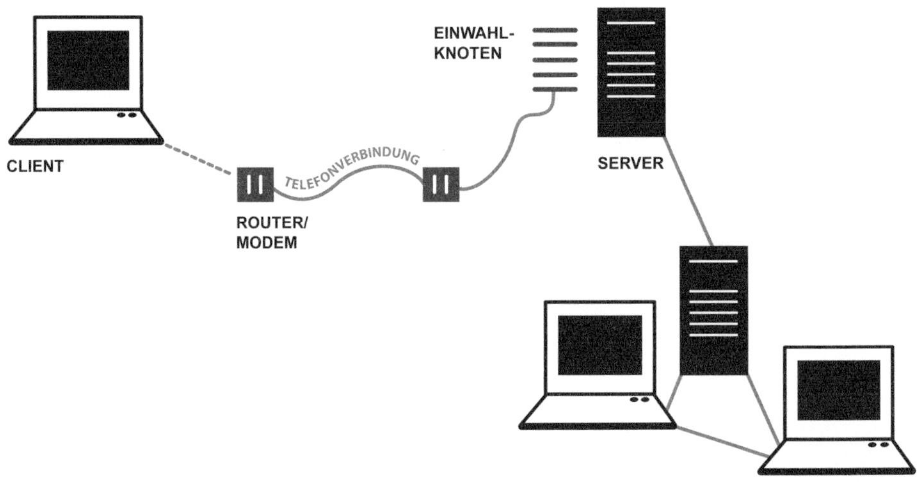

Abb. 2.3 Internet – Aufbau und Teilhabe

Tab. 2.1 Protokolle

Protokoll	Dienst	Client-Software	Server-Software
SMTP Simple Mail Transfer Protocol RFC 5321 POP Post Office Protocol RFC 1939 IMAP Internet Message Access Protocol RFC 3501	E-Mail	Thunderbird Windows Live -Mail Mail iOs AirMail AquaMail	Mercury Postfix hMailServer Exim Qmail
HTTP Hypertext Transfer Protocol RFC 2616	WWW	Firefox Google Chrome Internet-Explorer Safari Opera	Apache HTTP Server MS Internet Information Server IBM HTTP Server
HTTP Hypertext Transfer Protocol RFC 2616	Internetradio	Streaming-Clients	Streaming-Server
IRC RFC 2810	Internet Relay Chat	mIRC XChat	IRCd=IRC-Daemon
XMPP Extensible Messaging and Presence Protocol RFC 6120 – 22	Jabber, Instant Messaging	Psi	Open Fire
Proprietäre Protokolle (kennt nur die NSA…)	Instant Messaging	Skype, ICQ, AIM, MSN Messenger, IMessage	ICQ, AIM, MSN Messenger, IMessage
SIP Session Initiation Protocol RFC 3261	VoIP Internet-Telefonie	Face Time IChat	Voiceserver
LDAP Lightweight Directory Access Protocol RFC 4510/RFC 4511	Verzeichnisdienst	LBE meist integriert in komplexe Kommunikationssysteme	OpenLDAP
IPSec Internet Protocol Security PPTP Point-to-Point Tunneling Protocol GRE Generic Routing Encapsulation Protocol	VPN	Cisco VPN – Client	OpenVPN

2.1.5 Internet Partizipation

Kommerzielle oder öffentliche Internet-Provider unterhalten weltweit eigene Server (Hosts), aus denen sich das Internet zusammensetzt. Mittels eines solchen Providers als Dienstleister und eines Rechners (Desktop/Laptop/Pad/Smartphone und viele mehr), der mit einem Modem, einem Router oder einer Netzwerkkarte ausgestattet sein muss, kann auf die Server zugegriffen werden. Die Verbindung wird entweder über das (mobile) Telefonnetz oder über ein lokales Netzwerk (LAN/WLAN) bzw. einer Kombination aus beidem hergestellt.

Die Kommunikation, hier am Beispiel eines Webseitenaufrufs, erfolgt in folgenden Schritten:

- Anfragen werden von dem eigenen Rechner an den des Providers geschickt,
- dieser vermittelt die Anfrage an den Zielrechner (Webserver, auf dem die Webseite gespeichert ist),
- der wiederum eine Antwort (Quellcode der Webseite) an den Provider schickt,
- der diese an den anfragenden Rechner übermittelt.

Die Bereitstellung von Webseiten erfolgt ebenfalls über den Provider, der als Dienstleistung Speicherplatz auf einem Webserver zur Verfügung stellt.

2.1.6 Orientierung im Internet

Die Orientierung innerhalb des Netzes der unzähligen Server erfolgt über standardisierte IP-Adressen. Jeder Server hat eine eindeutige Adresse, die aus vier Zahlen zwischen 0 und 255 besteht, die durch Punkte getrennt werden. Ein Beispiel: 134.95.80.223.

Seit der IPv4, der vierten Version des Internet Protocol[7], werden IPv4-Adressen verwendet, die aus 32 Bits bestehen und damit 4.294.967.296 Adressen ($=2^{32}$) abbilden können. Es wird die dotted decimal notation verwendet, die besagt, dass die vier Oktetts als vier durch Punkte voneinander getrennte ganze Zahlen in Dezimaldarstellung im Bereich von 0 bis 255 geschrieben werden müssen.

Aufgrund des kontinuierlichen Wachstums des Internets stellt diese auf etwas über vier Milliarden begrenzte Anzahl an IP-Adressen ein Problem dar und so wurde bereits 1998 IPv6[8] entwickelt, die sechste Version des Internet Protocol, die 2^{128} Adressen ($\approx$340 Sextillionen) zur Verfügung stellt. Dies wird erreicht, indem acht Blöcke mit jeweils 16 Bit durch einen Doppelpunkt voneinander getrennt verwendet und die Zahlen mit vier Hexadezimalstellen angegeben werden: 2001:0db8:0000:08d3:0000:8a2e:0070:7344. Durch Anwendung verschiedener Regeln kann diese sehr lange Schreibweise verkürzt werden.

[7] Siehe http://tools.ietf.org/html/rfc791.

[8] Siehe http://tools.ietf.org/html/rfc2460.

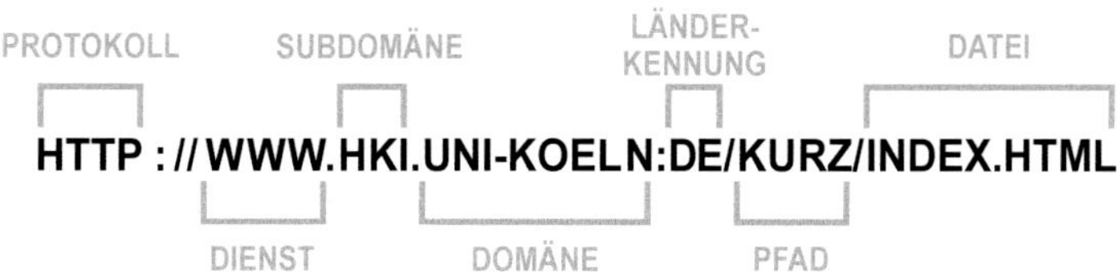

Abb. 2.4 Aufbau einer URL

Da die Repräsentation der IP-Adressen als Zahlenkolonnen zwar für den Rechner gut verarbeitbar, für den Menschen jedoch nur wenig verständlich und einprägsam sind, werden Bezeichnungen/Namen vereinbart, die eine für Menschen verständliche Variante der IP-Adresse darstellen. Ein sogenannter DNS[9], der Domain Name Server, übersetzt zwischen diesen beiden Repräsentationsformen, also zwischen der URL[10] und der zugehörigen IP-Adresse. Dieser Vorgang ist vergleichbar mit einer Telefonbuchfunktion, bei der einem Telefonanschluss eine Nummer zugeordnet wird.

2.1.6.1 Aufbau von WWW-Adressen/URL

Für Web-Adressen wurde 1994 ein Bezeichnungsstandard festgeschrieben, der unter RFC 1738[11] (Request for Comments) von der Network Working Group[12] veröffentlicht ist und seitdem Anwendung findet. Der Uniform Resource Locator, kurz URL, verortet eine bestimmte Web-Ressource auf einem bestimmten Server und dies muss dem in Abb. 2.4 dargestellten standardisierten Aufbau folgen.

Grundsätzlich ist eine URL nicht case-sensitive, Groß- und Kleinschreibung muss also nicht berücksichtigt werden. Jedoch kann ein Webserver je nach Konfiguration die Pfade und Dateinamen case-sensitive verwalten, sodass nach der Länderkennung Groß- und Kleinschreibung unter Umständen relevant ist.

Der Uniform Resource Locator ist ein untergeordnetes Konzept des Uniform Resource Identifier[13], der ein Konzept abbildet, um real vorhandene oder abstrakte Ressourcen eindeutig zu identifizieren.

2.2 Einfacher Markup

Bei einfachen Markup-Systemen handelt es sich um Auszeichnungen (Tags), die Inhalte eines Dokumentes beschreiben. Ursprünglich entstanden aus den Anweisungen für die Setzer für einen Drucksatz, haben sich die Markup-Systeme zu komplexen Sprachen ent-

[9] Domain Name Server werden von Internetprovidern betrieben.

[10] Uniform Resource Locator, siehe nachfolgendes Kapitel.

[11] Siehe http://tools.ietf.org/html/rfc1738.

[12] Verantwortlich: T. Berners-Lee (CERN), L. Masinter (Xerox Corporation), M. McCahill (University of Minnesota).

[13] Siehe http://tools.ietf.org/html/rfc3986.

wickelt. Die häufig zunächst als kryptisch empfundenen Tag Namen lassen sich meist auf bekannte Begriffe zurück führen und können so nicht nur besser verstanden sondern auch leichter erinnert werden. Beispiel: Zum Einfügen einer horizontalen Linie wird das zunächst unverständliche <hr> verwendet, das eine Abkürzung für horizontal ruler ist.

2.2.1 HTML

HTML, die Hyper Text Markup Language, wird häufig als „Sprache des WWW“ bezeichnet. Es ist jenes Medium, das u. a. benötigt wird, um Texte und Bilder so aufzubereiten, dass sie im Internet mittels eines Webbrowsers betrachtet werden können. HTML ist bis zur Version 4 eine SGML-Anwendung (Standard Generalized Markup Language)[14] und wurde am 13. März 1989 von Tim Berners-Lee am CERN in Genf festgelegt[15].

Der reine uninterpretierte Text, aus dem ein HTML-Dokument besteht, wird „Quelltext“ genannt. Dieser kann auch innerhalb eines Webbrowsers eingesehen werden, wenn auf einer entsprechenden Webseite nach einem Maus-Rechtsklick im Kontextmenü „(Seiten)Quelltext anzeigen“ ausgewählt wird.

Quelltext kann mit jedem beliebigen ASCII-Editor erstellt werden, eine besondere Softwareanwendung ist dazu nicht notwendig. Um die gewünschte Darstellung der Webseite zu erhalten, muss der Quelltext interpretiert werden. Dies geschieht in der Regel durch einen Webbrowser (wie Firefox, Google Chrome, MS Internet Explorer, Safari, Opera, …).

Ein HTML-Dokument besteht also aus reinem (lesbaren) Text, der sowohl die Inhalte der darzustellenden Webseite, wie auch deren Formatierungsanweisungen enthält. Für das Schreiben solcher Dateien können Softwaresysteme verwendet werden, die direkt auf die entstehenden Bedürfnisse ausgerichtet sind, sogenannte HTML-Editoren. Derartige Anwendungen unterstützen und erleichtern das Erstellen von HTML-Code je nach Produkt durch unterschiedliche Funktionen wie automatisches Einfügen, Syntax-Highlighting[16] etc. bis hin zu sogenannten WYSISYG-Editoren, die mittels des Prinzips „What You See Is What You Get“ HTML-Code aufgrund einer visuellen Vorlage vollständig generieren.

2.2.2 ASCII-Format versus binäres Format

Jede Art der digitalen Darstellung von Text erfordert ein Speichern des Textes selbst zusammen mit mehr oder minder umfangreichen Informationen über seine Darstellung (Formatierung). Die Art der Speicherung dieser Daten bedingt den Unterschied zwischen einem ASCII und einem Binärformat:

[14] Siehe Kap. 2.6 „XHTML“.

[15] Siehe http://www.w3.org/History/1989/proposal.html.

[16] Beispiel: `<b>Syntax-Highlighting</b>`.

- Sind diese Informationen so gespeichert, dass sie mit „neutralen“ Anwendungen (z. B. einfacher Texteditor) als Zeichenketten gelesen werden können, handelt es sich um ein ASCII- (oder Unicode-) Format der Datei.
- Sind diese Informationen aber auf eine Art gespeichert, dass sie nur von ganz bestimmten Softwareanwendungen interpretiert werden können, handelt es sich um ein binäres Textformat.

2.2.3 Information versus Metainformation

Fast alle für die Geisteswissenschaften interessanten Rechneranwendungen unterscheiden zwischen zwei Arten von Informationen:

1. der zu verarbeitenden Information z. B. der Zeichenkette „Neuhaus“ und
2. der Information, die wir benötigen, um die Zeichenkette adäquat zu verarbeiten.
   - Ist „Neuhaus“ der Name eines Ortes oder einer Person?
   - Soll „Neuhaus“ im Fettdruck erscheinen?
   - Ist „Neuhaus“ mit einer anderen Information verlinkt?

Es steht also zunächst die reine Information („Neuhaus“) zur Verfügung, die mit einer weiteren Aussage versehen wird, die sich auf diese reine Information bezieht und diese erweitert. Diese Information über eine reine Information wird als Metainformation bezeichnet. Die Unterscheidung zwischen Information und Metainformation wird auch in HTML vorgenommen. Hier wird dem Begriff der Information der Text, der dargestellt werden soll, zugeordnet und die dazugehörige Darstellungsanweisung ist die Metainformation. Bei Auszeichnungssprachen wie HTML ist diese Differenzierung einfach nachvollziehbar, da die Metainformation immer in spitze Klammern geschrieben wird:

```
< Metainformation > Information </ Metainformation >
```

Beispiel in HTML: **b** für bold = Fettdruck

```
<b> Neuhaus </b>
```

Für andere Auszeichnungssprachen

```
<Ort> Neuhaus </Ort>
<Name> Neuhaus </Person>
```

Die Metainformation steht also innerhalb von Paaren spitzer Klammern, die „Tags“ genannt werden.

2.2.4 Grundsätzlicher Aufbau von HTML-Dokumenten

Für alle HTML-Dokumente gilt grundsätzlich: Jede Datei beginnt und endet mit der Metainformation html, da der Inhalt der gesamten Datei den Regeln der Markupsprache HTML folgt:

```
<html> ... </html>
```

Das Dokument ist immer in zwei Teile geteilt. Der erste Teil (Header) wird verwendet, um allgemeine Angaben zum Dokument festzuhalten:

```
<head> ... </head>
```

In dem zweiten Teil, dem sogenannten Body, stehen alle Informationen, die im Anzeigebereich des Browsers dargestellt werden sollen:

```
<body> ... </body>
```

Innerhalb des Headers wird u. a. die Beschriftung des Browserfensters festgelegt. Dies erfolgt mittels des Tags

```
<title> ... </title>.
```

Ein HTML-Dokument sieht also grundsätzlich wie folgt aus:

```
<html>

  <head>
    <title>Titel der Seite</title>
  </head>

  <body>
    Inhalt der Seite
  </body>

</html>
```

Der aktuelle Standard HTML5 erfordert vor dem ersten öffnenden <html> Tag folgende Information zum Dokumententyp:

```
<!DOCTYPE html>
```

Paare aus festgelegten „Start-Tags“ und „End-Tags“ (<abc> … </abc>) verleihen dem dazwischenstehenden Text eine bestimmte (logische) Eigenschaft, die bei den ursprünglichen Version von HTML meist Konsequenzen auf die Darstellung des Textes hat. Welche

Tab. 2.2 Character-Entities

Zeichen	Ersetzung
<	<
>	>
ä	ä
Ü	Ü
ß	ß
Å	å
®	®
¥	¥
...[a]	

[a] Siehe auch http://de.selfhtml.org/html/referenz/zeichen.htm

Tags verfügbar sind und welche Eigenschaften sie aufweisen, ist in der jeweiligen HTML Specification des W3C[17] festgelegt.

Diese Art der Metainformationskodierung lässt unmittelbar ein Problem entstehen: Die Zeichen, die genutzt werden, um Metainformation von Information zu trennen (< und >), können nicht problemlos als Zeichen ausgegeben werden. Zu diesen sogenannten „nicht darstellbaren Zeichen" gehören auch das & sowie alle nationalen Sonderzeichen.

Um diese Zeichen dennoch nutzbar zu machen, wird ein Ersetzungsmechanismus eingesetzt, der als „benannte Zeichen" oder „Character-Entities" bezeichnet wird. Hierbei wird eine Ersetzung durch ein Kaufmanns-Und (&) eingeleitet und durch ein Semikolon (;) beendet. Zwischen diesen Markern wird ein Kommandowort eingefügt, das die Darstellung eines bestimmten nicht darstellbaren Zeichens ermöglicht: **&Kommandowort**; Beispiele dazu sind in Tab. 2.2 aufgeführt.

2.2.5 Attribute

Viele Tags akzeptieren innerhalb des Start-Tags Attribute, die immer in der Form

Attributname= "Attributwert" oder property="value"

codiert werden und bei Mehrfachauftreten durch Leerstellen voneinander getrennt sind. Sie legen Variationen der Art und Weise zu einem bestimmten Tag fest.

Beispiel:

```
<font> ... </font>
```

Dies ist ein Tag, das den Schrifttyp beeinflusst und im Start-Tag vor allem zwei Attribute anbietet:

[17] http://www.w3.org/.

```
<font color="red"> Dies ist ein Text </font>                  Dies ist ein Text
<font size="1"> Dies ist ein Text </font>                     Dies ist ein Text
<font size="6"> Dies ist ein Text </font>                     Dies ist ein Text
<font size="6" color="green"> Dies ist ein Text </font>       Dies ist ein Text
```

Abb. 2.5 Elementeigenschaften in Attributen kodiert

```
<h1> Überschrift </h1>                 Überschrift
<h2> Überschrift </h2>                 Überschrift
bis
<h6> Überschrift </h6>                 Überschrift
<i> Dies ist ein Text </i>             Dies ist ein Text
<b> Dies ist ein Text </b>             Dies ist ein Text
<u> Dies ist ein Text </u>             Dies ist ein Text
<code> Dies ist ein Text </code>       Dies ist ein Text
```

Abb. 2.6 Interpretation von HTML-Tags durch den Browser

@size, mit Hilfe dessen die Größe zwischen "1" (= sehr klein) und "7" (= sehr groß) gewählt werden kann;

@color, das als Wert Farbbezeichnungen (englische Namen der Grundfarben) akzeptiert. Der Code und mögliche Browserinterpretationen dazu sind in Abb. 2.5 zu sehen.

2.2.6 Grundlegende Tags

Auf den nachfolgenden Seiten findet sich eine Auswahl von Basis-Tags, die nötig sind, um eine einfache HTML-Seite aufzubauen. Es handelt sich mitnichten um eine Referenz oder eine Auswahl nach Wichtigkeit, die Sammlung soll ausschließlich Beispielcharakter haben. Abbildung 2.6 zeigt einige Beispiel-Tags zur Formatierung von Text, wobei h für header, i für italic, b für bold und u für underline steht.

Die Interpretation der Tags, beispielsweise von „Fettdruck" (durch das Tag <b> im Quelltext codiert) erfolgt ausschließlich durch den verwendeten Browser. Wie in Abb. 2.7 zu sehen, wird es zu unterschiedlichen Interpretationen durch unterschiedliche Browsersoftware kommen, ein exaktes Erscheinungsbild ist durch den Autor nicht vorbestimmbar.

Grundsätzlich gilt für alle Sequenzen aus Start-Tag und End-Tag, dass zwar Kombinationen möglich, aber Überlappungen NICHT erlaubt sind!

Abb. 2.7 Interpretationsvariationen

Dies ist ein Text

Dies ist ein Text

Dies ist ein Text

<i><u>Dies ist ein Text</u></i> ist möglich.
<i><u>Dies ist ein Text </i></u> ist falsch.

Da auch Personen mit extrem geringer Sachkenntnis mittels HTML Internetseiten erstellen können sollen, sind die Browser bei der Regelumsetzung sehr tolerant. Das falsche „<i><u> Dies ist ein Text </u></i>" wird so stillschweigend korrekt umgesetzt. Das ändert aber nichts daran, dass es nicht den HTML-Regeln entspricht und es ist für die weitere Verwendung von Markup äußerst sinnvoll, von Beginn an HTML-Code immer mit einem validierenden Tool[18] zu überprüfen, um so die korrekte Syntax zu schreiben und zu verinnerlichen.

2.2.6.1 Bilder

Ein Bild wird über das Tag <img> in ein HTML-Dokument eingefügt. Diesem Tag können/müssen mehrere Attribute zugewiesen werden, damit das Bild korrekt angezeigt wird.
<img>-Attribute:

- @src="…"
  Das Attribut @src gibt die Quelle an, in der das Bild gespeichert ist. Dies kann entweder eine relative (z. B.: src = "bilder/bild.jpg") oder eine absolute (z. B. eine URL: src="http://www.server.com/img/img.jpg") Pfadangabe sein.
- @align = "…"
  Das Attribut @align gibt die Ausrichtung des Bildes an.
  align = "left" stellt das Bild am linken Browserrand,
  align = "right" analog rechts,
  align = "top" richtet das Bild am oberen Rand und
  align = "bottom" am unteren Rand aus.
  Wichtiger Hinweis: align = "center" ist keine ordnungsgemäße Zuweisung und wird nicht umgesetzt. In den nachfolgenden Kapiteln werden zeitgemäße Zentrierungsmöglichkeiten beschrieben.
- @width = "…":
  Wenn nicht die Originalmaße des Bildes beibehalten werden soll, kann mittels width=„Npx" die Breite des Bildes auf n Pixel verändert werden.
- @height = "…":
  Analog zu @width für die Höhe des Bildes.
- @alt = "…":

[18] Z. B. zu finden unter http://validator.w3.org/#validate_by_input.

Abb. 2.8 Beispiel für ein Bild

Wichtiges Attribut zur Beschreibung und alternativen Darstellung des Bildes (wichtig für barrierefreie Seiten).

Beispiel mit absoluter Adressierung (Browserinterpretation siehe Abb. 2.8)

```
<img
   src="http://www.nrw.de/customer/images/layout/logo-landesregierung-nrw.gif "
   align="right"
   width="160px"
   alt="logo-landesregierung-nrw"/>
```

und relativer Adressierung.

```
<img
  src=" /images/logo-landesregierung-nrw.gif "
  align="right"
  width="160px"
  alt="logo-landesregierung-nrw"/>
```

2.2.6.2 Hyperlinks

Hyperlinks sind das Herzstück eines jeden HTML-Dokuments. Wird ein Dateiname mit einer bestimmten Syntax umschlossen, konstruiert der Browser daraus einen Mechanismus, der durch „Anklicken" des angegebenen Textes diese Datei lädt und auf dem Bildschirm darstellt.

Dies wird durch das Tag <a> mit dem Attribut @href = „xyz" erreicht, wobei „a" für „Anchor" steht und „href" für Hypertext Reference. Die Grundform eines solchen Verweises auf eine andere Datei lautet:

```
<a href="Dateiname">Anzuklickender Text</a>
```

Beispiel 1 – relativer Pfad:

```
<a href="unterseite/unterseite1.htm">Link zu einer Unterseite</a>
```

ergibt folgende Darstellung im Browser:

► Link zu einer Unterseite[19]

[19] In der gedruckten Version des vorliegenden Buches ist diese auf Hypertext beschränkte Option leider nicht sinnvoll abbildbar.

Beispiel 2 – absolut mit URL:

```
<a href="http://www.uni-koeln.de"></a>
```

ergibt folgende Darstellung im Browser:

► Link zur Universität

Hinweise zu den verschiedenen Arten von Hyperlinks Wie an den vorhergehenden Beispielen ersichtlich, können nicht nur Dateien referenziert werden, die in der selben Ordnerstruktur wie die eigene HTML-Datei liegen (mit sogenannten „lokalen Links"), sondern auch Dateien, die auf einem beliebigen Server innerhalb des Internets liegen. Zu diesem Zweck werden die Dateinamen/-pfade durch URLs (siehe: Kap. 2.1.6) ersetzt.

2.2.7 Besondere Tags

 steht ohne End-Tag und bewirkt einen Zeilenumbruch (break).

```
<br>
```

<hr> steht ohne End-Tag und bewirkt eine horizontale Linie (horizontal ruler).

```
<hr>
```

<p> beschreibt einen Absatz im Fließtext (paragraph).

```
<p> .... </p>
```

In der Regel ist es ein doppelter Zeilenumbruch (<br>), u. U. mit leichter Einrückung.

Es muss unbedingt beachtet werden, dass mehrere Leerzeichen in Folge, Tabulatoren und ähnliche Zeichen[20] im Quelltext von den Browsern ignoriert werden. Dies kann durch die Character Entity   als geschützte Leerzeichen oder durch andere Formatierungsmöglichkeiten, die in den nachfolgenden Kapiteln beschrieben werden, erreicht werden.

2.2.7.1 Kommentare

Bei der Entwicklung von Webseiten entsteht nicht selten ein umfangreiches Dokument. Zum besseren Verständnis des geschriebenen Codes ist es immer ratsam, abschnittweise Erklärungen einzufügen, die sehr knapp und konkret besagen, welches Ziel dort erreicht werden soll. Diese Erklärungen sind aber nicht für das Zielpublikum gedacht und dürfen

[20] White Space: Als White Space werden beliebig lange Sequenzen von nicht signifikanten Zeichen in einer Zeichenfolge, d. h. in der Regel Leerzeichen, Tabulatoren und ähnliche Zeichen bezeichnet.

aus diesem Grund nicht durch den Browser angezeigt werden. Zur Kennzeichnung dieser Kommentare werden bei HTML folgende Tags verwendet:

```
<!-- Kommentar: hier wird der Text transkribiert -->
```

Der Mechanismus des Ignorierens von Codezeilen durch den Browser wird immer auch dann genutzt, wenn einzelne Bereiche unfertig in einem Entwicklungsstadium sind und noch bearbeitet werden müssen.

```
<!--
<h1> Die Universität </h1>
<a href="unterseite/unterseite1.htm">Link zu einer Unterseite</a>
-->
```

2.2.8 Speichern

Dateien, die HTML-Quelltext enthalten, müssen mit einem sprechenden Namen, der aus Zeichen der ASCII-Buchstaben und -Ziffern besteht und einer der beiden Dateiendungen

- hki.html oder
- hki.htm

gespeichert werden. Unbedingt Beachtung finden sollte, dass Dateien, die nicht nur lokal Verwendung finden, NIEMALS Sonderzeichen oder Leerstellen in der Benennung aufweisen sollten. Was am eigenen Rechner völlig problemlos erscheint, wird zu einem unberechenbaren Problemfaktor, sowie weitere Rechensysteme, wie Webserver und zentrale Datenbanken im Spiel sind. Die Problemlösung findet sich nicht im HTML-Code, der über das Meta-Tag den Zeichensatz korrekt auf UTF-8 setzt, sondern in der Webserver/Datenbankserver Konfiguration. Aus diesem Grund sollte unbedingt darauf geachtet werden, dass (Datei-) Namen keinerlei Umlaute enthalten. Schöne Beispiele zu diesem Thema finden sich zahlreich im Internet: so ist z.B. der bekannte YouTuber Dner ursprünglich davon ausgegangen, er würde unter dem Namen Döner bekannt werden…

Die Datenübertragung im WWW wird durch den HTTP-Standard vorgegeben, der vorgibt, dass ein Dateiname, der Zeichen außerhalb der ASCII-Buchstaben und -Ziffern aufweist, diese in der URL in einer kaum lesbare %-Darstellung mit Zwei-Zeichen-Code in hexadezimaler Form umgewandelt werden. Aus bücher.html wird so ungewollt b%FCcher.html.

2.2.9 Aufgabe 1

Schreiben Sie bitte eine HTML5-Seite, in der Sie

```
<!DOCTYPE HTML>
<htlm>
    <head>
        <title><b>Rätsel</b></title>
        <body>
    </head>
    <h1>Aufgaben von Ella Mustermann</h2>
    Leider habe ich <i>alleine<b> keine</i></b> Lösung für mein Problem gefunden.<br>
    Aber <a href="http://de.selfhtml.org" title="selfhtml">SelfHTML</a> hat mir geholfen!
    <br>
    <img src="http://ayudawp.com/wp-content/uploads/2013/09/html.jpg">
    </body>
</html>
```

Abb. 2.9 Fehlerhafter Code zur Korrektur

- mindestens vier der oben angesprochenen Elemente zur Textformatierung verwenden;
- ein Bild (z. B. Maske Tutanchamun[21]) mit einer Breite von 233 Pixeln linksbündig anzeigen lassen. Dieses können Sie aus dem Internet herunterladen und lokal speichern oder Sie referenzieren direkt;
- einen Hyperlink auf eine bestehende Internetseite, die in Verbindung zu dem Bild steht, einfügen;
- einen Hyperlink auf eine von Ihnen selbst erstellte HTML-Datei einfügen, die mindestens die Minimalforderungen, die in Kap. 2.2.4 „Grundsätzlicher Aufbau von HTML-Dokumenten“-aufgeführt sind, erfüllt. Als Inhalt fügen Sie einen beschreibenden Text zum Bild ein (beispielsweise Textabschnitte des Wikipedia-Artikels zu Tutanchamun) und durch Klicken auf das (Tutanchamun-) Bild Ihre zweite HTML-Seite mit dem beschreibenden Text zu dem Bild angezeigt wird.
- Fügen Sie anschließend auf dieser zweiten HTML-Seite ein Bild eines „zurück“-Buttons ein und komplementieren Sie die Funktionalität, sodass Sie durch einen weiteren Klick auf das Bild des „zurück“-Buttons wieder das Ausgangsbild von Tutanchamun angezeigt bekommen.

Achtung Die nachfolgende Aufgabe nutzt die hier erstellte Webseite, sodass es inhaltlich sinnvoll ist, tatsächlich das Tutanchamun-Bild einzufügen. Technologisch besteht dazu natürlich keine Notwendigkeit.

Es ist eine grundsätzlich sehr gute menschliche Eigenschaft, dass wahrgenommener geschriebener Text unbewusst eine Fehlerkorrektur durchläuft und so trotzdem richtig verstanden wird. Beim Schreiben von korrektem Code erweist sich dies aber als großes Problem, da interpretierende Rechensysteme diese Fehlertoleranz in der Regel nicht aufweisen. Aus diesem Grund ist es sehr sinnvoll, unsere Wahrnehmung zu trainieren, um so Fehler als Fehler zu erkennen. Zu genau diesem Training steht im folgenden regelmäßig fehlerhafter Code zur Verfügung, der korrigiert werden sollte. Unter Abb. 2.9 findet sich das erste Rätsel, in dem es 7 Fehler zu entdecken gibt.

[21] Beispielbild verfügbar unter: http://dhbuch.de

2.2.10 Komplexe Tags

Es gibt eine Reihe von Tags, die nur in Kombination mit anderen Tags einsetzbar sind. Erreicht wird damit eine Synergie, mit der komplexe Effekte erzielt werden können.

2.2.10.1 Tabellen

Die Definition von Tabellen erfolgt durch ein Zusammenspiel der Tags <table><tr> und <td>:

Jede Tabelle wird umschlossen mittels <table> … </table>.
Jede Zeile wird begrenzt mittels <tr> … </tr> (table row).
Jedes Feld wird umgeben mittels <td> … </td> (table definition).

2.2.10.1.1 Beispiel 1 – Tabelle

```
<table>

  <tr>
    <td>1. Zeile, 1. Spalte </td>
    <td>1. Zeile, 2. Spalte </td>
  </tr>

  <tr>
    <td>2. Zeile, 1. Spalte </td>
    <td>2. Zeile, 2. Spalte </td>
  </tr>

</table>
```

ergibt folgende Darstellung im Browser:

1. Zeile, 1. Spalte	1. Zeile, 2. Spalte
2. Zeile, 1. Spalte	2. Zeile, 2. Spalte

2.2.10.1.2 Beispiel 2 – Gitternetzlinien

Tabellen gewinnen ein wesentlich anderes Aussehen, wenn Sie mit einem Rahmen versehen werden. Erreicht wird dies durch das Attribut @border im <table>-Tag, das als Wert die Dicke des Rahmens in Pixeln verlangt.

```
<table border="3">

  <tr>
    <td>1. Zeile, 1. Spalte </td>
    <td>1. Zeile, 2. Spalte </td>
  </tr>

  <tr>
    <td>2. Zeile, 1. Spalte </td>
    <td>2. Zeile, 2. Spalte </td>
  </tr>

</table>
```

ergibt folgende Darstellung im Browser:

1. Zeile, 1. Spalte	1. Zeile, 2. Spalte
2. Zeile, 1. Spalte	2. Zeile, 2. Spalte

Eine unterschiedliche Interpretation der Attribut-Anweisung zur Rahmenlinie durch die verschiedenen Browser ist gerade bei hohen Werten gut beobachtbar und bei dieser Art der Codierung nicht zu verhindern.

2.2.10.1.3 Beispiel 4 – Zellen verbinden

Das Überspannen einer Zelle über mehrere Spalten kann mit dem @colspan-Attribut im <td>-Tag erreicht werden, das als Wertzuweisung die Anzahl der zu überspannenden Spalten erwartet.

```
<table border="1">

  <tr>
    <td colspan="2">Überschrift</td>
  </tr>

  <tr>
    <td>1. Zeile, 1. Spalte </td>
  <td>1. Zeile, 2. Spalte </td>
  </tr>

  <tr>
    <td>2. Zeile, 1. Spalte </td>
    <td>2. Zeile, 2. Spalte </td>
  </tr>

</table>
```

ergibt folgende Darstellung im Browser:

Überschrift	
1. Zeile, 1. Spalte	1. Zeile, 2. Spalte
2. Zeile, 1. Spalte	2. Zeile, 2. Spalte

Innerhalb von Tabelleneinträgen sind die bisher besprochenen Auszeichnungen zur Formatierung des Textes in den Tabellenzellen vollständig anwendbar.

2.2.10.1.4 Beispiel 5 – Formatierung

```
<table border="1">

  <tr>
    <td colspan="2">
      <i>
        <center>Überschrift</center>
      </i>
    </td>
  </tr>

  <tr>
    <td>1. Zeile, 1. Spalte </td>
    <td>1. Zeile, 2. Spalte </td>
  </tr>

  <tr>
    <td>2. Zeile, 1. Spalte </td>
    <td>2. Zeile, 2. Spalte </td>
  </tr>

</table>
```

ergibt folgende Darstellung im Browser:

Überschrift	
1. Zeile, 1. Spalte	1. Zeile, 2. Spalte
2. Zeile, 1. Spalte	2. Zeile, 2. Spalte

2.2.10.1.5 Beispiel 6 – Tabellenkopf

Oft ist es sinnvoll, den Tabellenkopf (z. B. die erste Zeile) gesondert zu formatieren oder formatiert auszugeben. Dies wird durch das <th> … </th> (table header)-Tag erreicht.

```
<table border="1">

  <tr>
    <th>1. Zeile, 1. Spalte </th>
    <th>1. Zeile, 2. Spalte </th>
  </tr>

  <tr>
    <td>2. Zeile, 1. Spalte </td>
    <td>2. Zeile, 2. Spalte </td>
  </tr>

</table>
```

ergibt folgende Darstellung im Browser:

1. ZEILE, 1. SPALTE	1. ZEILE, 2. SPALTE
2. Zeile, 1. Spalte	2. Zeile, 2. Spalte

Abschließend zu diesem Kapitel sei noch erwähnt, dass Tabellen in HTML5 absolut zulässig sind, aber nicht unbedingt als zeitgemäßes Layoutelement angesehen werden. Besser ist es, diese durch eine intelligente Verwendung des Elementes <div> zu ersetzen.

2.2.10.2 Listen

Analog zu den Tabellen arbeiten auch die Tags zum Erstellen von Nummerierungen und Aufzählungen, sogenannte Listen, zusammen:

Jede nummerierte Liste wird umschlossen mit <ol> … </ol> (ordered list).
Jede Aufzählung wird umschlossen mit <ul> … </ul> (unordered list).
Jede Zeile wird begrenzt mittels <li> … </li> (list item).

2.2.10.2.1 Nummerierte Liste

```
<ol>

  <li>Tags zum Formatieren von Text</li>
  <li>Tags zum Einbinden von Bildern</li>
  <li>Tags zum Erzeugen von Tabellen</li>

</ol>
```

ergibt folgende Darstellung im Browser:

1. Tags zum Formatieren von Text
2. Tags zum Einbinden von Bildern
3. Tags zum Erzeugen von Tabellen

2.2.10.2.2 Nummerierte Liste mit Attributzuweisung

```
<ol type="a">

  <li>Tags zum Formatieren von Text</li>
  <li>Tags zum Einbinden von Bildern</li>
  <li>Tags zum Erzeugen von Tabellen</li>

</ol>
```

ergibt folgende Darstellung im Browser:

a. Tags zum Formatieren von Text
b. Tags zum Einbinden von Bildern
c. Tags zum Erzeugen von Tabellen

2.2.10.2.3 Nummerierte Liste mit zwei Attributzuweisungen

```
<ol type="I" start="3">

  <li>Tags zum Formatieren von Text</li>
  <li>Tags zum Einbinden von Bildern</li>
  <li>Tags zum Erzeugen von Tabellen</li>

</ol>
```

ergibt folgende Darstellung im Browser:

III. Tags zum Formatieren von Text
IV. Tags zum Einbinden von Bildern
V. Tags zum Erzeugen von Tabellen

2.2.10.2.4 Auflistung

```
<ul>

  <li>Tags zum Formatieren von Text</li>
  <li>Tags zum Einbinden von Bildern</li>
  <li>Tags zum Erzeugen von Tabellen</li>

</ul>
```

ergibt folgende Darstellung im Browser:

- Tags zum Formatieren von Text
- Tags zum Einbinden von Bildern
- Tags zum Erzeugen von Tabellen

Analog zu den Aufzählungen kann bei der Auflistung mittels der Wertzuweisung im Attribut @type das Erscheinungsbild des Auflistungszeichens mit square oder circle variiert werden.

2.2.10.3 Imagemaps

Ein in ein HTML-Dokument eingefügtes Bild kann nicht nur in seiner Gesamtheit, sondern auch in Teilen verlinkt sein. Wird eine solche Verlinkungsart gewählt, spricht man von verweis-sensitiven Grafiken oder Imagemaps. Innerhalb des Bildes werden Bereiche festgelegt, die mit einer bestimmten Verlinkung versehen werden. So ergibt sich ein Bild, das unterschiedliche Verweise in verschiedenen Bereichen aufweist.

Die Imagemap wird durch folgenden Markup generiert:

```
<img
   src= "einbild.jpg"
   usemap="#bildstruktur"
   alt="Eine erste Imagemap">

<map
   id="bildstruktur"
   name="bildstruktur">

   <area
     shape="rect"
     coords="116, 92, 211, 125"
     href="http://www.ersterLink.at/">

   <area
     shape="rect"
     coords="32, 87, 261, 343"
     href="http://www.zweiterLink.de">

</map>
```

Dabei ist zu beachten: Imagemaps benötigen als Grundlage ein Bild, das über das <img>-Tag eingebunden wird und das Attribut @usemap erhalten muss. Der Wert, der diesem Attribut zugewiesen wird, beginnt mit dem Präfix # gefolgt von dem Wert des Attributs @name, das im Tag <map> immer enthalten sein muss. Mit Hilfe dieses Mechanismus werden die beiden Tags miteinander verbunden.

2.2.10.3.1 <map>- und <area>-Tag

Imagemaps werden durch das <map> -Tag gekennzeichnet. Sie enthalten einen logischen Namen für ein System von Definitionen: Das obligatorische Attribut @name bestimmt einen Ankernamen für die Map, @id ist ein Universalattribut und ordnet einem Element einen individuellen Namen zu (in beiden Fällen hier: bildstruktur.).

Die Imagemap selbst ist aus <area>-Tags aufgebaut, die jeweils eine Beziehung zwischen einer Zone auf dem Bildschirm und einem dazugehörigen Objekt, im Standardfall eine URL, herstellen. Areas dürfen einander überlappen; wird ein kleineres von einem größeren überdeckt, muss das kleinere jedoch stets zuerst spezifiziert werden. Areas können auch nicht-rechteckig sein. Die Wertzuweisung zu dem Attribut @shape kann entweder rect, circle oder poly sein, was rechteckige, kreisförmige oder polygonartige Formen ermöglicht.

Alle Koordinatenangaben in dem Attribut @coords sind in Pixeln anzugeben, mit dem Koordinatenursprung in der linken oberen Ecke des Bildes.

Beispiel:

```
<h1>Verkehrsverbunde in NRW</h1>

Beim Klicken auf die Stadt Aachen und den Verkehrsverbund VRS
erhalten Sie weiterführende Informationen!
<br>

<img
  src="http://www.vrr.de/.../nrw_verbundtarife_uebersich.gif"
  usemap="#bildstruktur">

<map
  name="bildstruktur"
  id="bildstruktur">

    <area shape="circle"
      coords="100, 400, 30"
       title="Stadt Aachen"
       href ="http://.../Verkehrsverbund_Rhein-Sieg">

     <area shape="poly"
       coords="157, 341, 277, 298, 338, 377, 154, 589, 134, 451, 189, 399"
       title="VRS"
       href="http://.../wiki/Aachen">

 </map>
```

Ergibt folgende Darstellung im Browser:

Verkehrsverbünde in NRW

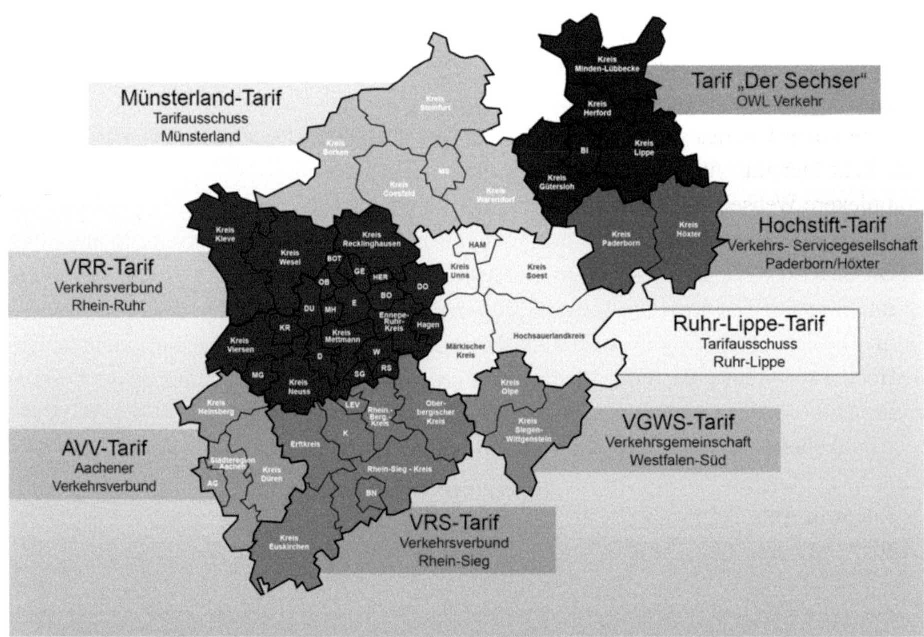

Beim Klicken auf die Stadt Aachen und den Verkehrsverbund VRS erhalten Sie weiterführende Informationen.

Erläuterung:

Um eine Stadt wie Aachen in einer Imagemap zu erfassen, kann es wie im vorliegenden Fall sinnvoll sein, eine Kreisform als <area>-Shape zu verwenden. Kreise werden durch den Wert circle festgelegt und bestehen aus drei durch Komma getrennten Zahlenwerten: x, y (Koordinate des Kreis-Mittelpunkts), r (Radius).

Um das Gebiet des Verkehrsverbundes Rhein-Sieg zu erfassen, ist weder ein reines Rechteck noch ein Kreis wirklich geeignet. Für einen solchen Fall gibt es die Polygonform. Polygone (Vielecke) werden durch den Wert poly festgelegt und bestehen aus X*2 durch Komma getrennten Zahlenwerten: x1,y1 (1. Koordinate), x2,y2 (2. Koordinate), x3,y3 (3. Koordinate)…..xn, yn (n-te Koordinate).

Durch die Wertzuweisung des Attributs @title kann <area> eine Bezeichnung zugewiesen werden, die dann zum Beispiel als Tool-Tip beim Mouse-Over angezeigt wird.

2.2.11 Aufgabe 2

Schreiben Sie ein Grundgerüst einer HTML5-Datei und erzeugen Sie dort eine Tabelle, die folgende Struktur aufweist:

<table>
<tr><td colspan="2">Tabellenkopf</td></tr>
<tr><td>Menü</td><td>Content</td></tr>
</table>

Eine Webseite, die mittels Tabellenlayout erzeugt wird, wirft schnell weitreichende Probleme mit dem Webdesign auf und entspricht nicht mehr dem heutigen Stand der Technik. Sie dient hier nur zur Verdeutlichung eines sehr leicht umsetzbaren Prinzips. Aktuelle komplexere Webseitenlayouts sind in Kap. 2.3.3 „Box Design mit CSS3“ zu finden.

- Die Tabelle hat eine Breite von 800 Pixeln.
- Im TABELLENKOPF wird ein Bild als Logo eingefügt[22].
- Im MENÜ wird als Navigation eine ungeordnete Liste erzeugt, die drei Zeilen umfasst: Home, Collection, Impressum.
- Im CONTENT-Bereich soll eine Überschrift und ein beliebiger Fließtext stehen und anschließend eine Imagemap der Cheops-Pyramide.

Auf dem in Abb. 2.10 dargestellten Bild[23] ist ein Schema des Pyramidenbezirks um die Cheops-Pyramide zu sehen. Markieren Sie zunächst exakt die Vorderseite der Pyramide

[22] Beispielbild unter http://dhbuch.de

[23] Zeichnung nach P.M. History Okt. 03 – Daten nach Geheimnis der Pyramiden/Mark Lehner.

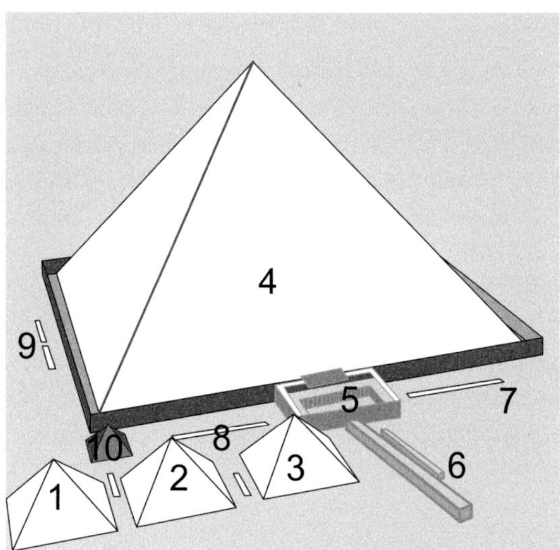

Abb. 2.10 Schema des Pyramidenbezirks um die Cheops-Pyramide

(4) so, dass beim Klick darauf zusätzliche Informationen (beispielsweise Wikipedia-Eintrag) und beim Mouse-Over ein beschreibender Tool-Tip angezeigt wird. Die notwendigen Koordinaten können Sie mit einem Grafik-Programm wie MS Paint oder IrfanView ermitteln. In der Regel werden bei Paint die Koordinaten des Mauszeigers unten in der Statuszeile angezeigt. Achten Sie darauf, dass exakt die Vorderseite der großen Pyramide markiert ist. Überlegen Sie, welche <area>-Shape dafür am besten geeignet sein könnte.

Erweitern Sie die Imagemap um folgende Einträge (Tool-Tip und/oder beliebige Verlinkung):

1. Königinnen-Pyramide GI-c u. Schiffsgrube
2. Königinnen-Pyramide GI-b u. Schiffsgrube
3 Königinnenpyramide GI-a
5. Totentempel
6. Aufweg und weitere Schiffsgrube
7. östliche Schiffsgrube a.
8. östliche Schiffsgrube b.
9. zwei südliche Schiffsgruben
10. Nebenpyramide

Achtung: Die nachfolgenden Aufgaben bauen jeweils auf die Vorgängeraufgabe auf! Unter Abb. 2.11 findet sich ein weiteres Rätsel, in dem es viele Fehler zu entdecken gibt.

Abb. 2.11 Fehlerhafter Code zur Korrektur

```
<!DOCTYPE HTML>
<html>
    <head>
        <title>Rätsel</title>
    </head>
    <body>
        <ul type="A">
            <li>Robulaner</li>
            <li>Cardassianer</li>
            <li>Klingonen</li>
        </ul>
        <ol type="square">
            <li>Warbird</li>
            <li>Defiant</li>
            <li>Bird of Prey</li>
        </ol>
        <table alin="right" border=3>
            <tr>
                <td>Pluto</td>
                <td>Mars</td>
                <td>Jupiter</td>
            </tr>
            <td>Erde</td>
            <td>Merkur</td>
            <td>Uranus</td>
            <tr>
                <td>Neptun</td>
                <td>Saturn</td>
                <td></td>
            </tr>
            <tr>
                <td>Roter Riese</td>
                <td>Milchstrasse</td>
                <td>Schwarzes Loch<td>
            </tr>
            </tabel>
    </body>
</html>
```

2.3 HTML5

Die Anwendungsbereiche und der Umgang mit dem Internet veränderten sich in den vergangenen Jahren kontinuierlich. Die Art des Zugriffs (verstärkt über mobile Geräte), die erhöhte Nutzung der sozialen Netzwerke, die Selbstverständlichkeit der Nutzung von Informationssystemen im Alltag und der damit gestiegene Anspruch an die Nutzungsfreundlichkeit von Webangeboten hat die Etablierung von verschiedenen Technologien in der jüngeren Vergangenheit massiv vorangetrieben und so wurde auch die „Sprache des WWWs", also HTML überarbeitet, um die neuen Anforderungen adäquat umzusetzen.

Die neuste Version 5 von HTML knüpft jedoch weder an das zuvor entwickelte XHTML an, noch setzt es HTML durch Modifikation einfach fort. Das Ziel von HTML5 ist es, die Vorzüge der Vorgängerversionen zu nutzen und den Umfang so zu erweitern, dass Tags zur Verfügung stehen, die ein Webseitendesign ermöglichen, das den zukünftigen Ansprüchen gerecht wird. So ist HTML5 nicht mehr an eine Metasprache gebunden, es enthält viele semantische Tags sowie Tags zur Multimedianutzung und ermöglicht adaptives Webdesign, also die automatisierte Akkommodation an das Endgerät. Erreicht wird dies mit einem umfangreichen Einsatz von Script-Sprachen (vorwiegend JavaScript), das in dem Kap. 2.8 „Clientseitige Dynamisierung" thematisiert wird. Aber auch die Kombination von HTML5 und CSS 3 bringt viele dynamische Effekte hervor, die zuvor nur mit JavaScript realisierbar waren, z. B. Accordion Menus.

Ein sehr schönes Beispiel, das die Möglichkeiten von HTML5 umfangreich nutzt, ist unter folgender URL zu finden: http://www.thewildernessdowntown.com/

2.3.1 Grundsätzlicher Aufbau von HTML5-Dokumenten

Ein HTML5-Dokument hat grundsätzlich den nachfolgenden Aufbau:

```
<!DOCTYPE html>
<html >
        <head>
                <meta charset="utf-8">
                <title>HTML 5-Grundgerüst</title>
        </head>
        <body>
                Inhalt der Seite in HTML5-Tags eingebettet.
        </body>
</html>
```

2.3.2 Semantische Tags

Mit HTML5 werden in verschiedenen Hinsichten neue Wege eingeschlagen und einer dieser ist der Fokus auf die semantische Auszeichnung der Inhaltsstruktur. Die Struktur der

Webseite soll also möglichst vollständig beschrieben werden, um die konkreten Inhalte in einen korrekten Kontext setzen zu können.

Der Anzeigebereich <body> eines HTML-Dokumentes kann mit einer Kopf-<header> und einer Fußzeile <footer> versehen werden. Der Bereich der Seite, der zur Navigation vorgesehen ist, wird mit dem Tag <nav> umschlossen. Der eigentliche Content kann in Sektionen <section> unterteilt werden, um eine sinnvolle Strukturierung der Seite zu erzielen. Diese Sektionen sind zur groben thematischen Unterteilung einer Seite in Abschnitte gedacht und können wiederum Kopf-<header> und eine Fußzeile <footer> enthalten.

Das Tag <article> ist für eigenständige, unabhängige Inhalte vorgesehen. Angelehnt an das Konzept eines Zeitungsartikels können so gut auch isolierte Beiträge, wie Blog Einträge ausgezeichnet werden. Kopf-<header> und Fußzeile <footer> als Kind-Elemente ergänzen das Konzept und vielfach können mehrere Artikel sinnvoll in einer Sektion zusammengefasst werden. Denkbar ist aber durchaus auch, dass ein Artikel mehrere Sektionen aufweist. Bestimmend ist hier einzig der Content, also der darzustellende Inhalt. Nur anhand eines konkreten Inhalts kann eine Struktur sinnvoll definiert werden.

Beispiel:

```
<section>
  <h1>Kulturelles Erbe</h1>
  <p>Das Kulturelle Erbe eines Landes ...</p>
        <article>
                <header>Anmerkung von M. Mustermann</header>
                <p>Die Aufgabe der Wahrung des Kulturellen Erbes ...</p>
        </article>
        <section>
                <h1>Museum</h1>
                <p>Die Aufgabe von Museen ...</p>
        </section>
        <section>
                <h1>Archiv</h1>
                <p>Die Aufgabe von Archiven ...</p>
        </section>
        ...
</section>
```

Bei Verwendung mehrspaltiger Layouts wird oftmals auf der rechten Seite ein Randbereich für Inhalte, die nicht direkt zu den Hauptinhalten zählen, aber mit diesen im Zusammenhang stehen, reserviert. Das können Schlagwortwolken, sogenannte tag clouds, Weblog Links, andere weiterführende Links, Werbung/Produktempfehlungen oder ähnliches sein. Zur Kennzeichnung solcher Inhalte wird das Tag <aside> verwendet.

Die Navigation ist einer der wesentlichen Bestandteile einer Webseite und schon lange nicht mehr auf eine einzelne Menüführung beschränkt. In den unterschiedlichsten Bereichen der Seite, z. B. auch in dem eben erläuterten Randbereich sind Navigationselemente sinnvoll platzierbar und können mit dem Element <nav> als solche gekennzeichnet werden.

Tab. 2.3 Semantische Tags in HTML5

<tag>	Kurzbeschreibung
<article>	Tags zur semantischen Strukturierung des Dokumentes. Sie lösen das Tag <div> ab und erlauben eine konkrete Definition eines inhaltsbezogenen Bereiches
<footer>	
<header>	
<nav>	
<aside>	
<section>	
<meter>	Vorformatierte Elemente
<progress>	
<time>	
<details>	
<source>	
<output>	
<audio>	Neues einfaches Einbinden von Multimedia-Komponenten wie Audio- und Video-Dateien durch spezielle Tags
<video>	

Beispiel:

```
<nav>
  <p>Navigation<p>
  <ul>
    <li>Verweis 1</li>
    <li> Verweis 2</li>
  </ul>
</nav>
```

Die neu aufgenommenen semantischen Inhaltselemente ermöglichen zusätzlich eine bessere Auffindbarkeit der Webseite, da eine zweckmäßige Indizierung durch Suchmaschinen deutlich verbessert wird (Tab. 2.3).

Das bisher unter HTML verwendete Element <div>, das ein unspezifisches Containerelement darstellte, wird nun von Elementen wie <section> und <article> abgelöst. Elemente wie <meter> zur Auszeichnung skalarer Werte, <progress> zur Fortschrittsanzeige, <time>, das zur semantisch korrekten Auszeichnung von Zeit und Datumsangaben dient und <details>, mit dem eine dynamische Erweiterung des Inhalts realisiert werden kann sowie <output> zur Darstellung von Resultaten von Berechnungen lassen endgültig die Funktion einer einfachen Seitenbeschreibung hinter sich und bringen eine semantische Komponente in die Auszeichnung.

Möglich ist jetzt auch ein einfaches Einbinden von Multimediaelementen mit den Tags <audio> für Audio Dateien und <video> für Video Dateien, die so direkt in den Code eingefügt werden können. Über die Wertzuweisung der Attribute @src kann die Quelle der Datei angegeben werden, @autoplay ermöglicht das automatische Abspielen der Datei und @loop bewirkt, dass die Datei endlos abgespielt wird. <video> kann zusätzliche über die Attribute @width und @height die Größe des Bereiches bestimmen, in dem das Video abgespielt werden soll.

Tabelle 2.3 stellt eine Auswahl der zur Verfügung stehenden Elemente von HTML5 dar. Vollständige Übersichten sind zahlreich im Internet verfügbar, z. B. unter http://www.w3schools.com/tags/default.asp.

2.3.3 Box-Design mit CSS 3

Dieses Kapitel setzt die Kenntnis des Kapitels „Layout und Design in zentralen Ressourcen" voraus.

Eine Webseite, die mittels des Tabellenlayouts wie in Aufgabe 2 erzeugt wird, wirft schnell weitreichende Probleme mit dem Webdesign auf und entspricht nicht mehr dem heutigen Stand der Technik. Exakte Positionierung des Inhaltes auf einer Seite kann mittels des sogenannten Box-Designs oder Container-Layouts, siehe Abb. 2.12, über die Tags zur semantischen Strukturierung des Dokumentes erreicht werden. Hierbei werden die einzelnen Bereiche der Seite als Box verstanden und über diverse Attribute gegeneinander positioniert.

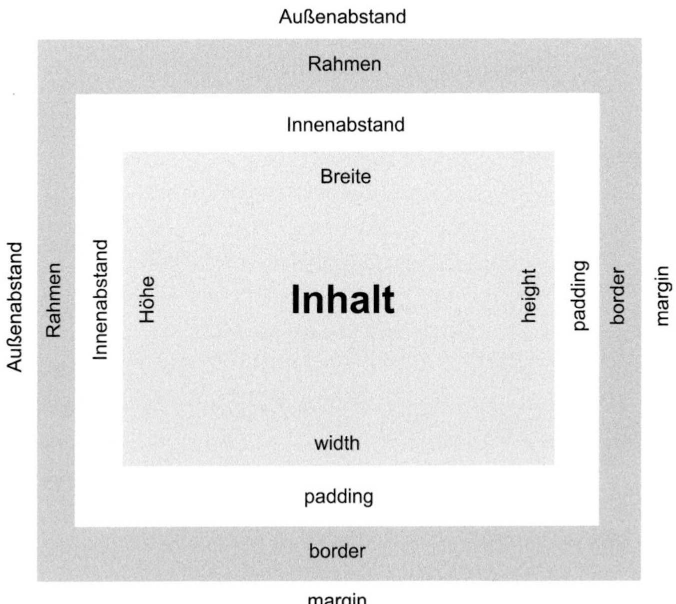

Abb. 2.12 Box-Design aus selfhtml5 – box-modell

Die Größe eines Box-Elementes wird über CSS durch Zuweisung entsprechender Werte zu den Attributen @height und @width, @margin und @padding sowie @border bestimmt. Möglich ist dies ebenfalls mittels der zuvor vorgestellten div-Container, aber insbesondere HTML5 bietet aufgrund der neu eingeführten strukturierenden Elemente hervorragende Möglichkeiten, Inhalt (HTML) und Layout (CSS) weitestgehend voneinander zu trennen, und bei der Entwicklung wurde ein besonderer Wert auf die Schaffung von Container-Elementen gelegt, die eine semantische Komponente mit sich bringen.

Das folgende Beispieltemplate für die Umsetzung dieses Designs verdeutlicht das Konzept: Die Positionierung zweier Elemente nebeneinander wird hier mit den Attributen @float bzw. @clear erreicht. Der Grafik <img> wird über CSS die Anweisung float: left; gegeben. Das darauffolgende Element (Absatz <p>) nimmt den restlichen Platz in der Breite ein, falls es daneben passt, andernfalls rutscht es in die nächste „Zeile". Dieses Verhalten kann durch die Anweisung clear:both unterbunden werden, wie im Absatz <footer> geschehen. Nötig wird dies, weil sich Eigenschaften im Boxenkonzept von der äußeren zur inneren Box vererben.

```
<!DOCTYPE html>

<html>

  <head>
    <title>HTML5-Template</title>
    <link type="text/CSS" href="dummy.css" rel="stylesheet">
  </head>

  <!-- Inhalt der Seite -->
  <body>
    <!-- Textueller Inhalt -->
    <div id="wrapper">
      <!-- Header -->
      <header id="oben">
        <h1>Tutanchamun</h1>
      </header>

      <!-- Menü -->
      <nav id="menu">

        <ul class="level1">
          <li class="menu-title">Menü</li>
          <li><a href="#" title="Home">Home</a></li>
          <li><a class="active" href="#" title="Collection">
          Collection</a></li>
          <li>
          <ul class="level2">
              <li><a href="#"title= "Tutanchamun">Tutanchamun </a></li>
              <li class="active">Cheops-Pyramide</li>
            </ul>
          </li>
          <li><a href="#" title="Impressum">Impressum</a></li>
```

```
      </ul>
    </nav>

    <!-- Textueller Inhalt -->
    <section class="content">

      <article>

        <header>
          <h2>Überschrift</h2>
        </header>

        <p>
        Dies ist ein Typoblindtext. An ihm kann man sehen,
        ob alle Buchstaben da sind und wie sie aussehen.
        Manchmal benutzt man Worte wie Hamburgefonts,
        Rafgenduks oder Handgloves, um Schriften zu testen.
        Manchmal Sätze, die alle Buchstaben des Alphabets
        enthalten - man nennt diese Sätze »Pangrams«. Sehr
        bekannt ist dieser: The quick brown fox jumps over
        the lazy old dog.
        </p>

        <footer>
          &copy; 2013
            <a href="www.hki.uni-koeln.de">www.hki.unikoeln.de </a>

        </footer>

      </article>

    </section>

    <!-- footer -->
    <footer id="unten">
      <ul>
        <li><a href="#" title="Sitemap">Sitemap</a></li>
        <li><a href="#" title="Impressum">Impressum</a></li>
      </ul>
    </footer>

  </div> <!-- wrapper -->
 </body>
</html>
```

2.3.3.1 CSS3

Die in Kap. 2.5.1 CSS eingeführte Version von CSS entspricht dem 2011 als Empfehlung verabschiedeten CSS Level 2.1.

CSS Level 3 ist ähnlich wie HTML5 derzeit noch kein definierter Standard, sondern work-in-progress, wird aber bereits von den meisten modernen Browsern (weitestgehend) unterstützt. Die Arbeit an CSS3 wurde bereits im Jahr 2000 von der CSS Working Group[24] des W3Cs aufgenommen und es sind inzwischen über 50 Module veröffentlicht, von denen derzeit vier den Status „W3C-Empfehlung" erhalten haben. Allerdings können aufgrund der Abwärtskompatibilität aller Module diese bereits heute problemlos eingesetzt werden.

[24] Siehe http://www.w3.org/Style/CSS/specs.

Mittels CSS lassen sich nun auch die im vorhergehenden Kapitel beschriebenen Boxen weitestgehend beliebig auf einer Webseite positionieren. Erreicht wird damit insbesondere die Trennung von Form (Layout) und Inhalt (Text): Die HTML5-Datei gibt die Struktur und die Inhalte vor, die CSS-Datei bestimmt das Layout.

Eine CSS-Datei könnte wie folgt aussehen und das oben aufgeführte HTML5-Beispiel für ein Box-Layout gestalten:

```
body {
 margin: 0;
 padding: 0;
 background-color: black;
}

#wrapper{
 width: 850px;
 margin: 0 auto;
 padding: 0;
}

header#oben {
 margin: 20px 0 0 20px;
 padding: 10px;
 border: 5px solid #ccc;
 background-color: #e55;
 height: 100px;
 width: 800px;
 }

nav#menu {
 margin: 20px;
 padding: 10px;
 border: 5px solid #ccc;
 background-color: #55F;
 width: 200px;
 float: left;
 }

section.content {
 margin: 20px 0 20px 0;
 padding: 10px;
 border: 5px solid #ccc;
 background-color: #5F5;
 width: 550px;
 float: left;
 }

footer#unten {
 margin: 20px 20px 0 20px;
 padding: 10px;
 border: 5px solid #ccc;
 background-color: #ee5;
 height: 100px;
 width: 800px;
 clear: both;
 }
```

Eine Interpretation durch den Browser ergibt folgende Darstellung:

Zur besseren Verständlichkeit eine Darstellung mit den Werten des CSS, die für die Positionierung verantwortlich sind:

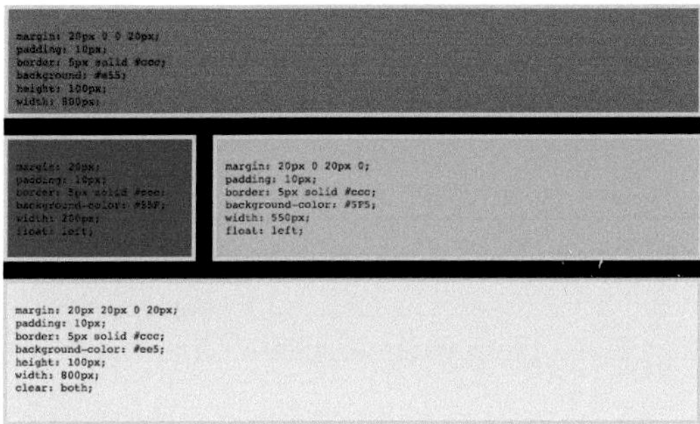

Die hier verwendeten Gestaltungsinhalte dienen der Veranschaulichung und beruhen nicht auf einem ansprechenden Design. Durch geringfügige Veränderungen kann dieses jedoch, wie in Abb. 2.13 ersichtlich, erreicht werden.

Abb. 2.13 Umsetzungsbeispiel für ein Box-Layout mit ansprechender Gestaltung

2.3.4 Formulare in HTML5

Die bis zu diesem Kapitel beschriebenen Funktionalitäten können verwendet werden, um eine statische Website zu erzeugen, die Informationen anbietet, aber keine Interaktion mit dem User ermöglicht. Ab Kap. 2.8 „Clientseitige Dynamisierung" werden diese Optionen intensiv behandelt. Es folgt vorab eine einfache Möglichkeit, durch den Einsatz von Formularen Interaktivität zu schaffen, die bei HTML5 durch viele Elemente erweitert wurden[25] und auch auf korrektes Ausfüllen überprüft werden können. Aber Vorsicht: Nicht alle Browser unterstützen bereits alle neuen Typen, ältere Browser häufig gar nicht.

Das Element <form> umschließt vollständig diejenigen Elemente, die in dem Formular enthalten sind, und die eigentlichen Eingabefelder und -methoden definieren.

```
<form

  action="about:blank"
  method="get"
  accept-charset="UTF-8">

...

</form>
```

Mittels der Attribute @action, @method und @accept-charset werden grundlegende Eigenschaften für das Formular festgelegt.

@action deklariert die Server-Adresse, an die die eingegebenen Inhalte des Formulars gesendet werden sollen. Steht diese noch nicht fest, wird der Platzhalter „about:blank" verwendet.

@method deklariert die Methode, mit der die Inhalte des Formulars an den Server gesendet werden sollen. Zur Auswahl stehen die Werte get und post:

- get:
  Der Vorteil der get-Methode ist der einfache und übersichtliche Einsatz, denn in der Adressleiste des Browsers kann die Kommunikation unmittelbar nachvollzogen werden. Je nach Standpunkt kann das aber auch ein Nachteil sein. Hinzu kommt, dass die Datenmenge bei dieser Methode begrenzt ist.
- post:
  Der Vorteil der post-Methode ist, dass größere Datenmengen problemlos versendet werden können und die Kommunikation nicht in der Adressleiste des Browsers beobachtet werden kann.

@accept-charset deklariert über die Wertzuweisung das Text-Encoding und in der Regel sollte hier UTF-8 verwendet werden.

[25] Eine vollständige Übersicht ist bei w3schools unter http://www.w3schools.com/html/html5_form_input_types.asp aufgeführt.

2.3.4.1 Eingabeelemente

Mittels der Eingabeelemente werden die benötigten Daten durch den User eingegeben, die unter HTML5 eine Verpflichtung enthalten können, indem das Attribut @required als alleinstehendes Attribut zu dem entsprechenden Element hinzugefügt wird. Wenn es gesetzt ist, muss das Feld vor dem Absenden ausgefüllt sein. Häufig genutzte Eingabeelemente:

- Einzeilige Textfelder (text/password),
- mehrzeilige Textfelder (textarea),
- Auswahlliste mit Einfachanwahloption (radiobutton),
- Auswahlliste mit Mehrfachanwahloption (checkbox),
- Auswahlliste mit Klappmenü (select box),
- Schaltfläche (button),
- Absendeschaltfläche (submit button) und
- Schaltfläche mit Rücksetzoption (reset button).

Eine Einführung in die klassischen Eingabeelemente ist im Kap. 2.8.1.10.2 „Eingabefelder", zu finden. Neu bei HTML5 sind folgende Werte für das Attribut @type zu dem Element <input>, die oft eine Validierungsoption der Nutzereingabe beinhalten:

- color: stellt eine Farbauswahltafel zur Verfügung.

```
Select your favorite color:
<input type="color" name="favcolor">
```

- date: Datumsangabe.

```
Birthday: <input type="date" name="bday">
```

- datetime: Datums- und Zeitangabe mit Zeitzone.

```
Birthday (date and time):
<input type="datetime" name="bdaytime">
```

- datetime-local: lokale Datumsangabe ohne Zeitzone.

```
Birthday (date and time):
<input type="datetime-local" name="bdaytime">
```

- email: E-Mail-Adresse, die validierbar ist.

```
E-Mail: <input type="email" name="email">
```

• month: Monats- und Jahresangabe.

```
Birthday (month and year):
<input type="month" name="bdaymonth">
```

• number: numerischer Wert, der mit Restriktionen versehen werden kann. Zur Verfügung stehen: max – höchst möglicher Wert, min – niedrigst möglicher Wert, step – möglicher Intervallwert.

```
<input type="number" name="quantity" min="1" max="5">
```

• range: möglicher Wertebereich.

```
<input type="range" name="points" min="1" max="10">
```

• search: Suchfeld.

```
Search Google: <input type="search" name="googlesearch">
```

• tel: Telefonnummer, nicht validierbar.

```
Telephone: <input type="tel" name="usrtel">
```

• time: Zeitangabe ohne Zeitzone.

```
Select a time: <input type="time" name="usr_time">
```

• url: Webadresse, die validierbar ist.

```
Add your homepage: <input type="url" name="homepage">
```

• week: Wochen- und Jahresangabe ohne Zeitzone.

```
Select a week: <input type="week" name="week_year">
```

2.3.4.1.1 Einzeilige Textfelder

Einzeilige Textfelder werden mit dem Standard-Eingabeelement <input> realisiert und durch die Wertzuweisung „text" im @type-Attribut spezifiziert. Einen Sonderfall stellt der type-Wert „password" dar, der einzeilige Textfelder generiert, deren Eingabe nicht sichtbar ist und durch Asterisks **** angezeigt wird.

Das Attribut @name deklariert in der Wertzuweisung, mit welchem Bezeichner der eingegebene Wert an den Server übertragen wird. @id ist für einen Identifikator reserviert, der denselben Wert wie @name haben kann, aber auf einer Seite nur einmal vorkommen darf. @maxlength legt die maximal erlaubte Zeichenzahl im Feld fest und ist in der Verwendung optional, ebenso @value, das einen möglichen Vorgabewert deklariert.

```
<input

  name="nachname"
  id="nachname"
  type="text"
  maxlength="50"
  value="hier bitte Nachnamen eingeben"
  required >
```

2.3.4.1.2 Mehrzeilige Textfelder

Mehrzeilige Textfelder werden mit dem Element <textarea> realisiert und durch die Wertzuweisung zu folgenden Attributen spezifiziert:

- @rows deklariert die Höhe des Textfeldes in Zeilen.
- @cols deklariert die Breite des Textfeldes in Zeichen.

```
<textarea

  name="nachricht"
  id="nachricht"
  rows="10"
  cols="50"
  required>

  Hier kann ein langer Text eingegeben werden.

</textarea>
```

2.3.4.1.3 Radiobuttons

Auswahllisten mit Einfachanwahloption, sogenannte Radiobuttons, werden mit dem Standard-Eingabeelement <input> realisiert und durch die Wertzuweisung radio im @type-Attribut spezifiziert.

```
<input

  type="radio"
  id="anredeHerr"
  name="anrede"
  value="M">

<label for="anredeHerr">Herr</label>

<input

  type="radio"
  id="anredeFrau"
  name="anrede"
  value="F">

<label for="anredeFrau">Frau</label>
```

Während der Wert des Attributes @id definitionsgemäß unterschiedlich sein muss, ist es zwingend erforderlich, dass das Attribut @name für die verschiedenen Auswahlmöglichkeiten identisch ist. @name definiert den Bezeichner, @value den Wert für diesen Bezeichner, der an den empfangenden Server übergeben wird. Somit hält das Attribut @name die Optionenliste zusammen.

2.3.4.1.4 Checkboxen

Entsprechend der Definition der Radiobuttons muss auch bei den Auswahllisten mit Mehrfachanwahloption, den sogenannten Checkboxen, der Wert des Attributes @id definitionsgemäß unterschiedlich sein. Ebenfalls ist es zwingend erforderlich, dass das Attribut @name für die verschiedenen Auswahlmöglichkeiten identisch ist, es definiert den Bezeichner, während @value den Wert des Bezeichners enthält (s. o.).

An den empfangenden Server werden mehrere, ein oder kein Wert für den Bezeichner (hier: haustier) übergeben.

```
<label>Kreuzen Sie bitte alle Ihre Haustiere an:</label>

  <input
    type="checkbox"
    id="haustier1"
    name="haustier"
    value="zebra">
  <label for="haustier1">Zebra</label>

  <input
    type="checkbox"
    id="haustier2"
    name="haustier"
    value="hund">
  <label for="haustier2">Hund</label>

  <input
    type="checkbox"
    id="haustier3"
    name="haustier"
    value="katze">
  <label for="haustier3">Katze</label>

  <input
    type="checkbox"
    id="haustier4"
    name="haustier"
    value="maus">
  <label for="haustier4">Maus</label>
```

2.3.4.1.5 Auswahllisten mit Klappmenü

Ein einzeiliges Feld, das ein Klappmenü mit Auswahloptionen bereitstellt, eine sogenannte Select-Box, wird mit dem Element <select> erzeugt und das Kind-Element <option> umschließt jeweils eine Auswahloption. Wie schon bei den vorher genannten Auswahllisten definiert @name den Bezeichner und @value den Wert für diesen Bezeichner, der an den empfangenden Server übergeben wird.

```
<label for="farbe">Was ist Ihre Lieblingsfarbe?</label>

<select id="farbe" name="farbe" required>

  <option value="">bitte auswählen</option>
  <option value="ff0000">rot</option>
  <option value="00ff00">grün</option>
  <option value="0000ff">blau</option>

</select>
```

2.3.4.1.6 Absenden-Button

Das Ende des Ausfüllvorgangs definiert der User durch einen Klick auf die Absenden-Schaltfläche, die mit dem Standard-Eingabeelement <input> realisiert und durch die Wertzuweisung „submit“ im @type-Attribut spezifiziert wird.

```
<input type="submit" value="absenden">
```

Durch Auslösen des Submit-Buttons werden alle im Formular ausgefüllten bzw. ausgewählten Werte (values) nach Möglichkeit überprüft und mit ihrem jeweiligen Bezeichner an den im @action-Attribut des Elements <form> deklarierten, empfangenden Server gesendet.

2.3.4.1.7 Beschriftung der Eingabeelemente

Um eine Beschriftung dieser Eingabeoptionen zu erreichen wird das Element <label> eingesetzt, das die Beschriftung der Eingabefelder festlegt und in die Wertzuweisung des Attributs @for den Wert von @id (nicht den von @name!) desjenigen Eingabefeldes enthält, auf das sich die Beschriftung bezieht.

```
<form>

  <label for="vorname"> Vorname: </label>

  <input
    name="vorname"
    id="vorname"
    type="text">

</form>
```

2.3.4.2 Darstellung von Validierungsfehlern

Sollten Formularinhalte, die der User eingegeben hat, nicht den Vorgaben entsprechen, z. B. fehlt eine erforderliche Eingabe, lassen sich mittels neuer Pseudo-Klassen invalide Inhalte eines Formular-Elementes mit CSS hervorheben:

```
input:invalid {
  background-color: #ffdddd;
}

input:valid {
  background-color: #ddffdd;
}

input:required {
  border-color: #800000;
  border-width: 3px;
}
```

2.3.5 Canvas-Element

Das Canvas-Element stellt eine der grundlegenden Neuerungen dar, denn es erlaubt, dynamisch Grafiken zu zeichnen. Mit Hilfe von Script-Sprachen (vorwiegend JavaScript) können Grafiken auf Webseiten on-the-fly erzeugt werden.

Das Element erzeugt immer eine rechteckige Zeichenfläche wie in Abb. 2.14 dargestellt, die individuell gestaltet werden kann. Innerhalb dieser Zeichenfläche können über verschiedene Methoden verschiedene Formen wie Kreise, Rechtecke oder selbst definierte Formen erzeugt, transformiert und animiert werden. Dabei können auch Usereingaben mit eingebunden und genutzt werden.

```
<canvas

  id="Canvasobject0"
  width="200"
  height="200"
  style="border:2px
  solid #0000FF;">

    Ihr Browser unterstützt leider nicht das
    HTML5-Canvas-Element.

</canvas>
```

Das Canvas-Element wird im einfachsten Fall mit den Attributen @id, @width und @height eingesetzt. Sollte der Browser das Canvas-Element nicht unterstützen, wird ein entsprechender Fehlertext ausgegeben.

Abb. 2.14 Canvas-Objekt

Hinweis: Style-Definitionen sollten immer in eine CSS-Datei ausgelagert werden. Nur aufgrund der Anschauung sind sie in diesem Beispiel in das Tag integriert.

2.3.5.1 Rechteck

```
<canvas

  id="Canvasobject1"
  width="200"
  height="200"
  style="border:2px
  solid #0000FF;">

    Ihr Browser unterstützt leider nicht das
    HTML5-Canvas-Element.

</canvas>

<script type="text/javascript">

  var c = document.getElementById("Canvasobject1");
  var cxt = c.getContext("2d");

  cxt.fillStyle = "#B4045F";
  cxt.fillRect(10,50,150,75);

</script>
```

Innerhalb des JavaScripts wird das Canvas-Objekt über den Wert des Attributes @id und DOM aufgerufen und in der Variable „c" gespeichert. Anschließend wird mit der Funktion getContext() das Kontextobjekt „cxt" erstellt. Auf dieses Objekt können nun die verschiedenen Methoden und Deklarationen angewandt werden:

- @fillStyle: Definition der Füllfarbe;
- @fillRect(x, y,Höhe, Breite): Ein Rechteck kann als vordefiniertes Zeichenobjekt mit der Angabe der positionierenden x-/y- Koordinate, Höhe und Breite direkt erstellt werden (siehe Abb. 2.15).

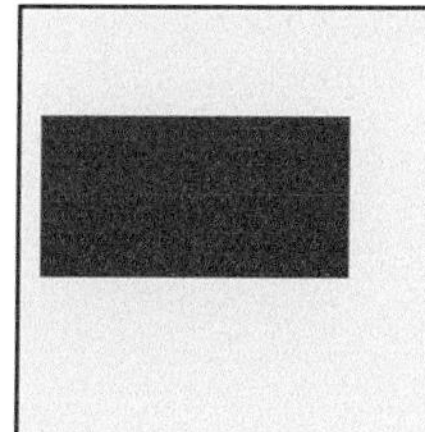

Abb. 2.15 Canvas: Rechteck

2.3.5.2 Zusammengesetzte Linien

```
<canvas

  id="Canvasobject2"
  width="200"
  height="200"
  style="border:2px
  solid #0000FF;">

    Ihr Browser unterstützt leider nicht das HTML5-Canvas-Element.

</canvas>

<script type="text/javascript">

  var c = document.getElementById("Canvasobject2");
  var cxt = c.getContext("2d");

  cxt.fillStyle = "green";

  cxt.moveTo(50,100);

  cxt.lineTo(100,150);
  cxt.lineTo(150,50);
  cxt.lineTo(140,50);
  cxt.lineTo(100,140);
  cxt.lineTo(60,100);
  cxt.lineTo(50,100);

  cxt.closePath();

  cxt.fill();

</script>
```

Zusammengesetzte Linien werden über die einzelnen Anfangs- und Endpunkte der Abschnitte definiert: Die Methode moveTo() definiert zunächst den Startpunkt. Alle nachfolgenden Punkte, die sich durch Linien miteinander verbinden, werden mit der Methode lineTo() festgelegt. Damit eine geschlossene Fläche entsteht, verbindet die Methode closePath() den Start- und Endpunkt automatisch miteinander (siehe Abb. 2.16).

Die Methode fill() bewirkt, dass die neue Zeichenform mit der in dem Attribut @fillStyle definierten Farbe ausgefüllt wird. Die Fläche kann auch mit der Methode stroke() umrandet werden.

Abb. 2.16 Canvas: Linien

2.3.5.3 Kreis

```
<canvas

  id="Canvasobject3"
  width="200"
  height="200"
  style="border:2px
  solid #0000FF;">

   Ihr Browser unterstützt leider nicht das HTML5-Canvas-Element.

</canvas>

<script type="text/javascript">

  var c = document.getElementById("Canvasobject3");
  var cxt = c.getContext("2d");

  cxt.fillStyle = "#FF0000";

  cxt.beginPath();

  cxt.arc(50,18,15,0,Math.PI*2,true);
  cxt.closePath();

  cxt.fill();

</script>
```

2.3.5.3.1 Methoden zur Erstellung eines Kreisobjektes

Die Methoden beginPath() und closePath() sind umschließende Signalmethoden für das Zeichenobjekt. arc() ist die Methode zum Erstellen des Kreises. Die Parameter der Methode arc(x-, y-Koordinate, Radius, Start-, Endwinkel, Uhrzeigersinn) spezifizieren den Kreis.

```
arc(50, 18, 15, 0, Math.PI*2, true)
```

Start- und Endwinkel müssen in der Einheit Bogenmaß und nicht Gradmaß angegeben werden, der 360°-Vollwinkel wird also mit Math.PI*2 angegeben. Soll ein vollständiger Kreis gezeichnet werden, muss der Startwinkel mit 0 und der Endwinkel mit Math.PI*2. festgelegt werden, siehe Abb. 2.17.

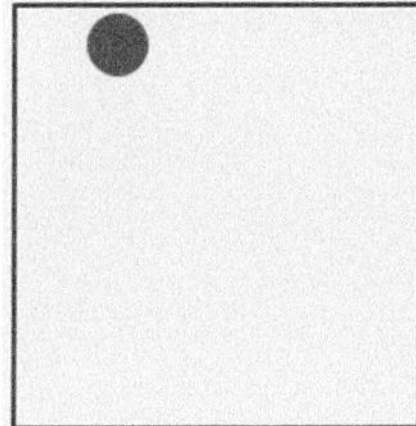

Abb. 2.17 Canvas: Kreis

2.3.5.4 Kreissegmente

```
<canvas

 id="Canvasobject4"
 width="200"
 height="200"
 style="border:2px
 solid #0000FF;">

  Ihr Browser unterstützt leider nicht das HTML5-Canvas-Element.

</canvas>

<script type="text/javascript">

 var c = document.getElementById("Canvasobject4");
 var cxt = c.getContext("2d");

 cxt.fillStyle = "#FF0000";

 cxt.beginPath();
 cxt.moveTo(50,50);

 cxt.arc(50,50,30,0,(Math.PI*0.5),true);
 cxt.closePath();
 cxt.fill();

 cxt.beginPath();
 cxt.moveTo(130,50);

 cxt.arc(130,50,30,0,(Math.PI*0.5),false);
 cxt.closePath();
 cxt.fill();

</script>
```

Damit die Füllebene bis zum Kreismittelpunkt reicht, muss zunächst der Startpunkt der Fläche auf den Kreismittelpunkt gesetzt werden:

```
cxt.moveTo(x- Kreiskoordinate, y- Kreiskoordinate);
```

Entscheidend für die Art des Segments wirkt sich die Angabe über den Uhrzeigersinn in dem Parameter der Methode arc() aus: true – mit dem Uhrzeigersinn oder false – entgegen des Uhrzeigersinns. Der höhere Wert der x-Koordinate im Beispiel bewirkt die Verschiebung des Kreissegmentes nach rechts, siehe Abb. 2.18.

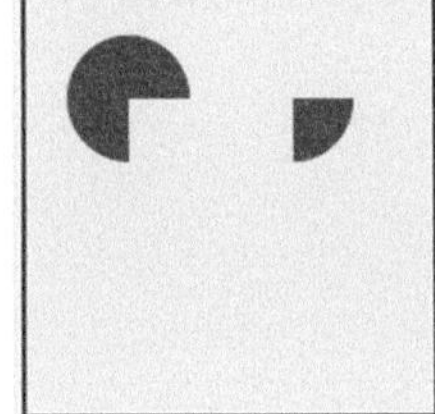

Abb. 2.18 Canvas: Kreissegment

2.3.5.5 Ausblick

Komplexe Grafiken können mit diesen Basiselementen innerhalb des <canvas>-Tags zusammengestellt werden. Mit verschiedenen Linienstilen, Schatteneffekten, Farbverläufen und Arrangement-Angaben lassen sich erstaunliche Resultate erzielen.

In die Grafiken kann auch Text dynamisch integriert und gestaltet werden, was im Rahmen des Projektes „The wilderness downtown“[26] eindrucksvoll umgesetzt ist.

Das Verändern der Größe eines Objektes, genau wie das Rotieren, Verzerren, Transformieren und Animieren vervollständigt die Funktionalitäten innerhalb des Canvas-Elementes.

2.3.6 Aufgabe 6a

1. Portieren Sie Ihr bisheriges Projekt in das vorgestellte HTML5-Template[27].
2. Validieren Sie diese Seite auf der Basis des HTML5-Regelwerkes.
3. Styling-Elemente und -Attribute nehmen Sie bitte aus Ihrem HTML5-Code vollständig heraus und übertragen dieses in die CSS-Datei.
4. Deprecated Elements[28] sollten nicht mehr im Code zu finden sein. Finden Sie entsprechende Alternativen aus dem Sprachschatz von HTML5.
5. Positionieren Sie die Blöcke und designen Sie Ihr Projekt z. B. auf Basis des oben aufgeführten minimalen CSS.
6. Wenden Sie einen CSS 3-Effekt auf ein beliebiges Element an.
7. Fügen Sie auf einer Seite Ihres Projektes ein weiteres Element <article> an sinnvoller Stelle hinzu, und zwar entsprechend dem Schema:

```
<section>
  <article>..</article>
  <article>..</article>
</section>
```

1. Passen Sie Ihr Stylesheet so an, dass zwischen den <article>-Elementen ein erkennbarer Abstand entsteht.
2. Setzen Sie drei verschiedene neue aus CSS3 stammende Effekte ein.
3. Legen Sie in Ihrem Tutanchamun-Projekt eine neue Seite namens Kontakt an und verlinken Sie diese entsprechend im Menü.
4. Legen Sie ein validierbares Formular an, das im Aufbau der Abb. 2.19 entspricht.
5. Spezifikationen:
   - Alle Felder sollen beschriftet sein.
   - Felder, die fehlerhaft ausgefüllt wurden, sollen farblich markiert werden.

[26] http://www.thewildernessdowntown.com.

[27] Siehe Kap. 2.3.2 Semantische Tags.

[28] Veraltete Elemente.

Abb. 2.19 Formular HTML5

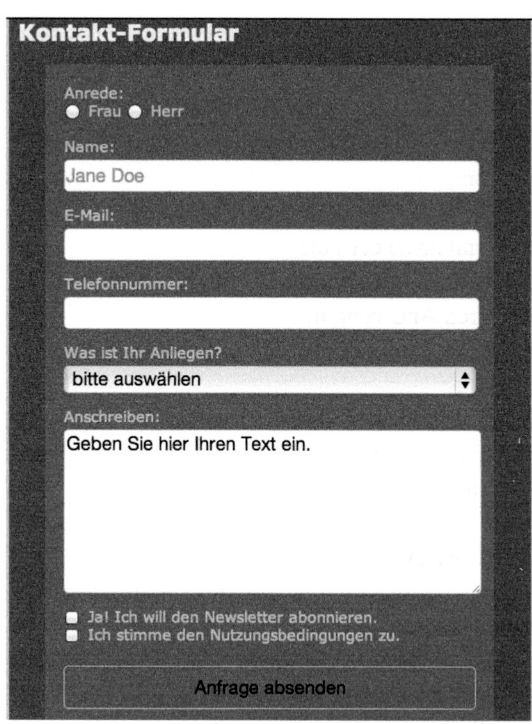

- Felder, die nicht ausgefüllt wurden, obwohl eine Eingabe verlangt wurde, sollen farblich markiert werden.
- Notwendige Auswahl der Anrede mittels Radiobuttons.
- Eingabefeld „Name" mit passendem type (notwendig).
- Eingabefeld „E-Mail" mit passendem type (notwendig).
- Eingabefeld „Telefon" mit passendem type (notwendig).
- Notwendiges Auswahlfeld „Anliegen" mit folgenden Eigenschaften:
- Option „Bitte auswählen" mit leerem Rückgabewert.
- Option „Ticketbestellung" mit Rückgabewert „abteilung1".
- Option „Presseanfrage" mit Rückgabewert „abteilung2".
- Option „Sonstiges" mit Rückgabewert „abteilung3".
- Textfeld in adäquater Größe mit vorgegebenem Text (notwendig).
- Eine Checkbox „Newsletter" mit dem Rückgabewert „ja", falls ausgewählt und passender Beschriftung (optional).
- Eine Checkbox „AGB" mit dem Rückgabewert „ja", falls ausgewählt und passender Beschriftung (notwendig).

Erweitern Sie, nachdem Sie sich das folgende Kapitel erarbeitet haben, die Funktionalität der Kontaktseite:

- Wenn im select-Feld die Auswahl „Sonstiges“ getroffen wird, soll sich nichts ändern.
- Wenn im select-Feld die Auswahl „Presseanfrage“ getroffen wird, soll unterhalb des select-Feldes ein weiteres Eingabefeld mit JavaScript erzeugt werden: „Verlag“.
- Wenn im select-Feld die Auswahl „Ticketbestellung“ getroffen wird, soll unterhalb des select-Feldes ein weiteres Eingabefeld mit JavaScript erzeugt werden: „Anzahl Tickets“.
- Durch Änderung der Eingabe soll eine Funktion aufgerufen werden, die den Gesamtpreis der Tickets (à 11 Euro) berechnet. Der Gesamtpreis soll von der Funktion in ein von Ihnen zu wählendes, ebenfalls neu generiertes Element mit der Beschriftung „Gesamt:“ geschrieben werden. Wird wieder eine andere Option gewählt, verschwindet das generierte Feld wieder und je nach Option erscheinen die passenden Eingabemöglichkeiten.

(Tipp: onchange="machWas(this.value);" dürfte ein sehr hilfreiches Attribut sein…)

2.3.7 Aufgabe 6b

Erstellen Sie eine neue HTML5-Datei und integrieren Sie die Zeichnung der Abb. 2.20 mit Hilfe des Canvas-Elements (die Gitternetzlinien dienen nur zur ungefähren Orientierung).

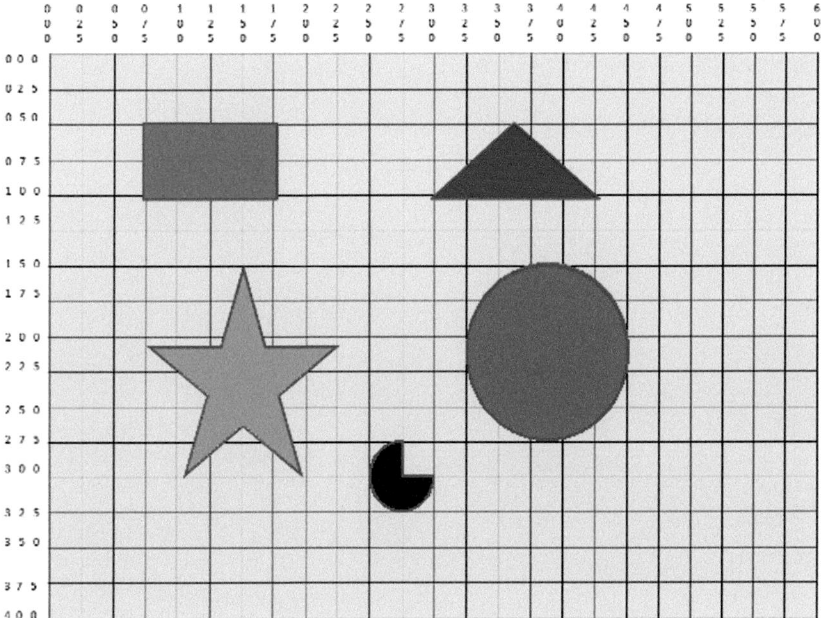

Abb. 2.20 Canvas Aufgabenstellung

Hinweis: Einzelne Zeichenobjekte werden mit der Methode beginPath() initialisiert und mit closePath() abgeschlossen.

Fortgeschrittener Aufgabenzusatz Zeichnen Sie ein beliebiges Rechteck und füllen Sie es mit einem horizontalen, linearen Farbverlauf.

Stellen Sie Text in einem Canvas-Objekt dar und verändern Sie dessen Aussehen.

Erzeugen Sie einen Button, der durch Anklicken ein Rechteck auf dem Bildschirm erscheinen lässt.

Fortführung der Basisaufgabe Transformieren Sie die Webseite, die Sie unter Aufgabe 3 geschrieben haben, sodass sie dem HTML5-Standard entspricht.

Implementieren Sie in der Collection-Datei unterhalb des Tutanchamun und Cheops-Pyramiden-Bildes ein passendes Video und achten Sie bitte auf die Browserkompatibilität. Lassen Sie beim Aufruf der Home-Datei automatisch eine passende Audio-Datei abspielen und achten Sie bitte auf die Browserkompatibilität.

Material finden Sie unter http://dhbuch.de.

2.4 Document Object Model (DOM)

Das Document Object Model (Dokumentobjektmodell, DOM) ist eine Programmierschnittstelle, die definiert, wie auf die Objekte zugegriffen werden kann, aus denen ein HTML- oder XML-Dokument besteht. Beide verfügen über eine hierarchische Struktur eingebetteter Tags, die im DOM als ein Baum von Objekten dargestellt werden. So lässt sich jedes HTML- und XML-Dokument entweder als (eingerückten) Text oder zur besseren Visualisierung als Baum darstellen:

```
<!DOCTYPE html>
<html>
  <head>
    <title>Mein Titel</title>
    <meta charset="UTF-8">
  </head>

  <body>

    <table>
      <tr>
        <td>1. Zeile 1. Spalte </td>
      </tr>
      <tr>
        <td>2. Zeile 1. Spalte </td>
      </tr>
    </table>

  </body>

</html>
```

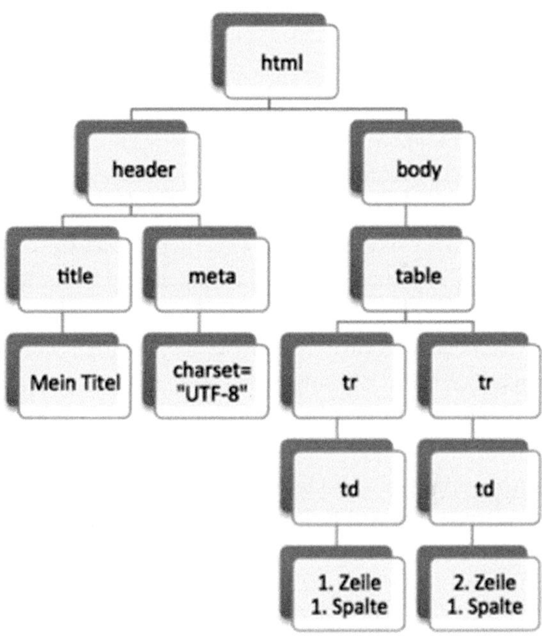

Abb. 2.21 DOM – Baum

Das Dokumentobjektmodell repräsentiert ein HTML- oder XML-Dokument als Baum von Knotenobjekten in Form von Eltern-Knoten und Kind-Knoten, siehe Abb. 2.21. Die Elemente werden nun als Objekte betrachtet, die dynamisch aufgerufen, verändert, hinzugefügt und gelöscht werden können. Unterschieden werden Elementknoten, Attributknoten und Textknoten, wobei bezogen auf das die Grafik html, header und meta Beispiele für Elementknoten, charset ein Beispiel für Attributknoten und 1.Zeile-1.Spalte ein Beispiel für Textknoten ist.

Eine Baumstruktur wird durch tiefe Vorschachtelungen sehr schnell extrem komplex und Ziel dieser Programmierschnittstelle ist es, eine Navigation durch solche Bäume zu ermöglichen, gezielt einen Elementknoten anzusteuern und so Attribute und Inhalte auszulesen.

Siehe dazu Kap. 4.4.2.2. XPath und 2.8.1.11 Auslesen von Inhalten.

2.5 Layout und Design in zentralen Ressourcen

Das Vorhalten von Layout- und Designinformationen in zentralen Ressourcen ermöglicht die Trennung von Form und Inhalt. Durch das Festschreiben der Formatierungsinformation in einer eigenen zentralen Datei ist es möglich, diese Informationen in beliebig vielen strukturierten Dokumenten zu nutzen. Der Inhalt eines Dokumentes wird so unabhängig von seinen Darstellungsanweisungen verwaltet, was zu einer deutlichen Verschlankung des Quelltextes einerseits und einer Erleichterung der Pflege des Erscheinungsbildes andererseits führt.

2.5.1 CSS

CSS[29] ist eine deklarative Formatierungssprache, die vom WorldWideWeb-Consortium entwickelt wurde[30] und eine direkte Ergänzung für strukturierte Dokumente, wie HTML- oder XML-Dokumente, darstellt. Es handelt sich hierbei nicht um eine Erweiterung von HTML oder XML, sondern um eine eigenständige Sprache, die entweder in das HTML- oder XML- Dokument eingefügt oder besser in zentralen Ressourcen[31] vorgehalten wird. Ziel des Einsatzes von CSS ist eine exakte Bestimmung des Erscheinungsbildes von ausgezeichneten Textbereichen. Die Interpretation von Formatierungsanweisungen wird also nicht mehr dem Browser überlassen, sondern ist in der CSS-Datei exakt festgelegt. Das Aussehen einer Webseite kann so durch einen Webdesigner genau vorausbestimmt werden, unabhängig davon, welche Browsersoftware durch den User eingesetzt wird.

Der Einsatz von CSS in zentralen Ressourcen ermöglicht weiterhin die Umsetzung einer wichtigen Anforderung an digitale Objekte: die Trennung von Form und Inhalt. Aus diesem Grund wird auch eine Verwendung von CSS innerhalb eines strukturierten Dokumentes nur in geringen Ausnahmefällen sinnvoll sein.

2.5.2 Einbinden von CSS

CSS-Code kann grundsätzlich auf drei unterschiedliche Arten in ein strukturiertes Dokument eingebunden werden.

2.5.2.1 Externe Ressource

Die Verwaltung von externen Ressourcen ist die mit Abstand häufigste und sinnvollste Option. Mittels des <link>-Tags kann eine Verbindung zu einem externen Dokument erzeugt werden. Dieses Tag muss innerhalb des <header> geschrieben werden und die Attribute @rel, @type und @href enthalten.

Beispiel:

```
<link rel="stylesheet" type="text/CSS" href="beispiel.css">
```

Dabei gilt:

- rel="stylesheet":

[29] Cascading Style Sheets.

[30] Cascading Style Sheets Level 2 Revision 1 (CSS2.1) Specification siehe http://www.w3.org/TR/CSS2/.

[31] Als Ressourcen werden Dateien bezeichnet, die einem Programm für seinen abstrakten Ablauf nicht notwendige Angaben, wie etwa visuelle Attribute, durch einen externen Mechanismus zur Verfügung stellen. Anders ausgedrückt: Ressourcen (im IT Bereich) sind ausgelagerte Text-Dateien die, wie ein Cascading Style Sheet, bestimmte Informationen für das aufrufende HTML-Dokument beinhalten.

Art der Beziehung; auch andere „Ressourcen", wie externe Definitionen dieser Art generell genannt werden, könnten hier angegeben werden.

- type="text/CSS":
  Es handelt sich um ein Stylesheet nach den CSS-Konventionen – auch andere Regeln für Stylesheets wären denkbar.
- href="../meins.css":
  Ein Pfad/URL gibt an, wo die Stylesheet-Datei abgespeichert ist.

2.5.2.2 Eingebettetes Stylesheet

Die CSS-Anweisungen können in einem speziell dafür vorgesehenen <style></style>-Tag gespeichert werden.

Beispiel:

```
<head>

  <title>Dokument mit Formatierungen</title>

  <style type="text/css">
    body {color: red; background-color: #d8da3d}
  </style>

</head>
```

2.5.2.3 Einbettung im Tag

Die letzte (und unsauberste) Art ist das Einbetten der Stildefinitionen in das jeweilige HTML-Element über das Attribut @style.

```
<p style="font-size: small;">Text</p>
```

2.5.3 CSS-Datei

Die Syntax von CSS[32] ist in der entsprechenden Spezifikation festgelegt. Grundsätzlich folgt der Aufbau einer CSS-Anweisung folgendem Schema:

selector {declaration} Beliebig viele dieser Anweisungen können aufeinander folgen.

Der Deklarationsblock enthält eine oder mehrere Wertzuweisungen zu den Eigenschaften. Dies ergibt folgende Regelstruktur:

```
selector {
  property1: value1;
  property2: value2;
}
```

[32] CSS-Tutorial unter http://www.w3schools.com/css/css_syntax.asp, CSS3-Tutorial unter: http://www.w3schools.com/css3/css3_intro.asp.

Der Selektor bestimmt das Element des HTML-Dokuments, auf das sich die Regel beziehen soll. Im anschließenden Deklarationsblock können beliebig viele Deklarationen zu diesem festgehalten werden.

```
h1{
  color: blue;
  font-family: helvetica;
}

p{
  color: green;
}

body{
  background: yellow;
}
```

2.5.3.1 Speichern

Dieses reine Textdokument wird unter einem sprechenden Namen mit der Endung *.css abgespeichert und mittels des HTML-Tags <link> in den HTML-Quelltext eingebunden.

2.5.3.2 Grundlegende Property-Value-Paare

```
h1{
  color: blue;
  font-family: helvetica;
}

p{
  color: green;
}

body{
  background: yellow;
}

b{
  color: red;
  font-weight: 100;
  font-size: 30pt;
}

u{
  font-style: italic;
  font-family: mono-space;
  font-weight: 100;
  font-size: 3pt;
  text-decoration:none;
}
```

Die Properties „color“ und „background-color“ akzeptieren als Werte die Namen der wichtigsten Farben in englischer Sprache.

Mittels des Property „font-family“ kann die Schriftart bestimmt werden. Dies erfolgt entweder durch Angabe eines Schrifttyps (diese Schrift muss auf dem Client-Rechner installiert sein!), z. B. Times oder Helvetica, oder durch Angabe einer „Familienbezeichnung“, z. B. serif und sans-serif. Das Property „font-size“ regelt die Schriftgröße und erwartet als Wert eine von mehreren möglichen Größenangaben. Die wichtigsten Varianten sind:

- absolute Angaben als Zahlen mit der Einheit "pt", z. B.: 12 pt;
- ein Prozentwert: 150 %;
- eine Längenangabe mit der Einheit em. Diese bezieht sich auf die Länge des Buchstabens „m“ in der eingestellten Schriftart, z. B. 2.4 em.

Der Wert des Property „font-style“ kann normal und italic (kursiv) sein. Mittels des Property „font-weight“ wird bestimmt, wie breit die Schrift sein soll. Mögliche Werte sind: normal, bold, 100, 200, 300, 400, 500, 600, 700, 800, 900. Der Wert des Property „text-decoration“ bestimmt einen speziellen, selbsterklärenden Darstellungsmodus: none, underline, overline und blink.

2.5.3.3 Aufgabe 3

Bitte erweitern Sie die Webseite, die Sie in Aufgabe 2 erstellt haben:

1. Formatieren Sie den Fließtext im CONTENT-Bereich der Seite mit CSS, sodass dieser rot und etwas kleiner als normal ist.
2. Kopieren Sie die HTML-Datei und nutzen Sie die neue Seite als Zielressource für den Menüeintrag „Impressum“.
3. Integrieren Sie die Seite mit dem Bild von Tutanchamun, die Sie als Aufgabe 1 in Kap. 2.2.1 „HTML“ erzeugt haben, als „Collection“ in das Tabellenformat der neu angelegten Seite, sodass das Bild im CONTENT-Bereich angezeigt wird.
4. Die Datei bzw. die Umsetzung im Browser sollte anschließend vergleichbar mit Abb. 2.22 sein.

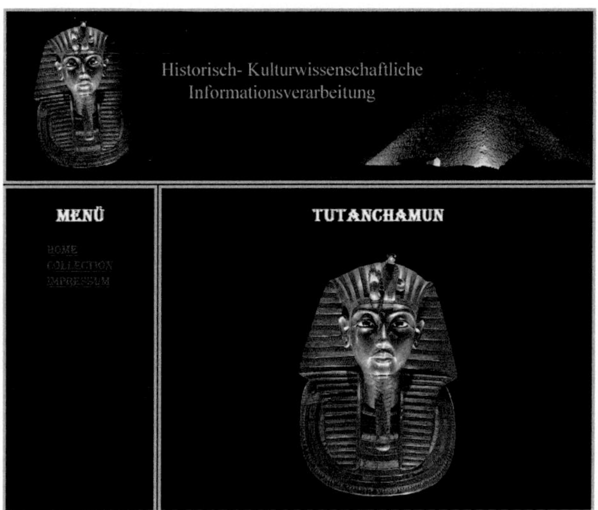

Abb. 2.22 Aufgabe 3– Muster 1

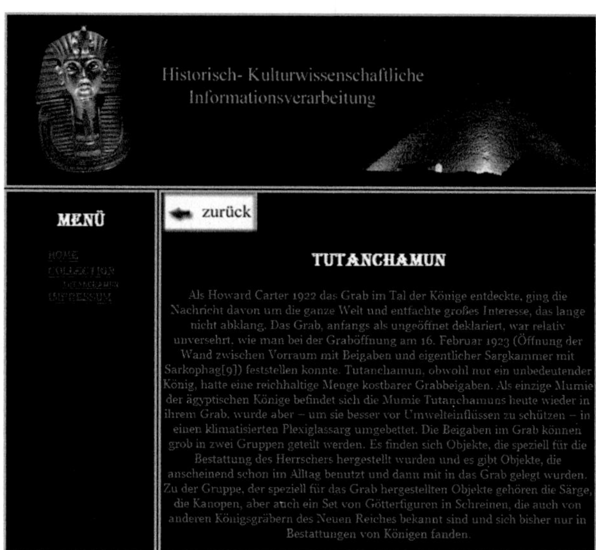

Abb. 2.23 Aufgabe 3– Muster 2

5. Verlinken Sie nun alle drei HTML-Dateien untereinander, indem Sie die Listeneinträge im Menü durch Anker (<a href = "">) ergänzen und damit in Links verwandeln. Gestalten Sie dann die Links nach Belieben mit CSS. Alle Style-Änderungen, auch die dynamischen Schriftänderungen im folgenden Fortgeschrittenenteil, sollen über die CSS-Datei implementiert werden.

Fortgeschrittener Aufgabenzusatz: Integrieren Sie eine zusätzlich Unterseite mit einem „zurück"-Button (Sie haben diese als Aufgabe in Kap. 2.2.1 „HTML" erzeugt), indem Sie den Inhalt wiederum im CONTENT-Bereich der Tabelle anzeigen lassen. Innerhalb der Menüstruktur soll die Datei mit dem Namen „Tutanchamun" auftauchen. Zusätzlich soll die Schriftgröße des Menüpunkts etwas verringert und gegenüber den Hauptseitenverlinkungen wie in Abb. 2.23 eingerückt werden.

Implementieren Sie eine Funktionalität, die bewirkt, dass sich die Schriftfarbe der verlinkten Menüpunkte dynamisch verändert, wenn dieser mit dem Mauszeiger überfahren wird:

- Normalzustand: Schriftfarbe des Menüpunkts: Blau,
- Mauszeiger über dem Menüpunkt: Grün.

Im Browser sollte anschließend eine Anzeige, vergleichbar mit dem Bild, das in Abb. 2.24 zu sehen ist, erfolgen.

2.5.3.4 Komplexe Formatierung

Neben der einfachen Regelstruktur (siehe Kap. 2.5.3) sieht CSS weitere komplexe Möglichkeiten vor, Formatierungen festzulegen.

Abb. 2.24 Aufgabe 3 – Muster 3

2.5.3.4.1 Verschachtelte Elemente

Mit Tags ausgezeichneter Text kann unterschiedlich formatiert werden, je nachdem in welchem Kontext dieses Tag steht. Beispielsweise könnten Überschriften in einer Tabellenzelle anders formatiert sein als Kapitelüberschriften. Dies kann mit CSS realisiert werden, indem der Selektor erweitert wird:

```
selector1 selector2  {property: value;}
```

HTML-Quelltext:

```
<h2>Erste Überschrift</h2>

<table border="1">

  <tr>
    <td></td>
    <td><h2>Zweite Überschrift</h2></td>
  </tr>

</table>
```

CSS-Datei:

```
h2{
  color: red;
}

 td h2{
  color: green;
}
```

ergibt folgende Darstellung im Browser:

Erste Überschrift

Zweite Überschrift	

2.5.3.4.2 Klassen

In HTML gibt es das Universalattribut @class, das im Start-Tag eines jeden Elements eingefügt werden kann, um verschiedene Elemente zu einer Klasse zusammenzufassen. Diese Elemente gehören dann logisch zusammen. Sollen beispielsweise in einem Text unterschiedliche Absätze verschieden formatiert werden – einige mit blauer, einige mit roter Schrift – kann dies mit Klassen folgendermaßen realisiert werden:

```
selector.klasse1 {property: value;}
selector.klasse2 {property: value;}
```

HTML-Quelltext:

```
<p class="roteschrift">Erster Absatz</p>
<p class="blaueschrift">Zweiter Absatz</p>
```

CSS-Datei:

```
p.roteschrift{color: red;}
p.blaueschrift {color: blue;}
```

ergibt folgende Darstellung im Browser:

- Erster Absatz
- Zweiter Absatz

2.5.3.4.3 Individuelle Formate

Durch das Einfügen des Universalattributs @id in ein HTML-Start-Tag kann die so ausgezeichnete Textstelle eindeutig identifiziert und mittels CSS gesondert formatiert werden. Dies wird mit „id“ und dem Präfix # realisiert:

```
#beliebige_id{property: value;}
```

HTML-Quelltext:

```
<p id="einleitendes_zitat">
  "Einleitendes Zitat für einen Aufsatz"
</p>
```

CSS-Datei:

```
#einleitendes_zitat {color: blue; font-style: italic;}
```

ergibt folgende Darstellung im Browser:

"Einleitendes Zitat für einen Aufsatz"

2.5.4 Ausblick

Die neuste Version von CSS ist CSS3 und derzeit noch kein W3C-Standard. Dennoch wird diese neue Version schon häufig eingesetzt und findet zusammen mit HTML5, viele Realisationen im WWW. Aus diesem Grund findet sich eine erste Einführung in CSS3 am Ende des Kap. 2.3 „HTML5".

2.6 Allgemeine Formatierung

Die beiden HTML-Tags <div> (von engl. „division") und <span> markieren einen Bereich und besitzen darüber hinaus keine festgelegte Funktion. <div> ist ein Blockelement, zieht also einen Zeilenumbruch nach sich, während <span> zu den Inline-Elementen zählt und sich einfach in den Textfluss integriert. Das Fehlen einer Primärfunktion macht die beiden Elemente sehr interessant für die Gestaltung mit CSS.

Da beide Tags gleichermaßen mit CSS gestaltbar sind, wird in den nachfolgenden Beispielen auf <span> verzichtet.

2.6.1 Außen- und Innenabstand

Mittels <div> können Textbereiche markiert werden, ohne deren Erscheinungsbild zu verändern:

```
<div>Dies ist ein Text</div>
```

Durch eine Wertzuweisung zur Eigenschaft margin in der CSS-Datei kann nun z. B. der Text mit einem bestimmten Abstand von dem umgebenden Element positioniert werden.

HTML-Quelltext:

```
<body>
  <div class="eingerueckt"> Dies ist ein Text</div>
</body>
```

CSS-Datei:

```
div.eingerueckt {margin-left: 8px;}
```

In diesem Beispiel wird ein div-Block der Klasse „eingerueckt" um genau 8 Pixel vom linken Rand des umgebenden Tags „body", dem Seitenrand, abgerückt.

Die Properties um diesen sogenannten Außenabstand zu realisieren, sind selbsterklärend:

- margin-left,
- margin-right,
- margin-top und
- margin-bottom.

Soll sich hingegen der Text vom Rand des ihn umschließenden <div> entfernen, wird die Eigenschaft „padding" verwendet, also der Innenabstand. Dieser wird völlig analog zur Eigenschaft „margin" verwendet.

HTML-Quelltext:

```
<body>

  <div class="eingerueckt"> Dies ist ein Text</div>

</body>
```

CSS-Datei:

```
div.eingerueckt      {

  padding-left: 12px;
  padding-top: 40px;

}
```

In diesem Beispiel wird der Text innerhalb des div-Blocks der Klasse „eingerueckt" um genau 12 Pixel vom linken und 40 Pixel vom oberen Rand des div-Blocks positioniert.

2.6.2 Positionierung

Mit <div>-Tags gibt es verschiedene Möglichkeiten, ein präzises Seitenlayout zu erstellen. Mit der Eigenschaft @position kann die Standard-Anordnung von HTML-Tags durchbrochen werden.

Werte, die @position annehmen kann:

- absolute:
  absolute Positionierung, gemessen am vorherigen Element;
- relative:
  relative Positionierung, gemessen an der eigentlichen Position des Elements;
- static:
  keine Positionierung, folgt dem normalen Element- bzw. Textfluss.

Zur Bestimmung der genauen Position dienen:

- top:
  Legt den Abstand von oben zum vorherigen Element fest.
- bottom:
  Legt den Abstand von unten zum vorherigen Element fest.
- left:
  Legt den Abstand von links zum vorherigen Element fest.
- right
  Legt den Abstand von rechts zum vorherigen Element fest.

Hinweis Das Positionieren mit div-Blöcken fällt Anfängern im Bereich Webdesign meistens äußerst schwer und die Möglichkeiten dieser Techniken sind weit vielfältiger, als dass sie in diesem Kapitel abgedeckt werden könnten. Gerade aber weil sie so flexibel sind, sind sie im Bereich des professionellen Webdesigns unverzichtbar. Siehe auch Kap. 2.3.3 Box-Design mit CSS 3.

2.6.3 Aufgabe 4

Erweitern Sie Ihre Seite mittels CSS dahingehend, dass im Content-Bereich der Seite

- drei Elemente über Klassen,
- drei Elemente über individuelle Formatierung und
- zwei verschachtelte Elemente

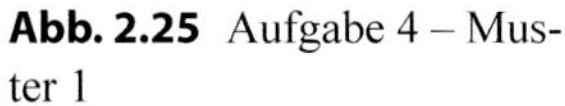

Abb. 2.25 Aufgabe 4 – Muster 1

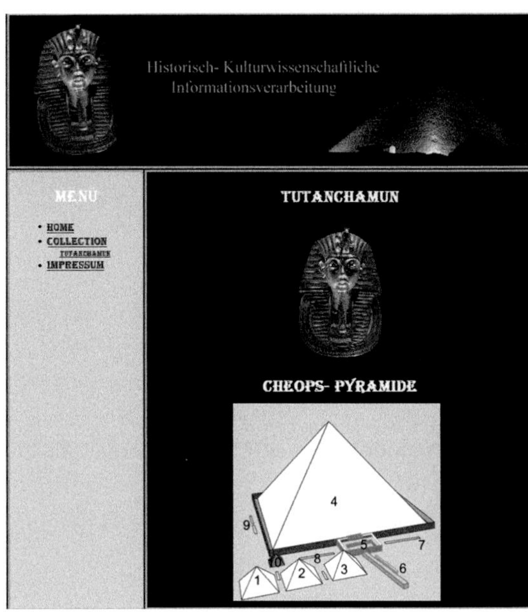

ausgezeichnet werden.

Fügen Sie ggf. bei Home oder Impressum einen längeren Text ein. Die Tabellenzelle <td>, in der das Menü steht, soll einen farbigen Hintergrund bekommen. Im Content-Bereich der Seite „Collection" soll die Lösung von Aufgabe 2, Kap. 2.2.11 (Imagemap der Pyramide) integriert sein (z. B. unter dem Bild von Tutanchamun).

Fortgeschrittener Aufgabenzusatz Kopieren Sie die Tutanchamun-Datei von der letzten Aufgabe und fügen Sie diese als weitere Unterseite mit dem Namen „Cheops-Pyramide" unter „Collection" ein. Erstellen Sie auf dieser neuen Seite jeweils einen separaten Textabschnitt mit entsprechender Überschrift für jedes markierte bzw. verlinkte Gebäude auf der Imagemap der Pyramide (siehe Abb. 2.25). Die Textabschnitte können Sie von den vorher verlinkten Seiten oder von Wikipedia kopieren und einfügen.

Verknüpfen Sie nun die einzelnen Links der jeweiligen markierten Gebäude der Imagemap mit den dazugehörigen Textabschnitten auf der „Cheops-Pyramide"-Seite, sodass beispielsweise bei einem Klick auf das Gebäude „Östliche Schiffsgrube a." direkt der Textabschnitt mit der Überschrift „Östliche Schiffsgrube a." auf der verwiesenen Unterseite angezeigt wird (siehe Abb. 2.26).

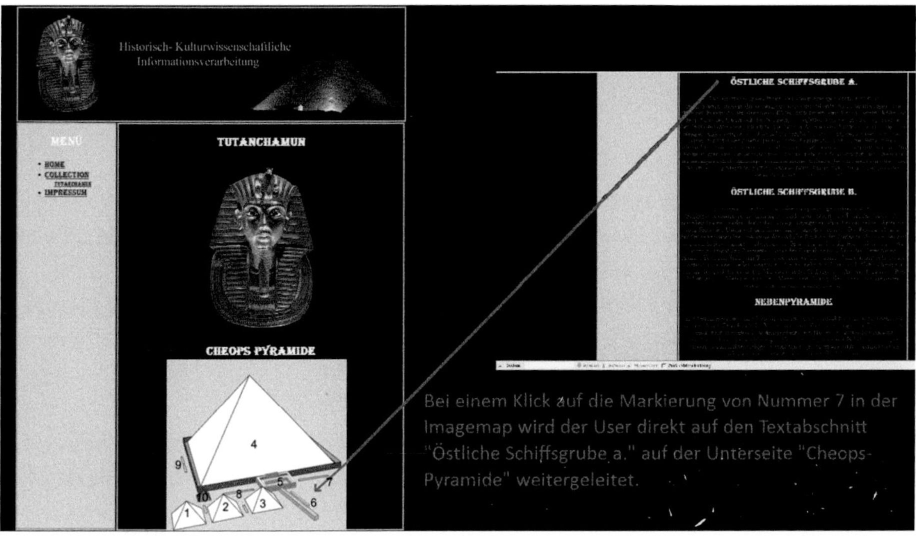

Abb. 2.26 Aufgabe 4 – Muster 2

2.7 XHTML

Im Kapitel HTML wurde bereits angeführt, dass HTML eine SGML-Anwendung ist. Die Weiterentwicklung von HTML führte zu dem Standard XHTML, das nicht mehr auf SGML sondern auf XML basiert. Die entscheidenden Unterschiede werden im folgenden Abschnitt erläutert.

2.7.1 Grundlegendes zu SGML

In der Welt des Markups existieren sogenannte Metasprachen, die ein Regelwerk zur Verfügung stellen, mit dem es möglich ist, spezielle Sprachen, sogenannte Objektsprachen, für einen bestimmten Sinn und Zweck zu formulieren. SGML, die Standard Generalized Markup Language oder Normierte Verallgemeinerte Auszeichnungssprache, setzte sich 1986 gegen andere gleichartige Ideen durch, erlangte aber aufgrund seiner Komplexität keinen Durchbruch auf breiter Front.

Um eine Objektsprache, die auf SGML basiert, zu formulieren, muss eine Dokumententypdefinition, eine DTD, verfasst werden. Diese enthält Regeln, die den Einsatz und die Art der Elemente, den sogenannten Tags, für einen bestimmten Zweck festlegen. So wurde die DTD für HTML zum Zweck der Strukturierung von Inhalten wie Texten, Bildern und Hyperlinks in Dokumenten verfasst.

Mittels dieses Regelwerkes ist es nun möglich, Dokumente so auszuzeichnen, dass sie als maschinenlesbare Hypertextdokumente genutzt werden können. Des Weiteren existieren viele DTDs, die andere Ziele verfolgen:

- TEI: Dokumentformat zur Codierung und für den Austausch von Texten (auch als XML-basierte Version verfügbar)[33];
- EAD: Standard zur Beschreibung von Findbüchern und anderen Find-Hilfen in Archiven (auch als XML-basierte Version verfügbar);
- DocBook: Standard zur Erstellung von (technischer) Dokumentation (auch als XML-basierte Version verfügbar);
- …

Die Überprüfung der Regelkonformität wird mittels eines Parsers vorgenommen. Ein SGML-Parser liest die DTD und überprüft, ob diese Regeln in dem entsprechenden Dokument eingehalten wurden. Ist dies der Fall, spricht man von einem validen Dokument.

Ein Webbrowser parst dementsprechend die HTML-Dokumente. Er ist aber bei der Interpretation der Regeln, die in der DTD festgelegt sind, sehr tolerant und als Validator ungeeignet. Besser eignen sich zu diesem Zweck Tools wie der Validator des W3C[34].

Da sich SGML aufgrund seines enormen Umfangs letztlich nicht durchsetzen konnte, wurde eine neue Metasprache ins Leben gerufen, die eine Untermenge von SGML darstellt und damit nicht die Komplexität aber eine größere Flexibilität aufweist. Es handelt sich um XML, die Extensible Markup Language, die sich seit einiger Zeit größter Beliebtheit erfreut. Diesem Erfolg ist es geschuldet, dass alle bekannten SGML-Anwendungen nun auch als XML-Anwendungen zur Verfügung stehen und neben dem SGML-basierten HTML auch ein XML-basiertes XHTML existiert.

2.7.2 Grundlegendes zu XML

XML (E**x**tensible **M**arkup **L**anguage) ist eine Metasprache zur Auszeichnung von Texten nach Definitionen verschiedener Dokumenttypen: XML liefert also Regeln, die beim Erzeugen von XML-Instanzen angewendet werden müssen, damit ein standardisiertes Dokument als Datenbasis entsteht, das anschließend mit Softwarewerkzeugen weiter verarbeitet werden kann.

Sind diese Regeln vollständig eingehalten, spricht man von „Well-formedness“ (Wohlgeformtheit) einer XML-Instanz. Diese muss gewährleistet sein, damit XML-Prozessoren/Parser/Browser die XML-Dateien lesen können.

Es wird auf der Basis dieser Regeln mit einem einfachen Texteditor oder spezifischen XML-Editoren verschachteltes deskriptives Markup (= semantische Tags) erzeugt, das eine Baumstruktur aufweist und einem bestimmten, in dem Dokumenttyp festgeschriebe-

[33] Siehe Kap. 5 „TEI“.

[34] http://validator.w3.org/#validate_by_input.

nen Konzept folgt.Mit welchen Elementen und auf welche Art und Weise die Verschachtelungen erfolgen sollen, wird für jeden Dokumenttypen in Form von Regeln in der Dokumenttyp-Definition festgelegt und unabhängig von den zu codierenden Daten in einer eigenen Datei definiert. Diese wird als Dokumenttyp-Definition (engl. document type definition, Abkürzung DTD) bezeichnet.

XML-fähige Software liest diese DTDs aus und beurteilt die Daten der darauf bezugnehmenden Instanz. Dabei kann die interpretierende Software feststellen, ob innerhalb der XML-Daten ungültige Notationen vorkommen. Das Verfahren zur Überprüfung einer XML-Datei nach den Regeln ihrer zugehörigen DTD nennt man Validierung (von engl. valid = gültig).

2.7.3 HTML auf der Basis von XML

Da XHTML[35] ein Dokumententyp für XML-Instanzen ist, müssen XHTML-Dokumente den strikten Syntax-Regeln von XML genügen.

Ein XHTML-Dokument als XML-Instanz[36] beginnt immer mit der XML-Deklaration:

```
<?xml version="1.0" encoding="UTF-8"?>
```

und enthält folgende Doctype Deklaration:

```
<!DOCTYPE html PUBLIC "-//W3C//DTD XHTML 1.0 Transitional//EN"
"http://www.w3.org/TR/xhtml1/DTD/xhtml1-transitional.dtd">
```

Es hat immer folgendes Wurzelelement[37]:

```
<html xmlns="http://www.w3.org/1999/xhtml">
```

und enthält nur Elemente, die nicht überlappen.

Leere Elemente werden mit einem / gekennzeichnet, sie enthalten nur Attributzuweisungen.

Daraus ergeben sich im Wesentlichen folgende Unterschiede zu HTML:

2.7.3.1 Verschachtelungen

richtig

```
<p>Hier befindet sich ein kursiver <i>Absatz</i>.</p>
```

[35] Siehe: http://www.w3.org/TR/2001/REC-xhtml11-20010531/.

[36] Details siehe Kap. 4.1.1 „Aufbau der Instanz“.

[37] Die Root oder das Wurzelelement ist der erste Knoten in einer Baumstruktur.

falsch

```
<p>hier befindet sich ein kursiver <i>Absatz></p></i>.
```

2.7.3.2 Attributzuweisungen

richtig

```
<table rows="3"> <dl compact="compact">
```

falsch

```
<table rows=3> <dl compact>
```

2.7.3.3 Leere Elemente

richtig

```
<br/> oder <hr/>
```

falsch

```
<br> oder <hr>
```

2.7.4 Grundsätzlicher Aufbau von XHTML-Dokumenten

Entsprechend der im vorherigen Kapitel erläuterten Regeln hat ein XHTML-Dokument grundsätzlich den nachfolgenden Aufbau:

```
<?xml version="1.0" encoding="UTF-8"?>

<!DOCTYPE html PUBLIC "-//W3C//DTD XHTML 1.0 Transitional//EN"
"http://www.w3.org/TR/xhtml1/DTD/xhtml1-transitional.dtd">

  <html xmlns="http://www.w3.org/1999/xhtml">

    <head>
      <title> Titel der Seite </title>
    </head>

    <body>
      Inhalt der Seite
    </body>

  </html>
```

```
<?xml version="1.0">
<!DOCTYPE html PUBLIC "-//W3C//DTD XHTML 1.0 Transitional//EN"
"http://www.w3.org/TR/xhtml1/DTD/xhtml1-transitional.dtd">
<html xmlns="http://www.w3.org/1999/xhtml">
    <head>
        <title>Rätsel dieser Woche</title>
    </head>
    <body>
        <img src="http://www.karten-haus.ch/MuseumPlanG.png" width="775" height="529"
            alt="Plan" usemap="#Plan">
        <map name="Plan">
            <area shape="rect" coords="10,0,140,60"
          href="meineSeite1.html" alt="Steuer Stempel" title="Steuer Stempel" />
            <area shape="rect" coords="10,60,140,120"
          href="meineSeite2.html" alt="AG M&uuml;ller" title="AG M&uuml;ller">
            <area shape="rect" coords="10,120,140,180"
          href="meineSeite3.html" alt="Gebr&uuml;der Sch&auml;r" title="Gebr&uuml;der Sch&auml;r" />
            <area shape="circle" coords="10,180,140,240"
          href= meineSeite4.html" title="Eink&ouml;pflig Zweik&ouml;pfig"/>
            <area shape="rect" coords="225,300,297,395"
          href="meineSeite5.html" alt="Spiel des Monats" title="Spiel des Monats/>
            <area shape="rect" coords="10,240,140,295"
          href="meineSeite6.html" alt="Deutschland" title="Deutschland"/>
            <area shape="poly" coords="10,295,140,355"
          href="meineSeite7.html" alt="&Ouml;sterreich" title="&Ouml;sterreich"/>
        </map>
    </body>
</html>
```

Abb. 2.27 Fehlerhafter Code zur Korrektur

2.7.5 Aufgabe 5

Überarbeiten Sie Ihre in Aufgabe 4 erzeugte HTML-Datei so, dass die Seiten dem XHTML-Standard entsprechen und der Quellcode jeder Datei (Home, Collection und Impressum (bei Fortgeschrittenen auch die Unterseite „Tutanchamun“)) jeweils die Validierung mit dem Markup Validation Service des W3Cs[38] ohne Fehler besteht. Unter Abb. 2.27 findet sich ein weiteres Rätsel, in dem es viele Fehler zu entdecken gibt.

Fortgeschrittener Aufgabenzusatz Kopieren Sie die Tutanchamun-Datei der letzten Aufgabe für Fortgeschrittene und fügen Sie diese als weitere Unterseite mit dem Namen „Cheops-Pyramide“ unter Collection ein.

Erstellen Sie auf dieser neuen Seite jeweils einen separaten Textabschnitt mit entsprechender Überschrift für jedes markierte bzw. verlinkte Gebäude auf der Imagemap der Pyramide, wie in Abb. 2.28 dargestellt. (Die Textabschnitte können Sie von den vorher verlinkten Seiten oder von Wikipedia kopieren und einfügen.)

Verknüpfen Sie nun die einzelnen Links der jeweiligen markierten Gebäude der Imagemap mit den dazugehörigen Textabschnitten auf der „Cheops-Pyramide“-Seite, sodass man beispielsweise bei einem Klick auf das Gebäude „Östliche Schiffsgrube a.“ direkt den Textabschnitt mit der Überschrift „Östliche Schiffsgrube a.“ auf der verwiesenen Unterseite angezeigt bekommt.

[38] Erreichbar unter http://validator.w3.org/.

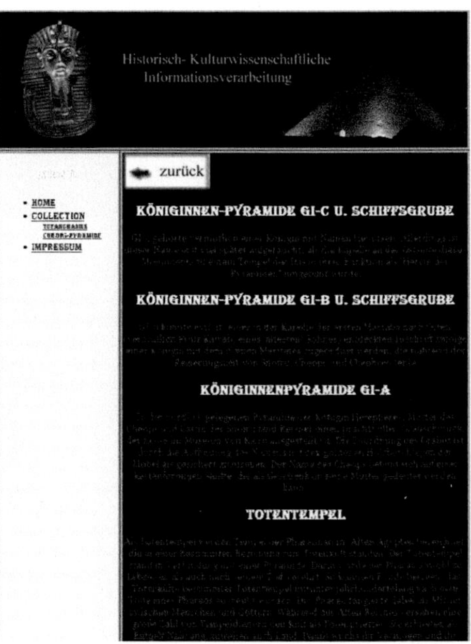

Abb. 2.28 Aufgabe 5 – Muster 1

2.8 Clientseitige Dynamisierung

Die bis zu diesem Kapitel vorgestellten Techniken ermöglichen das Erstellen von statischen Webseiten. Statisch meint in diesem Kontext, dass das Informationsangebot als HTML-Datei auf dem Server gespeichert und durch den User unveränderbar festgeschrieben ist. Oft führt das jedoch nicht zu einem zufriedenstellenden Ergebnis, da die Bedürfnisse der Nutzerschaft sehr unterschiedlich sein können und dies bei statischen Seiten keine Berücksichtigung finden kann.

Ziel ist es, mit dem User in Form von Dialogen, die in HTML eingebettet sind, in Kontakt zu treten. Dazu bedarf es einer zusätzlichen Sprache, die in Form von kleinen Programmen eine dynamische Komponente in das statische Gerüst von HTML einbaut. So ist es möglich, dass persönliche Vorgaben des Users berücksichtigt werden können.

Es werden kleine Programme, sogenannte Scripts, verfasst, in den HTML-Code eingebunden und auf dem Server gespeichert. Bei Anforderung der Webseite wird der Script-Code genau wie der HTML-Code zunächst uninterpretiert an den Client übertragen. Der Browser des Benutzers interpretiert anschließend beides und führt die Programme aus.[39]

[39] Dies steht im Gegensatz zu der serverseitigen Dynamisierung, die in Kap. 2.10 beschrieben ist.

2.8.1 JavaScript

JavaScript ist eine der sogenannten clientseitigen Script-Sprachen, die speziell zur Webseitenoptimierung entwickelt wurde. Das Besondere an JavaScript ist die Plattformunabhängigkeit, also die Unabhängigkeit von dem verwendeten Betriebssystem. Es wird einzig ein Browser benötigt, der die Scripts interpretieren kann[40], und daraus resultiert die Eigenschaft der Browserabhängigkeit. Dies meint nicht die Abhängigkeit von einem bestimmten Browser, sondern die Tatsache, dass zur Interpretation eines JavaScripts ein Browser benötigt wird.

In der Praxis hat sich gezeigt, dass die unterschiedlichen Browseranwendungen trotz gleicher Scripts vergleichbare, aber nicht immer identische Resultate erzeugen.

2.8.1.1 JavaScript innerhalb des HTML-Codes

Es gibt unterschiedliche Arten, wie der JavaScript-Code mit dem Code des HTML-Dokumentes verbunden werden kann. Trotz der anschließenden Ausführung aller drei derzeit üblichen Verfahren wird bereits hier darauf hingewiesen, dass in der Regel die Verwaltung des Codes in einer eigenen Datei die mit Abstand beste Option darstellt.

Ein JavaScript kann direkt in den HTML-Quellcode geschrieben werden. Um ein solches Script durch den Browser ausführen zu lassen, wird das HTML-Element <script> benötigt:

```
<script type="text/javascript">
  JavaScript Code
</script>
```

Das @type-Attribut wird benötigt, um mittels der Wertzuweisung text/javascript JavaScript als Sprache zu definieren, da es neben JavaScript noch weitere Script-Sprachen gibt, die browserinterpretierbar sind.

Da es in seltenen Fällen noch Browser gibt, die kein JavaScript beherrschen, kann der Code innerhalb des <script>-Tags auskommentiert werden, um zu verhindern, dass der JavaScript-Code als solcher auf der Seite angezeigt werden könnte.

```
<!-- JavaScript Code
 //-->
```

Dabei gilt: Die „//“ vor dem „–>“(Ende des HTML-Kommentars siehe: Kap. 2.2.7) verhindern, dass JavaScript versucht, diese Zeichen als Teil des Programms zu verwenden.

Mittels des <noscript>-Elements können User nicht JavaScript-fähiger Browser oder solcher, die JavaScript deaktiviert haben, darauf hingewiesen werden, dass zur korrekten

[40] Bei allen aktuellen Browsern gegeben.

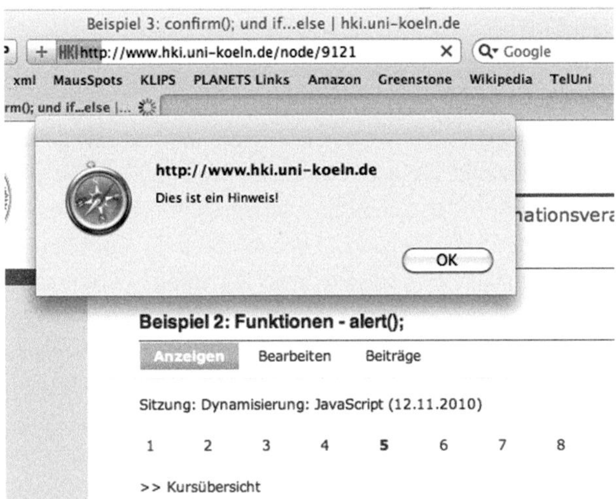

Abb. 2.29 JS: alert()

Darstellung der Information oder zur vollen Nutzung der Funktionalität einer Seite die Verwendung von JavaScript notwendig ist.[41]

2.8.1.2 Einfache Dialoge

Einfache Dialoge ermöglichen eine rudimentäre Interaktion mit dem User und können im einfachsten Fall als Pop-up Window realisiert werden, das kontextspezifisch zusätzliche Inhalte enthält.

2.8.1.2.1 alert();

Die Funktion alert(); löst einen Hinweis-Dialog wie in Abb. 2.29 aus. Der Inhalt der Klammer wird in diesem Dialog ausgegeben. Im Rahmen dieses Beispiels kann sehr gut beobachtet werden, dass der Browser den Inhalt der HTML-Seite in der Reihenfolge, wie er tatsächlich im Code steht, ausgibt. Da das <script>-Tag auf dieser Seite direkt zu Anfang steht, wird zunächst der alert(); ausgeführt und erst, wenn der Dialog durch das Bestätigen beendet wurde, der Rest der Seite (im Beispiel diese Erklärung) aufgebaut.

```
....
<body>
        <script type="text/javascript">
                alert("Dies ist ein spannender Hinweis!");
        </script>
        Hier wird der Seiteninhalt angezeigt.
</body>
</html>
```

[41] Die Verwendung wird nur im ersten Beispiel einmal vorgestellt und anschließend der Übersichtlichkeit wegen nicht mehr aufgeführt, grundsätzlich sollte jedoch nicht auf das Tag verzichtet werden.

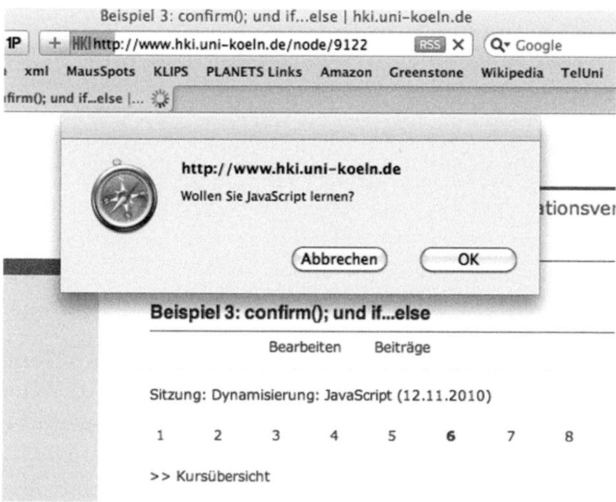

Abb. 2.30 JS: confirm()

2.8.1.2.2 confirm();

Die Funktion confirm() löst einen Entscheidungs-Dialog wie in Abb. 2.30 aus. Zum Verständnis des Codes muss zunächst das allgemeine Programmierkonstrukt der bedingten Anweisung verstanden sein.Die bedingte Anweisung[42] ist ein Programmierkonzept, bei dem eine Verzweigung eingefügt wird. Diese wird über die if-else-Verzweigung realisiert.

```
<script type="text/javascript">
 <!--

   if( confirm("Möchten Sie JavaScript lernen?") )
      {
       document.write("Gute Entscheidung");
      }
   else
      {
       document.write(
       "<font color='red'>Schade..</font>
       Hoffentlich ändern Sie ihre Meinung!");
      }

 //-->
</script>
```

In diesem Beispiel wird innerhalb der Klammern () hinter dem Schlüsselwort if geprüft, ob eine Bedingung erfüllt ist oder nicht. Bestätigt der Benutzer den Dialog mit „OK" (engl.: confirm), wird der Teil des JavaScript-Codes ausgeführt, der sich innerhalb der geschweiften Klammern nach dem if() befindet. Wählt der Benutzer im Dialog „Abbrechen", so wird der Teil des Scripts ausgeführt, der sich hinter dem „else" (dt.: andernfalls) Block befindet.

[42] Siehe Kap. 2.8.1.8 „Bedingte Anweisungen".

2.8.1.2.3 document.write()

```
...
  <body>
    <script type="text/javascript">
      document.write("<h1>Das erste Script!</h1>");
    </script>
  </body>
</html>
```

Der Befehl document.write(„Text“) weist den Browser an, einen Text, der als Parameter festgeschrieben ist, in das HTML-Dokument zu schreiben. Da der Klammerinhalt exakt so, wie er geschrieben ist, in die HTML-Seite integriert wird, kann innerhalb der Anführungszeichen jedes gewünschte HTML-Element und jeder beliebige Text notiert werden. Es folgt also sowohl die Metainformation als HTML-Tag als auch die Information als solche. Diese Art der HTML-Seitenerzeugung wird als „on-the-fly“ bezeichnet, da die Seite tatsächlich erst in dem Moment geschrieben wird, in dem das Script ausgeführt wird.

2.8.1.3 Event-Handler

Event-Handler sind ein wichtiges Bindeglied zwischen HTML und JavaScript. Sie werden in Form von Attributen zu bestimmten HTML-Tags notiert. Da es sich um Bestandteile handelt, die innerhalb von HTML vorkommen, hat das W3-Konsortium die Event-Handler in den HTML-Sprachstandard mit aufgenommen.

Event-Handler können pragmatisch daran erkannt werden, dass sie immer mit on beginnen.

Drei wichtige Beispiele sind:

@onclick: Beim Klick auf das Element (in der Regel ein Link) wird etwas (z. B. eine JavaScript-Funktion) ausgelöst, siehe Abb. 2.31.

@onload: Beim Öffnen einer Datei (z. B. der HTML-Datei) wird etwas ausgelöst.

@onmouseover: Beim Überfahren des Elements mit der Maus wird etwas ausgeführt.

Abhängig von einem bestimmten Ereignis (Klick, Mausbewegung etc.) wird bei Einsatz des Event-Handlers eine bestimmte Anweisung durchgeführt. Event-Handler gehören zu den sogenannten Universal-Attributen und können in sehr vielen verschiedenen HTML-Elementen verwendet werden. Mit der Einführung von HTML5 wurde der Umfang der Event-Handler deutlich erweitert. Eine Übersicht über alle Event-Handler findet sich bei w3schools[43].

[43] Siehe http://www.w3schools.com/tags/ref_eventattributes.asp.

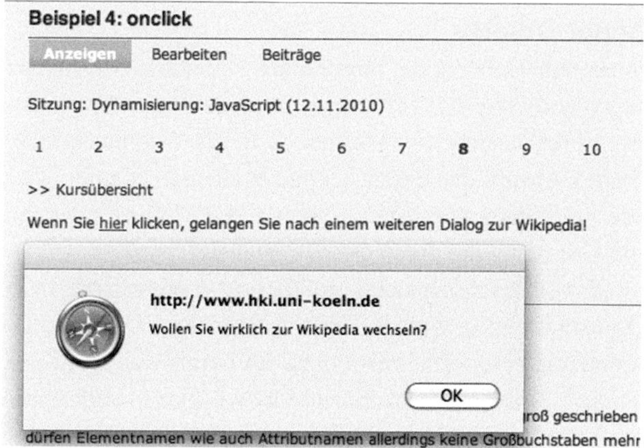

Abb. 2.31 JS onclick

2.8.1.3.1 @onclick

```
..
<body>
Wenn Sie
<a href="http://www.wikipedia.de"
onclick="alert('Wollen Sie wirklich zur Wikipedia wechseln?')">hier</a>
klicken, gelangen Sie nach einem weiteren Dialog zur Wikipedia!

</body>
</html>
```

Hinweise zu @onclick:

Zunächst wurde das „c“ in @onclick der Lesbarkeit halber groß geschrieben (onClick). Seit XHTML dürfen Elementnamen wie auch Attributnamen allerdings keine Großbuchstaben enthalten.

Wie in fast allen Programmiersprachen muss bei JavaScript die korrekte Schachtelung von Annotationszeichen beachtet werden.

Würde im obigen Beispiel Folgendes geschrieben:

```
onclick="alert("Wollen Sie...?")"
```

würde es vom Browser fehlinterpretiert werden.

Das Ende der Attributszuweisung würde bereits nach alert (festgestellt. Aus diesem Grund wird entweder wie im Beispiel das einfache Hochkommata verwendet oder es erfolgt eine Maskierung des Zeichens mittels Backslash:

```
document.write("alert(\"Hallo\")")
```

2.8.1.4 JavaScript-Objekte

Ein Objekt ist in diesem Kontext die Summe aus Variablen (Eigenschaften) und Funktionen (Methoden) innerhalb eines fest umgrenzten Datenelements. Ein digitales Objekt ist wie ein Objekt im realen Leben vorstellbar, z. B. ein Tier, das bestimmte Eigenschaften hat (Größe, Farbe, Anzahl der Beine,…) und Methoden (Laufen, Geräusch erzeugen, Fressen,…). Diese Festlegung über Eigenschaften und Methoden erfolgt in sogenannten Klassen. Dies sind Konzepte, die durch Objekte realisiert werden.

Objekte innerhalb von JavaScript sind umfänglich vordefiniert[44], es können aber auch weitere eigene Objekte definiert werden. Die vordefinierten Objekte stellen verschiedene Methoden zur Benutzung bereit. Ein Beispiel ist das bereits aus document.write() bekannte Objekt „document". Unter dem JavaScript-Objekt „document" wird das durch JavaScript aufgerufene Dokument (z. B. die HTML-Seite) verstanden.

Neben der bereits vorgestellten Methode write(); (schreibe etwas in das Dokument) gibt es noch weitere Methoden, wie z. B. getElementById(), welche ein HTML-Element mit einer bestimmten id zurückliefert.

Davon zu trennen sind die Eigenschaften des Objekts „document". Ein sehr anschauliches Beispiel für eine Eigenschaft ist bgColor (Hintergrundfarbe des Dokuments). Analog zum Zugriff auf die Methode write() von document kann auf die Variable bgColor folgendermaßen zugegriffen werden:

```
document.bgColor = "color";
```

Die Variable bgColor kann mit einem beliebigen Farbwert (z. B. red, blue oder #FFFFFF) belegt werden.

Die Funktion prompt() zeigt ein Dialogfenster, wie in Abb. 2.32, mit einem Eingabefeld, einem „OK"-Button und einem „Abbrechen"-Button an. Der Anwender kann in dem Eingabefeld eine beliebige Eingabe (im Beispiel eine gültige Hintergrundfarbe) tätigen. Die Methode prompt() gibt diesen eingegebenen Wert zurück, welcher dann in die Variable bgColor des document-Objekts geschrieben wird.

```
...
<body>
    <script type="text/javascript"><!--
      document.bgColor=prompt("Geben Sie bitte eine Hintergrundfarbe an!");
      //-->
    </script>
</body>
...
```

2.8.1.5 Variablen, Arrays und Parameter

Um durch User eingegebene oder errechnete Werte für weitere Aktionen zur Verfügung zu haben, bietet JavaScript Mechanismen an, die entweder einzelne oder mehrere Werte verwalten.

[44] Eine Referenz ist unter http://www.w3schools.com/jsref/ zu finden.

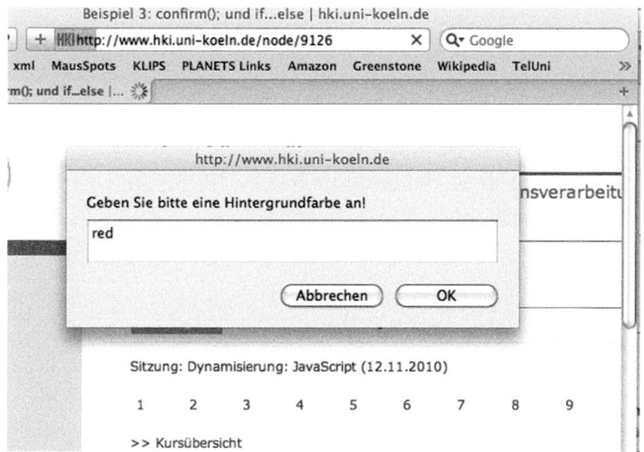

Abb. 2.32 JS: prompt()

2.8.1.5.1 Variablen

Variablendeklarationen werden mit dem Keyword „var“ eingeleitet, gefolgt von der Variablenbezeichnung, dem Zuweisungsoperator „=“ und dem Wert der Variablen. Ein Semikolon kennzeichnet das Ende eines Befehls.

Bei dem Variablenwert unterscheidet sich die Syntax von numerischen Variablen und Variablen für Zeichenketten, die immer in Hochkommata stehen.

```
var Ausgabe = "Der Sinn des Lebens:";

var UnsinnDesLebens = 21;
```

Werte können so zwischengespeichert, verarbeitet oder ausgegeben werden und auch Rechenoperationen mit Variablen sind möglich:

```
var Ausgabe = "Der Sinn des Lebens:";

var UnsinnDesLebens = 21;

var SinnDesLebens = UnsinnDesLebens * 2;

alert(Ausgabe+SinndesLebens);
```

Dieser Code bewirkt die Ausgabe eines Pop-Up-Fensters mit dem folgenden Inhalt[45]:

- Der Sinn des Lebens: 42

[45] 42 ist die Antwort auf die vom Autor Douglas Adams in dem Roman „Per Anhalter durch die Galaxis“ gestellte Frage „nach dem Leben, dem Universum und dem ganzen Rest“, die vom größten existierenden Computer des Universums zu berechnen war.

Auf den Unterschied von globalen und lokalen Variablen wird in Kap. 2.8.1.5.3 „Parameter“ eingegangen.

2.8.1.5.2 Arrays

Arrays sind ebenfalls Variablen, stellen jedoch die Möglichkeit zur Verfügung, mehrere gleichartige Variablenwerte in einer Variablen abzulegen.

```
var Fibonacci = new Array(0,1,1,2,3,5,8,13);

var Beatles = new Array("John", "Paul", "George", "Ringo");

alert(Fibonacci[3]);

alert(Beatles[0]);
```

Arraydeklarationen werden mit dem Keyword „var“ eingeleitet, gefolgt von der Arraybezeichnung und dem Zuweisungsoperator „=“. Vor den von runden Klammern umschlossenen und durch Komma getrennten Werten, steht der Variablenkonstruktor „new Array“. Das Semikolon beendet den Befehl.

Der Zugriff auf einzelne Werte des Arrays erfolgt über die Angabe der Array-Bezeichnung und in eckigen Klammern die Position des gewünschten Wertes. Die Zählung der Position innerhalb eines Arrays beginnt bei 0.

Dementsprechend wird in Zeile 4 Fibonacci[3] der vierte Wert „2“ ausgegeben, in Zeile 5 Beatles[0] wird der erste Wert „John“ ausgegeben.

2.8.1.5.3 Parameter

Parameter sind nach Belieben benannte Werte, die mit dem Mechanismus der Variablendefinition an Funktionen übergeben werden, in der sie dann weiterverarbeitet werden. Sie stehen immer in runden Klammern nach dem Funktionsnamen.

```
var Ausgabe = "Der Sinn des Lebens: ";

function Sinn(meinParameter) {

   var SinnDesLebens = meinParameter * 2;

   alert(Ausgabe+SinnDesLebens);
}

Sinn(21);

alert(SinnDesLebens); // FEHLER !
```

Nach der globalen Variablendeklaration „Ausgabe“ folgt ein Funktionsaufruf, der im nachfolgenden Abschnitt näher erklärt werden, und in den runden Klammern einen Parameter namens „meinParameter“ enthält, also eine Variable, die innerhalb der Funktion gebraucht wird.

meinParameter wird mit 2 multipliziert und auf der neu deklarierten lokalen Variablen „SinnDesLebens“ abgelegt. Da diese innerhalb der Funktion deklariert wird, ist sie auch nur dort (lokal) sichtbar, im Gegensatz zu der Variablen Ausgabe, die global deklariert ist und in jedem Teil des Skriptes zum Einsatz kommen kann.

Aus diesem Grund verursacht ein Zugriff auf die Variable SinnDesLebens in der letzten Zeile einen Fehler.

2.8.1.6 Eigene Funktionen

Eine Funktion in JavaScript ist ein immer wieder verwendbarer Code-Block, der nur dann ausgeführt wird, wenn ein bestimmtes Ereignis (Event) eintritt oder wenn die Funktion explizit über den Funktionsnamen und die Parameterliste aufgerufen wurde. Funktionen sind von jedem beliebigen Ort innerhalb des <body>-Bereichs der HTML-Seite aufrufbar und werden erst zu diesem Zeitpunkt ausgeführt

Sie können sowohl im <head> als auch im <body>-Bereich eines Dokumentes definiert werden. Allerdings ist es sehr sinnvoll und äußerst empfehlenswert, Funktionen grundsätzlich im <head>-Bereich zu definieren. Die allgemeine Definition für JavaScript Funktionen ist:

```
function nameDerFunktion (Parameter){
     JS Code
}
```

Bitte beachten Sie in den nachfolgenden Beispielen sowohl die Definition wie auch den Aufruf der Funktion.

Beispiel

```
function Sinn(Parameter) {
     var SinnDesLebens = Parameter * 2;
     alert(Ausgabe+SinnDesLebens);
}
```

2.8.1.7 Operatoren

Grundsätzlich muss zwischen Zuweisungsoperatoren und Vergleichsoperatoren unterschieden werden. Erstere finden in jeder Art der Zuweisung Anwendung; es wurden „=“ und „:“ bereits vorgestellt.

Vergleichsoperatoren hingegen werden immer dann eingesetzt, wenn zwei Werte miteinander verglichen werden sollen. Die logischen Operatoren „&&“ verknüpfen zwei oder mehrere Bedingungen durch UND. Das bedeutet, dass alle Bedingungen wahr sein müssen.

„||“ verknüpft zwei oder mehrere Bedingungen durch ODER. Das hat zur Folge, dass nur eine Bedingung wahr sein muss.

„!“ (gesprochen not) bezieht sich auf eine Bedingung und bewirkt, dass eine wahre Bedingung als falsch und umgekehrt interpretiert wird.

```
if (SinnDesLebens == 42){
   alert(1); }

if (SinnDesLebens != 42) {
alert(0); }

if (SinnDesLebens > 42) {
alert(2); }

if (SinnDesLebens < 42) {
alert(3); }

if (Alter >= 18) {
alert("SIE duerfen das hier sehen!"); }

if (Alter <= 17) {
alert("DU darfst das hier NICHT sehen!"); }
```

2.8.1.8 Bedingte Anweisungen

Um zwischen zwei alternativen Wegen zu unterscheiden, kann eine if-else–Verzweigung verwendet werden. Allgemein sieht die JS-Codierung dazu wie folgt aus:

```
if (BEDINGUNG) {
 Javascript-Code, der ausgeführt wird, wenn BEDINGUNG wahr ist.
}

else {
 Javascript-Code, der ausgeführt wird, wenn BEDINGUNG
 falsch ist. (*optional*)
}
```

Konkret kann also eine Alternative zu einem erwarteten Ablauf formuliert werden. Hier ein Beispiel einer Passwortabfrage, die natürlich keinerlei Sicherheit bietet:

```
function Geheim () {

   var Passwort = "TheSeminarFormerlyKnownAsHKI";
   var Eingabe = window.prompt("Bitte geben Sie das Passwort ein", "");

   if (Eingabe != Passwort) {

      alert("Falsches Passwort!");
   }

else {

  location.href = "geheim.htm";
          //Umleitung auf die "geheime" Seite
   }
}
```

Bedingungen können mit logischen Operatoren auch komplexer formuliert werden:

```
var meinAlter = 23;

var sehrAengstlich = new Boolean(true);

                // Bool-Variablen: true oder false

if (meinAlter >=21 && meinAlter <= 75 && !sehrAengstlich) {

  alert('okay... Sie halten das aus!');

}
```

Eine Auswahl zwischen mehreren verschiedenen Optionen ist mit der Anweisung switch() realisierbar:

HTML:

```
<body>

  <form action="">
    <input type="text" id="lieblingsfarbe">
  </form>

  <button
     onclick=
     "Psycho(document.getElementByID('lieblingsfarbe'))";>

</body>
```

JavaScript:

```
function Psycho(Element) {

  var Farbe = Element.value;

  switch (Farbe) {

    case "blau":
    alert("Sie sind sehr bescheiden");
    break;

    case "rot":
    alert("Sie sind sehr aktiv");
    break;

    case "gelb":
    alert("Sie haben ein sonniges Gemüt");
    break;

    case "schwarz":

    alert("Machen wir gleich noch einen Termin.");
      location.href="terminvergabe.html";
      break;

      default:
      alert("Das nennen Sie eine Farbe?");
      break;

    }
```

Es folgt ein vollständiges Beispiel zur Berechnung einer Quadratzahl unter Verwendung von Funktionen:

```
<!DOCTYPE html>
<html>
<head>
<title>Titel der Seite</title>

<script type="text/javascript">

function quadrat( zahl ){
  if(zahl<1000){
      var square=zahl*zahl;
      alert("Das Quadrat der von Ihnen gewaehlten Zahl ("+zahl+")
      ist "+square+"!");
  }
  else{
      alert("Die von Ihnen gewaehlte Zahl war zu gross!");
  }
}

function eingabe(){
  var meineZahl = prompt("Geben Sie eine Zahl ein!");
  quadrat(meineZahl);
}

</script>
</head>

<body>
<form action="#">
<input type="button" value="Click me!" onclick="eingabe()" />
</form>
</body>
</html>
```

function eingabe() Die Funktion eingabe() definiert zunächst die Variable meineZahl und initialisiert diese mit einer Eingabe des Benutzers mittels des schon bekannten Dialogfensters prompt(). Nachdem der Benutzer eine Zahl eingegeben hat, steht diese als Wert in der Variablen meineZahl zur Verfügung. In der nächsten Zeile wird diese Variable dann der Funktion quadrat(zahl) übergeben, indem sie als Parameter in die Klammern geschrieben wird. An dieser Stelle der Funktion eingabe() wird die Funktion quadrat(zahl) aufgerufen.

function quadrat(zahl) Als erstes erwartet die Funktion quadrat(zahl) einen Parameter, also den Wert einer Variablen. Dieser Wert ist genau der, der zuvor in der Funktion eingabe() übergeben wurde. In der nächsten Zeile prüft die Funktion zunächst, ob der eingegebene Wert kleiner ist als 1000. Wenn diese Bedingung erfüllt ist, wird der if-Block abgearbeitet. Ist die Zahl größer als 1000, springt die Funktion direkt in den else-Block und schickt eine Meldung an den Benutzer, das die Eingabe ungültig war. Im if-Block wird die eigentliche Berechnung durchgeführt, indem eine neue Variable (square) mit dem Ergebnis der Berechnung zahl*zahl initialisiert wird. Wurde also bei der Eingabe z. B. die Zahl 15 eingegeben, stünde an dieser Stelle:

```
var square = 15*15;
```

Der Wert der Variable square wäre in diesem Fall 255.

In der zweiten Zeile des if-Blocks wird das Ergebnis in einem alert()-Dialog ausgegeben. Zu beachten ist hier, das die Variablen vom Rest der Zeichenkette durch „+variable+" getrennt werden müssen.

Hinweis:

In JavaScript gibt es nicht die Möglichkeit, eine Variable mit einem festen Datentyp wie integer oder string zu initialisieren. Daher ist es bei der vorliegenden Funktion auch möglich, ein normales Wort einzugeben und es völlig sinnfrei berechnen zu lassen. Bei weiterentwickelten Scripts werden die Werte der Variablen zur Sicherheit überprüft.

2.8.1.9 Zentrale externe JS-Ressourcen

JavaScript-Funktionen in den Headerbereich einer HTML-Seite direkt einzufügen ist funktional, aber nicht die effektivste und sinnvollste Art der Verwaltung und Nutzung von JavaScript-Code.

Oftmals soll dieselbe JavaScript-Funktion auf mehreren HTML-Seiten verwendet werden und in solchen Fällen ist es wenig effektiv und für eine sinnvolle Wartung absolut ungeeignet, den gleichen Code in jede Datei zu schreiben. Stattdessen gibt es die Möglichkeit, JavaScript-Code in zentralen xyz.js Dateien auszulagern und diese mittels des Attributes @src im <script>-Tag in die HTML-Seite einzubinden (vgl. Kap. 2.5.2 „Einbinden von CSS"):

```
<script

  type="text/javascript"
  src="beispiel.js">

</script>
```

In der ausgelagerten Datei (beispiel.js) darf nur der reine JavaScript-Code stehen, keine HTML-Tags, wie etwa das <script>-Tag oder Auskommentierungen.

Der Inhalt der ausgelagerten Datei wird beim Laden der HTML-Seite exakt an die Stelle des Verweises eingefügt und zum Zeitpunkt des Funktionsaufrufs ausgeführt.

2.8.1.10 Zusammenarbeit HTML und JS: Formulare

Formulare bieten dem User einer Webseite die Möglichkeit, diese nicht nur passiv zu konsumieren, sondern durch eigene Eingaben aktiv den Aufbau mitzubestimmen.

2.8.1.10.1 Aufbau eines Formulars

```
<form action="">
<--Hier stehen Formular- und andere HTML-Elemente-->
</form>
```

Das <form>-Tag begrenzt ein Formular und umschließt die Formularelemente. Es dient also einerseits als Containerelement für die verschiedenen Formularelemente, definiert andererseits aber auch über das notwendige @action-Attribut das Ziel, an das die in das Formular eingegebenen Daten versendet werden sollen. Meist handelt es sich um ein Script, das die Formulardaten direkt auswerten kann.

2.8.1.10.2 Eingabefelder

Es gibt ein- und mehrzeilige Eingabefelder, über die ein User eine nicht festgelegte Eingabe tätigen kann. Für einzeilige Eingabefelder wie in Abb. 2.33 wird der <input>- und für mehrzeilige wie in Abb. 2.34 das <textarea>-Tag verwendet.

```
<input

type="text"
name="vorname"
value="kurze Text-Eingabe">
```

```
<textarea name="kommentar">
  Längerer Text, der auch mehrere Zeilen in Anspruch nehmen darf.
</textarea>
```

Mit dem Attribut @name wird einem Eingabefeld ein Name zugewiesen, der das Eingabefeld eindeutig identifiziert.

Um die Eingabefelder mit Werten vorzubelegen, wird bei den einzeiligen Feldern das Attribut @value verwendet.

Abb. 2.33 Eingabezeile

kurze Text-Eingabe

Abb. 2.34 Eingabefeld

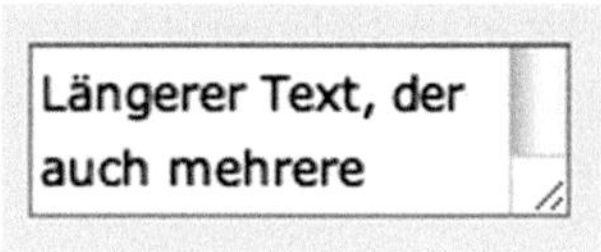

Längerer Text, der
auch mehrere

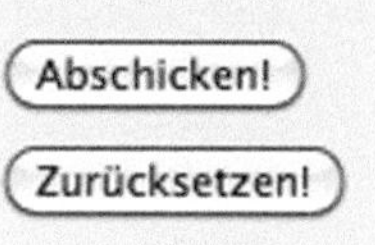

Abb. 2.35 Schaltflächen

Abb. 2.36 individueller Button

Bei dem Element <texarea> wird der gewünschte Text direkt zwischen die Tags geschrieben.

2.8.1.10.3 Schaltflächen

Schaltflächen sollten in Formularen nur zwei Aufgaben erfüllen: das Versenden und das Löschen (Zurücksetzen) von Formulardaten, wie in Abb. 2.35. Diese Funktionen werden über das <input>-Tag mit dem Attributwert submit bzw. reset des type-Attributes realisiert.

```
<input type="submit" value="Abschicken!">

<input type="reset" value="Zurücksetzten!">
```

Mit dem <button>-Tag können individuell gestaltbare Schaltflächen (Abb. 2.36) realisiert werden.

```
<button>

   <img src="tutButton.png">

</button>
```

2.8.1.10.4 Radiobuttons und Checkboxen

Radiobuttons finden Verwendung, wenn sich Optionen gegenseitig ausschließen, siehe Abb. 2.37. Der Benutzer muss aus den verschiedenen Auswahlmöglichkeiten genau eine auswählen.

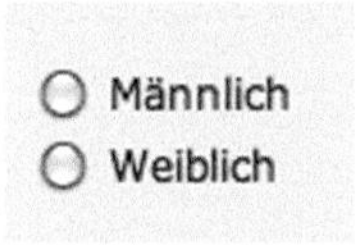

Abb. 2.37 Radiobutton

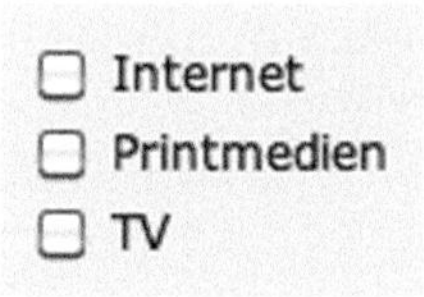

Abb. 2.38 Checkbox

```
<input type="radio" name="geschlecht" value="m">
Männlich

<input type="radio" name="geschlecht" value="w">
Weiblich
```

Checkboxen sind immer dann zweckmäßig, wenn Benutzer sinnvollerweise mehrere Optionen auswählen können, siehe Abb. 2.38.

```
<input
   type="checkbox"
   name="mediennutzung"
   value="Internet">
Internet

<input
   type="checkbox"
   name="mediennutzung"
   value="Printmedien">
Printmedien

<input
   type="checkbox"
   name="mediennutzung"
   value="TV">
TV
```

Sowohl bei Radiobuttons wie auch bei Checkboxen muss durch das @value-Attribut ein innerhalb der Auflistung eindeutiger Wert definiert werden, der beim Versenden des Formulars gesendet und über das @name-Attribut wieder zugeordnet werden kann.

2.8.1.10.5 Auswahllisten

Auswahllisten sind eine Kombination aus Checkboxen und Radiobuttons. Der Benutzer hat die Möglichkeit, mehrere, aber mindestens eine der Möglichkeiten auszuwählen.

Hier steht Ihnen eine Bildauswahl zur Verfügung
Wen möchten Sie sehen?
Leopold I der Durchlauchtige.
Auswählen

Abb. 2.39 Auswahlliste

Die Auswahlliste, in Abb. 2.39 zu sehen, wird durch das <select>-Tag als Containerelement umschlossen, die einzelnen auswählbaren Elemente über das <option>-Tag definiert:

```
<select name="person">

  <option>Leopold I der Durchlauchtige.</option>
  <option>Friedrich II der Streitbare.</option>
   <option>Bischof Poppo von Trier.</option>

</select>
```

2.8.1.11 Auslesen von Inhalten

JavaScript stellt Methoden zur Verfügung, die den Zugriff auf eindeutig identifizierte Bereiche in der HTML-Seite erlauben. Diese werden Selektoren genannt. Selektoren können im Kontext von Formularen oder auch zu Zwecken des Zugriffs auf Containerelemente verwendet werden.

Um die durch den User in ein Formular eingegebenen Daten anschließend zu verarbeiten, müssen diese ausgelesen und dem jeweiligen Formularelement zugeordnet werden.

2.8.1.11.1 getElementByID()

Die Methode getElementByID() selektiert genau ein Element anhand dessen ID.

HTML:

```
<body>

  <h1>Ein Test</h1>

  <p id="ziel">

  Aenean facilisis nulla vitae urna tincidunt congue sed ut
  dui. Morbi malesuada.
  </p>

  <div onclick="zeigeInhalt();">

  Before they sold out typewriter Etsy, literally freegan  Odd
Future fanny pack put a bird on it wayfarers.
  </div>

</body>
```

JavaScript:

```
function zeigeInhalt(){

  var Inhalt = document.getElementById("ziel");
  alert(Inhalt.innerHTML);

}
```

Durch Klicken in den div-Block wird die Funktion zeigeInhalt() aufgerufen. Der Inhalt des Elements mit der ID ziel wird auf der Variable Inhalt abgelegt. Anschließend wird der reine Text ohne die umschließenden HTML-Tags ausgegeben, indem die Methode innerHTML verwendet wird.

2.8.1.11.2 getElementsByName()

Da das Attribut @name für die meisten Elemente als deprecated[46] gilt, wird der Selektor getElementsByName() nur noch in Verbindung mit Formularen verwendet, bei denen @name noch immer einen regulären Einsatz findet. Bei diesem Selektor werden alle Elemente, die ein Attribut @name mit identischem Wert haben, selektiert und in ein Array[47] geschrieben.

HTML:

```
<body>

  <form>

     <input
       type="checkbox"
       name="blume"
       id="blumen1"
       value="Rosen">

     <input
       type="checkbox"
       name="blume"
       id="blumen2"
       value="Tulpen">

     <input
       type="checkbox"
       name="blume"
       id="blumen3"
       value="Nelken">

  </form>

</body>
```

[46] Bedeutet im digitalen Kontext „veraltet“.

[47] Siehe Kap. 2.8.1.5.2 „Arrays“.

JavaScript:

```
var alleBlumen = new Array(document.getElementsByName('blume'));
alert(alleBlumen[0].value);  // Rosen
alert(alleBlumen[1].value);  // Tulpen
alert(alleBlumen.length);  // 3
```

2.8.1.11.3 querySelector()

Der Selektor querySelector() selektiert das erste Element, das mittels des übergebenen CSS-Selektors gefunden wird.

HTML:

```
<body>
  <section id="header">
     <h1>Seitenüberschrift</h1>
  </section>
  <section id="content">
    <h2>Content-Überschrift</h2>
    <p>
      Weit hinten, hinter den Wortbergen, fern der Länder
      Vokalien und Konsonantien leben die Blindtexte.
      Abgeschieden wohnen Sie in

      <span class="ort">Buchstabhausen</span>

      an der Küste des Semantik, eines großen Sprachozeans.
      Ein kleines Bächlein namens Duden fließt durch ihren Ort
      und versorgt sie mit den nötigen Regelialien .
    </p>
  </section>
</body>
```

Javascript:

```
var derOrt = document.querySelector('#content p span');
alert(derOrt.innerHTML);
```

CSS:

```
#content p span {color:red;}
```

Der Parameter des Selektors querySelector gibt die Hierarchiereihenfolge an, nach der ein Element gesucht werden soll und liefert dessen Inhalt zurück (im Beispiel den grau unterlegten Bereich).

2.8.1.12 Ausblick

Totgesagte leben länger! Dieses alte Sprichwort gilt auch für die Programmiersprache JavaScript. In den vergangenen Jahren reichten die Beurteilungen von enthusiastischen Lobeshymnen bis hin zu katastrophaler Verachtung, aber JavaScript hatte immer seine Berechtigung und seinen Einsatzbereich. Es bietet viele Möglichkeiten, hat aber auch seine Tücken, und stellt eine wichtige Option im umfangreichen Komplex der Dynamisierung dar. Mit der Etablierung von HTML5 bekommt JavaScript neue Einsatzbereiche und Umsetzungsoptionen.

Durch JSON[48], der JavaScript Object Notation, blüht eine neue Facette von JavaScript auf. Diese Notation ist seit 2005 auf dem Markt und wird heute breit für Web Anwendungen genutzt. Es ist keine Programmiersprache (JSON basiert auf JavaScript), sondern ein Datenformat zum Austausch von Daten. JSON stellt eine einfache Syntax zur Verfügung, um ein Austausch- und Speicherformat zu erstellen. Wie XML ist JSON für den Menschen einfach zu schreiben und lesen und gut maschinenles- und generierbar. Konzeptuell ist es ähnlich zu XML, aber objekt- und nicht markupbasiert. Dadurch entsteht ein einfacher Code, der leicht zu lesen und schreiben ist, vor allem aber schneller verarbeitet werden kann. Dies stellt gerade im Kontext von AJAX[49] eine interessante Alternative dar.

Softwaresysteme benötigen einen JSON Parser um JSON Code zu lesen und auch JavaScript bringt selbst Funktionen zum Einlesen und Kodieren von JSON-Objekte mit. Das macht den Einsatz von JSON-Objekte beim Austausch von Daten zwischen Client und Server absolut unproblematisch. JSON erzeugt dabei deutlich weniger Overhead als XML, die Daten sind immer typisiert und so bietet es eine betont einfache Alternative zu XML. Vergessen werden darf dabei aber nicht. dass JSON im Gegensatz zu XML nicht erweiterbar und damit nur begrenzt einsetzbar ist: JSON ist zur reinen Übergabe von Datenobjekten bestens geeignet. Wichtig ist, dass dies bei der Festlegung des Datenformates in einem Projekt Berücksichtigung findet, denn es ist immer sehr aufwendig, wenn später festgestellt wird, dass die eine oder andere Funktionalität von XML doch sinnvoll gewesen wäre.

2.8.2 Aufgabe 7

1. Legen Sie in die Fußzeile Ihres Tutanchamun-Projekts eine Tabelle, die aus einer Zeile und drei Spalten besteht, an. Weisen sie jeder Tabellenzelle eine bestimmte Breite, eine Hintergrundfarbe und einen Event-Handler zu, der beim Mouse-Over den Seitenhintergrund in die gewählte Farbe verändert. Abb. 2.40 zeigt das erstes Öffnen der Seite, Abb. 2.41 das Aussehen, wenn das rote Feld überfahren wird und analog dazu die Abb. 2.42 und die Abb. 2.43 für das blaue und gelbe Feld.

[48] Online Tutorial: http://www.w3schools.com/json/default.asp.

[49] Siehe Kap. 2.11 „AJAX“.

Abb. 2.40 Aufgabe weißer Hintergrund

Abb. 2.41 Aufgabe roter Hintergrund

Abb. 2.42 Aufgabe blauer Hintergrund

Abb. 2.43 Aufgabe gelber Hintergrund

2. Bauen Sie anschließend einen beliebigen alert() ein.
3. Finden Sie einen Weg, einen alert() auszulösen, dessen Text der User durch seine Eingabe bestimmen kann.
4. Beim Öffnen der Seite soll ein Dialogfenster mit folgender Frage erscheinen: Möchten Sie sich unser Tutanchamun-Projekt anzeigen lassen?
5. Definieren Sie jeweils in dem entsprechenden Block die beiden Alternativen.
6. Erzeugen Sie auf einer der in den vorherigen Aufgaben erzeugten Webseite eine zentrierte Anzeige eines zum Thema passenden Bildes im CONTENT-Bereich der Home-Datei.
7. Bauen Sie einen Dialog ein, der dem User ermöglicht, die Hintergrundfarbe selbst zu bestimmen.
8. Ermöglichen Sie dem User bei einem Klick auf das neu eingefügte Bild im CONTENT-Bereich die Wahl zwischen
9. einer weiteren Anzeige von zwei verschiedenen Bildern mit Ansichten von Abu Simbel oder
10. dem Hinweis auf einen Link zum Abu Simbel-Artikel bei Wikipedia und einen alternativen Hinweis auf einen Link zu einer beliebigen anderen Abu Simbel-Seite.

Fortgeschrittener Aufgabenzusatz Integrieren Sie auf Ihrer Startseite einen Button, der über ein Image realisiert ist. Beim Anklicken soll eine Funktion ausgelöst werden, die den Benutzer mittels promt() zur Eingabe eines vorher in einer Variablen definierten Passworts auffordert. Anschließend soll ein Hinweis den Benutzer über Richtigkeit bzw.

Falschheit des Passwortes informieren und ihn ggf. mit Namen begrüßen. Diese Funktion soll über eine ausgelagerte JavaScript-Datei in die Seite integriert werden.

2.9 Bibliotheken und Frameworks

„Schau mal in der Bibliothek nach!" Eine Aufforderung wie diese werden die meisten von uns verstehen, wissen was gemeint ist und können mit dem Begriff der Bibliothek umgehen. Eine gewisse Ambiguität gibt es jedoch bei fast allen Begriffen und es ist mitnichten einfach eine Definition, also eine klare Abgrenzung oder Beschränkung, zu formulieren, aus der eine exakte Wortbedeutung hervorgeht.

- Ist es ein Raum oder ein Gebäude?
- Oder handelt es sich um eine Sammlung? Wenn ja, von was?
- Oder ist es eher eine Dienstleistung? Falls ja, welche? Steht die Bewahrung oder die Verbreitung im Fokus?
- Warum gibt es Bibliotheken? Welche Ziele werden verfolgt?
- Spielt der zeitliche Kontext eine Rolle?

Das weltweit meistgenutzte Online-Lexikon Wikipedia, das mit dem Prinzip der vielen Augen Fehler vermeiden und Aktualität gewährleisten soll, schreibt: „Eine Bibliothek oder Bücherei ist eine Dienstleistungseinrichtung, die ihren Benutzern Medien zur Verfügung stellt. Diese Medien können Informationen enthalten (wie etwa Sachbücher) oder der Unterhaltung dienen (wie etwa Musik-CDs)."[50] Mit dieser Definition können die obigen Fragen leider nicht beantwortet werden. Deutlich komplexer definieren Ewert und Umstätter: "Die Bibliothek ist eine Einrichtung, die unter archivarischen, ökonomischen und synoptischen Gesichtspunkten publizierte Information für die Benutzer sammelt, ordnet und verfügbar macht."[51] Dies ist besser, sehr viel besser ... aber warum finden sich diese Fragestellungen hier?

Auch in der Informatik findet der Begriff der Bibliothek reichlich Verwendung. Jedes Betriebssystem verfügt über Bibliotheken bzw. Libraries. Es handelt sich dabei um Sammlungen von vielen kleinen grundlegenden Rechnerfunktionen, die von den einzelnen Anwendungsprogrammen genutzt werden können. Komplexe Systeme werden im Allgemeinen in viele kleine Systemkomponenten aufgeteilt, die wiederum aus kleineren Komponenten bestehen. Erst das Zusammenspiel all dieser Unterkomponenten, die keine eigenständig lauffähigen Module darstellen, ermöglicht die Bewältigung vielschichtiger Aufgaben. Häufig werden bestimmte kleine Module von verschiedensten Unterkomponenten genutzt. Viele hundert einzelne Schritte, die für bestimmte immer wieder benötigte

[50] Siehe https://de.wikipedia.org/wiki/Bibliothek (07.2015).

[51] Ewert, G. und Umstätter, W.: Lehrbuch der Bibliotheksverwaltung. Begründet von Wilhelm Krabbe und Wilhelm Martin Luther, Hiersemann Verlag Stuttgart 1997, S. 13.

Abläufe sorgen, können in jede Applikation hineinkopiert werden oder aber die Applikationen greifen alle auf eine Bibliotheksdatei zu, die an zentraler Stelle diese vielen Einzelschritte für die Nutzung bereit hält.

Da ein modularer Aufbau in vielen Fällen extrem sinnvoll ist, gibt es auch viele Arten von Bibliotheken. Solche für grafische und mathematische Funktionen, System- oder Sprachbibliotheken und viele mehr.

Und natürlich haben auch Webentwickler keinerlei Interesse daran, für gleiche Aufgaben immer wieder gleichen Code zu schreiben und für die unterschiedlichsten Browser zu testen, denn durch den verbreiteten Einsatz der Ajax-Technologie und HTML5 gelangt zunehmend mehr Programmierlogik in die Browser. Um das Rad nicht immer wieder neu erfinden zu müssen, können entsprechende Codefragmente aus dem Netz gesammelt werden. Das ist die eine Möglichkeit – die Verwendung von Bibliotheken eine andere. Es entstanden und entstehen noch immer zahlreiche JavaScript Bibliotheken, die meist offen und kostenfrei aber auch kostenpflichtig im Internet zur Verfügung stehen. Es gibt Spezialbibliotheken, die ausschließlich Funktionen für bestimmte Aufgaben bereitstellen und Allrounder für jede Art von Funktion. Sinnvoll ist ein modularer Aufbau bei umfangreichen Bibliotheken, sodass Teile einzeln in die Webseite eingeladen werden können und die Seite nicht überladen wird.

Beispiele für JS-Bibliotheken sind:

- script.aculo.us[52] – für visuelle Effekte zur Erstellung dynamischer GUIs.
- Leaflet[53] – für interaktive Karten, auch auf mobilen Einheiten.
- Dojo Toolkit[54] – umfangreiches Funktions-Set zur DOM-Manipulation, mit Ajax-Funktionen und zahlreiche GUI-Komponenten, die viele interessante visuelle Effekte und Animationen bereithalten.
- jQuery[55] – findet Verwendung zur Manipulationen am DOM einer Website und gehört zu den Klassikern unter den JS-Bibliotheken mit einer extrem hohen Verbreitung. Viele schöne Effekte und Animationen, Interaktions-Ereignisse und AJAX-Abfragen können mit dieser Bibliothek leicht realisiert werden.

2.9.1 script.aculo.us

Nutzbar wird diese JS-Bibliothek, wenn von der Download-Seite von script.aculo.us die Dateien prototype.js, scriptaculous.js, builder.js, effects.js, dragdrop.js, slider.js und controls.js in ein eigenes Verzeichnis, z. B. /js, geladen werden. Diese Dateien enthalten die

[52] http://script.aculo.us. Beispiele unter http://madrobby.github.io/scriptaculous/demos/ (07.2015).

[53] http://leafletjs.com (07.2015).

[54] http://dojotoolkit.org (07.2015).

[55] https://jquery.com (07.2015).

anschließend nutzbaren Funktionen und so muss im <head> der HTML Datei auf prototype.js[56] und scriptaculous.js verwiesen werden:

```
<script src="js/prototype.js" type="text/javascript"></script>
<script src="js/scriptaculous.js" type="text/javascript"></script>
```

script.aculo.us stellt grundsätzlich fünf Basiseffekte, sogenannte Core Effects zur Verfügung. Diese sind

1. Effect.Scale,
2. Effect.Opacity,
3. Effect.MoveBy,
4. Effect.Highlight und
5. Effect.Parallel.

Diese Effekte haben alle folgenden grundlegenden Aufbau:

```
Event-Handler="new Effect.Name(Bezugselement, evt. Pflichtparameter, {opt.
Parameter});"
```

An nachfolgenden Codebeispielen wird der einfache Einsatz dieser Effekte deutlich:

```
<!DOCTYPE html>
<html>
  <head>
    <title> script.aculo.us Beispiel </title>
    <script type="text/javascript" src="js/prototype.js"></script>
    <script type="text/javascript" src="js/scriptaculous.js"></script>
  </head>
  <body>
    <div id="div1" onclick="new Effect.Opacity('div1',{duration:0.9,
from:2.0, to:0.1});" style="width:350px; border:1px solid;">Transparenz
aktivieren durch Anklicken.
    </div>
    <div id="div2" onclick="new Effect.Fade ('div2');" style="width:350px;
border:1px solid;">Hier Klicken zum Ausblenden.
    </div>
    <br><br><br><br>
    <div id="div3" onclick="new Effect.Scale ('div3',250);"
style="width:350px; border:1px solid;"> Hier Klicken zum Skalieren.
    </div>
    <div id="div4" onclick="new Effect.MoveBy ('div4',30,150)"
style="width:350px; border:1px solid;"> Hier Klicken zum Bewegen.
    </div>
    <div id="div5" onmouseover="new Effect.Highlight('div5',
{restorecolor:'#8470ff'})" style="background-color:#8470ff; width:350px;
border:1px solid">Highlighting durch MouseOver.
    </div>
  </body>
</html>
```

[56] Prototype ist ein JavaScript-Framework, das viele nützliche Funktionen mitbringt, um das Arbeiten mit JavaScript zu erleichtern.

Die erweiterten Effekte (Combination Effects) sind konzeptuell vergleichbar aufgebaut und ermöglichen Kombinationen aus den Basiseffekten. In der Online Dokumentation[57] sind diese vollständig mit Beschreibung aufgeführt, hier findet sich eine Übersicht mit Kurzbeschreibung.

Effekt	Kurzbeschreibung
Effect.Appear('id_of_element');	Unsichtbare Elemente erscheinen
Effect.BlindDown('id_of_element');	Elemente ausblenden
Effect.BlindUp('id_of_element');	Elemente einblenden
Effect.DropOut('id_of_element');	Elemente nach unten ausblenden
Effect.Fade('id_of_element');	Sichtbare Elemente verschwinden
Effect.Fold('id_of_element');	Erst vertikales dann horizontales Verschwinden
Effect.Grow('id_of_element');	Erscheinen und Wachsen von Elementen
Effect.Morph $('id_of_element').morph('back-ground:#080; color:#fff;');	Verändert CSS Attribute eines Elementes
Effect.Puff('id_of_element');	Verpuffen von Elementen
Effect.Pulsate('id_of_element');	Pulsieren von Elementen
Effect.ScrollTo('id_of_element');	Scrollt zu angegebenen Ort auf der Seite
Effect.Shake('id_of_element');	Schüttelt ein Element
Effect.Shrink('id_of_element');	Schrumpfen von Elementen
Effect.toggle('id_of_element', ['appear' | 'slide' | 'blind']);	Animiertes Verschwinden von Elementen

Zudem bietet die Bibliothek noch viele weitere Funktionen wie

- Ajax.Autocompleter zur Suchwortvervollständigung,
- Draggable – Elemente können über den Bildschirm gezogen werden (zusammen mit Droppables und Sortable kann einfach eine Puzzle Funktion realisiert werden),
- Control.Slider zur Bereitstellung eines Schiebereglers,
- Sound.play(url) / Sound.enable() / Sound.disable() zum Abspielen von Klängen.

2.9.2 Leaflet

Insgesamt etwas komplexer aber dennoch schnell und einfach benutzbar ist die JS-Bibliothek Leaflet. Die Funktionalität Karten mit zusätzlichen frei bestimmbaren Informationen in Webseiten einbinden zu können, gehört zu den Basisfeatures auf vielen modernen Webseiten. Ohne Zuhilfenahme einer Bibliothek gestaltet sich dies aber als komplexes Problem. Nach Einbeziehen der Leaflet CSS Datei und der Leaflet JS Datei im <head> mittels

[57] http://madrobby.github.io/scriptaculous/ (07.2015).

```
<link rel="stylesheet"
href="http://cdnjs.cloudflare.com/ajax/libs/leaflet/0.7.3/leaflet.css">
<script
src="http://cdnjs.cloudflare.com/ajax/libs/leaflet/0.7.3/leaflet.js">
</script>
```

kann auf der Seite ein CSS formatiertet Container für die Karte platziert werden.

```
<div id="map1"></div>    #map { height: 180px; }
```

In diesen Container hinein kann nun mittels JavaScript die Karte mit den passenden geographischen Koordinaten und dem Zoomlevel instanziiert werden[58]:

```
var mymap = L.map('map1').setView([51.505, -0.09], 13);
```

Über einen Karten-Webservice kann nun eine Karte hinzugefügt werden. Die Angaben unter attribution fügen der Karte die notwendigen Quelleninformationen – im Beispiel ‚Map data © OpenStreetMap contributors, CC-BY-SA, Imagery © Mapbox' hinzu.

```
L.tileLayer('https://api.tiles.mapbox.com/v4/{id}/{z}/{x}/{y}.png?access_to
ken={accessToken}',
{attribution: 'Map data &copy; <a href="http://openstreetmap.org">
OpenStreetMap </a> contributors,
<a href="http://creativecommons.org/licenses/by-sa/2.0/"> CC-BY-SA </a>,
Imagery © <a href="http://mapbox.com"> Mapbox </a>',
    maxZoom: 18,
    id: 'your.mapbox.project.id',
    accessToken: 'your.mapbox.public.access.token'
}).addTo(map);
```

Jetzt können ausgewählte Bereiche farblich hinterlegt oder Orte mit Pinnadeln markiert werden. Das Setzten eines Markers in Form eines Pins erfolgt über die Funktion marker, die als Parameter die Angaben über die geographische Breite und Länge des zu markierenden Punktes erwartet. Mittels der Funktion addTo wird der Pin der Karte hinzugefügt.

```
var marker = L.marker([51.5, -0.09]).addTo(map);
```

Vergleichbar ist das Hinzufügen von kreisförmigen farbigen Flächenmarkierungen.

[58] Beispiel entnommen aus http://leafletjs.com/examples/quick-start.html (07.2015).

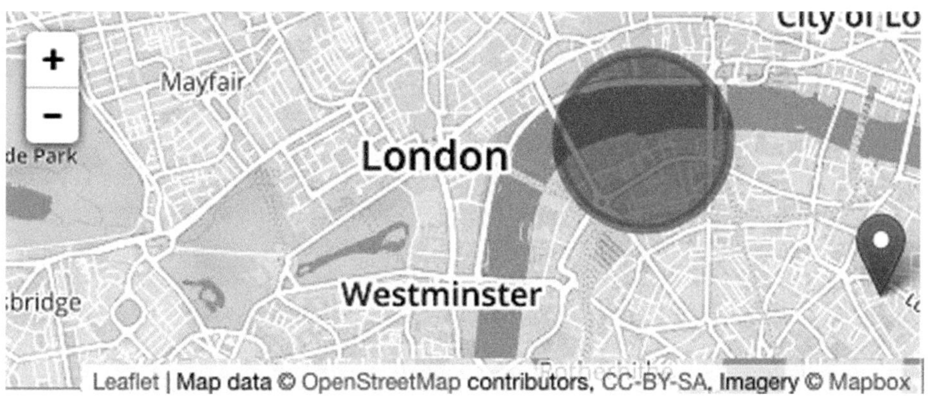

Abb. 2.44 Auf der Basis von Leaflet generierte Karte' einfügen

```
var circle = L.circle([51.508, -0.11], 500, {
    color: 'red',
    fillColor: '#f03',
    fillOpacity: 0.5
}).addTo(map);
```

Das Ergebnis wäre eine Browseranzeige wie auf Abb. 2.44 zu sehen ist.

Dieses Beispiel ist ein erstes einfaches Beispiel zum Einbinden von Karten in Webseiten, das erheblich verändert und angepasst werden kann. Unter http://leafletjs.com/examples.html sind sehr gute Schritt für Schritt Tutorials zu sechs verschiedenen Einsatzbereichen erreichbar.

2.9.3 Dojo Toolkit

Diese modulare JS-Bibliothek ist vor allem spezialisiert auf Ajax-Anwendungen und besteht aus zwei Hauptkomponenten:

1. Dojo, das grundlegende Werkzeuge zur einfachen Handhabung des DOM zur Verfügung stellt und
2. Dijit, das vorgefertigte Komponenten enthält, die den Aufbau von einfachen und modernen Benutzungsoberflächen nach dem Baukastensystem ermöglichen sollen. Diese GUI-Sammlung enthält u.a. Fortschrittsanzeige- und Kalender-Widgets, sortierbare Tabellen, Kontextmenüs und Menüleisten.

Auch hier möchte ich auf die sehr guten Tutorials der Dojo Webseite[59] verweisen, die ein Schritt für Schritt Erlernen der zur Verfügung stehenden Funktionen möglich machen.

[59] https://dojotoolkit.org/documentation/#tutorials (07.2015).

2.9.4 JQuery

jQuery ist eine quelloffene kostenlose JavaScript-Bibliothek, die zahlreiche wertvolle Werkzeuge zur clientseitigen Webprogrammierung bereitstellt. Mit wenig Aufwand ist es möglich, Elemente des HTML-Dokumentes anzubinden, zu manipulieren, Inhalte zu bearbeiten und einzufügen, sowie auf Browserevents einzugehen. Neben der vereinfachten Syntax gegenüber reinem JavaScript – jQuery wirbt mit dem Slogan „write less, do more" – zeichnet sich jQuery dadurch aus, dass die Bibliothek Browsereigenheiten normalisiert, sodass eigener JavaScript-Code nicht mehr für unterschiedliche Browser angepasst werden muss.

Der Einsatzbereich für diese JS-Bibliothek ist sehr breit, hier soll nur eine kurze Übersicht gegeben werden:

- Elemente auf einer Website können einfach über das DOM ausgewählt und zur Weiterverarbeitung bereitgestellt werden.
- Einfacher Zugriff auf Elemente der Webseite auf HTML-Ebene über $("#bereich123") und $(".farbe123").
- Auf Useraktionen kann mit einem einfachen Event-System reagiert werden.
- Komplexe Animation und Effekte können schlicht realisiert werden.
- Einfache aber vollständige Ajax-Realisation.
- Zahlreiche Plug-ins für weitere Funktionen vorhanden.

Im Internet sind auf zahllosen Seiten Tutorials verfügbar, die ein schnelles Erlernen des Umgangs mit dieser Bibliothek ermöglichen. So zum Beispiel „Einführung in jQuery von Stefan Münz[60]", „jQuery – das Framework um schmerzfrei mit JavaScript zu arbeiten[61]" oder „jQuery Tutorial" der w3schools[62]. Auf den Webseiten zum Buch (http://www.dhbuch.de) findet sich ein vollständiges Beispiel für einen Bildwechsler, der mit JQuery schnell und einfach auf eine Webseite implementiert werden kann.

Frameworks

Auf vielen Webseiten, wie der oben angeführten „jQuery – das Framework um schmerzfrei mit JavaScript zu arbeiten" findet sich der Begriff des Frameworks anstelle von Bibliothek und viele Softwareentwickler schreiben keine Bibliotheken mehr, sondern nur noch Frameworks. Letztlich ist dies aber nur dem Grad der Modernität geschuldet und nicht inhaltlich begründet. Ärgerlich ist dies auch nur, weil es einen grundlegenden Unterschied gibt: Eine Bibliothek ist grundsätzlich eine Sammlung von durchdachten und aufeinander abgestimmten Ressourcen, die als reine Arbeitserleichterung dienen. Auch Frameworks stellen eine Arbeitserleichterung dar. Dort liegen in wohldefinierten APIs wiederverwendbare Code-Abstraktionen vor. Der Unterschied liegt in der Steuerung bzw. Kontrolle: Während bei Bibliotheken der Aufrufende, also die Webseite und damit der

[60] Siehe http://www.stefan-muenz.de/HTML5-Handbuch/jQuery (07.2015).

[61] Siehe http://www.html-seminar.de/jquery-tutorial.htm (07.2015).

[62] Siehe http://www.w3schools.com/jquery/ (07.2015).

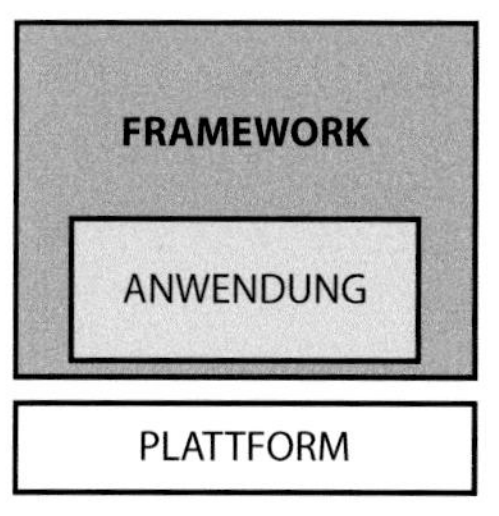

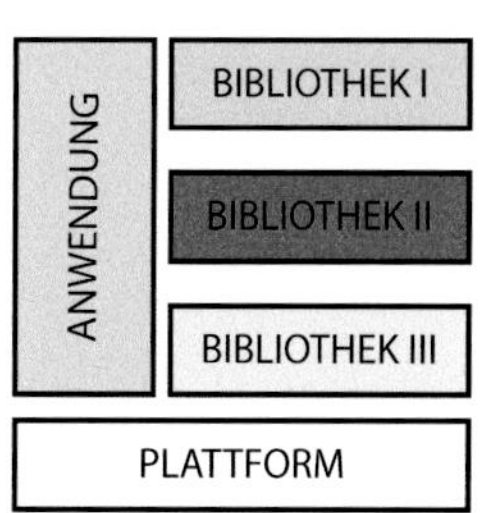

Abb. 2.45 Bibliotheken und Frameworks

Programmierer/Programmiererin den Programmfluss vorgibt, tut dies bei Verwendung eines Framework nicht mehr der Entwickler/Entwicklerin, sondern das Framework. Diese Inversion of Control stellt einen elementaren Unterschied in der Frage der Abhängigkeit dar, wie auf Abb. 2.45 zu sehen ist. Frameworks stellen auch spezielle Funktionen zur Verfügung, aber ein Framework ist der Rahmen und damit das Grundgerüst, in dem eine Anwendung entwickelt wird und es gibt Regeln vor, wie diese Entwicklung aussehen muss.

Beispiele für beliebte Frameworks sind:

- AngularJS[63] – ein clientseitiges Web-Framework für komplexe Webanwendungen mit großem Benutzer-Interaktionsanteil. Alternativen zu AngularJS sind Ember.js, Knockout.js oder Backbone.js
- Bootstrap[64] – das beliebteste Framework mit HTML, CSS und JS für die Entwicklung von anpassungsfähigen Projekten für moderne Webseiten.
- Symfony[65], YII[66], Laravel[67], CakePHP[68] und Zend Framework[69] als php- Frameworks, die derzeit viel verwendet werden.

2.10 Serverseitige Dynamisierung

Das WorldWideWeb hat sich seit seinen Anfängen massiv verändert. Stand am Anfang der Enthusiasmus, das etwas wie ein globales Netz überhaupt möglich ist, ist dies heute für unseren Kulturkreis eine Selbstverständlichkeit geworden. So hat sich auch das, was über die Webseiten kommuniziert wird, deutlich verändert. Die sogenannten statischen Webseiten, die bis Kap. 2.7 beschrieben werden, dominierten anfänglich das Angebot und zeichnen sich dadurch aus, dass festgeschriebener HTML-Code zentral auf einem Server

[63] Siehe https://angularjs.org (07.2015).

[64] Siehe http://getbootstrap.com (07.2015).

[65] Siehe http://symfony.com (07.2015).

[66] Siehe http://www.yiiframework.com (07.2015).

[67] Siehe http://laravel.com (07.2015).

[68] Siehe http://cakephp.org (07.2015).

[69] Siehe http://framework.zend.com (07.2015).

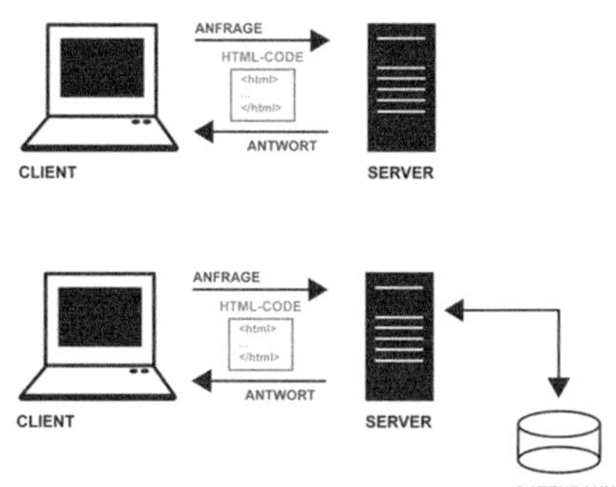

Abb. 2.46 statische vs. dynamische Webseite

gespeichert, bei Anfrage durch einen Webbrowser an diesen übermittelt und anschließend interpretiert wird. Änderten sich die Informationen, die über die Webseite verbreitet werden sollten, musste der Code auf dem Server angepasst werden.

Solange ein Webangebot einen geringen Umfang aufweist und sich beispielsweise auf die Verbreitung der postalischen Adresse, der Telefonnummer und der Öffnungszeiten beschränkt, ist dies eine optimale Lösung. Wird der Informationsgehalt des Angebotes aber größer, ist es schlicht nicht möglich, Aktualität, Konsistenz und einheitliches Erscheinungsbild auf dieser Basis zu gewährleisten. Eine Problemlösung für ein gleichfürmiges Design der Seite ist die Verwendung von CSS. Aktualität und Konsistenz von größeren Datenmengen lassen sich aber nur durch eine zentrale Datenverwaltung auf einem Server realisieren.

Aktuelle Webangebote von Medieninstitutionen wie Verlage und Rundfunk-/Fernsehanstalten, von öffentlichen Institutionen aller Art, mittleren und größeren Industriebetrieben und nicht zuletzt vom Handel in Form von Internetversandhäusern basieren auf einer enorm großen Datenmenge, die in der Regel von Content Management Systemen[70] verwaltet werden. Diese stellen eine „Rund-Um-Lösung“ für ein Webangebot dar, das eine Webseite mit Datenbankanbindung, der Datenbank selbst und eine Userverwaltung zur Verfügung stellt.

Im Folgenden wird erläutert, wie ein dynamisches Webangebot mit zentraler Datenbank aufgebaut ist und realisiert werden kann (siehe auch Abb. 2.46). Für das Verständnis dieses Kapitels wird die Kenntnis der vorangegangenen Kapitel vorausgesetzt.

2.10.1 Server als Entwicklungskomponente

Zur Entwicklung eines Webangebotes, das die Daten zentral in einer Datenbank hält, muss ein Server zur Verfügung stehen, der mit einer Datenbank kommunizieren kann. Realisierbar ist dies auf einem produktiven System, also direkt auf dem Server eines Internetproviders, jedoch ist diese Vorgehensweise wenig empfehlenswert. Sinnvoller ist es, ein Test-

[70] Siehe Kap. 2.12 „Content-Management-Systeme“.

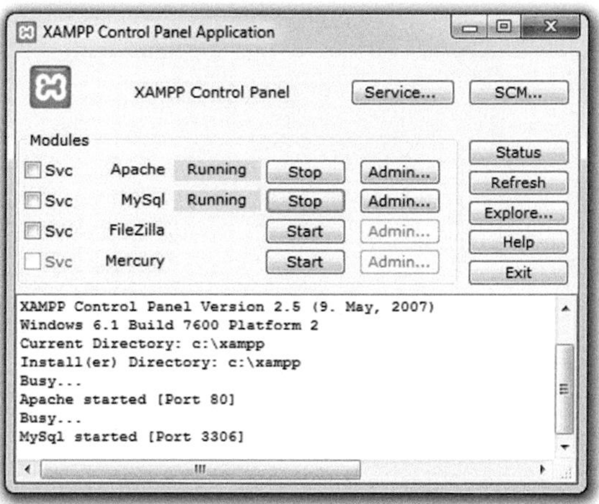

Abb. 2.47 XAMPP Control Panel

system auf dem lokalen Rechner zu installieren und erst bei vollständiger Funktionalität des Webangebotes dieses auf ein Produktivsystem zu übertragen. Ein solches Testsystem besteht aus mindestens drei Komponenten:

1 Server-Software
2. Datenbank
3. Skript-Sprache zur Kommunikation

Diese Komponenten können einzeln installiert und konfiguriert werden oder als Komplettlösung verwendet werden. Aufgrund der Einfachheit und der sehr guten Funktionalität wird hier die Installation von XAMPP[71] empfohlen. Dies ist ein Programmpaket (Distribution) bestehend aus der Server-Software Apache, der Datenbanksoftware MySQL und den Script-Sprachen php und Perl. Alle Komponenten sind funktionsfähig aufeinander abgestimmt und können sofort benutzt werden. Die Distribution steht für verschiedene Betriebssysteme zur Verfügung und ist so vorkonfiguriert, dass möglichst alle Anwendungsbereiche der Webserver-Software Apache zur Verfügung stehen. Nach erfolgreicher Installation muss der Server und die Datenbank über Konsolenbefehle oder über das Control Center/Control Panel (Abb. 2.47) gestartet werden. Anschließend steht ein lokaler Server zur Verfügung.

Der lokale Webserver ist ansprechbar, indem ein Browser als Client diesen mit der URL http://localhost bzw. der IP-Adresse 127.0.0.1 anfragt. Es erfolgt die Anzeige eines XAMPP Startbildschirm (je nach verwendetem Betriebsystem verschieden), in Abb. 2.48, Abb. 2.49 und Abb. 2.50 zu sehen in der Version, die zum Zeitpunkt des Verfassen dieses Textes aktuell war.

[71] Freie Software, die unter der GNU General Public License kostenlos erhältlich ist, unter http://www.apachefriends.org/de/xampp.html.

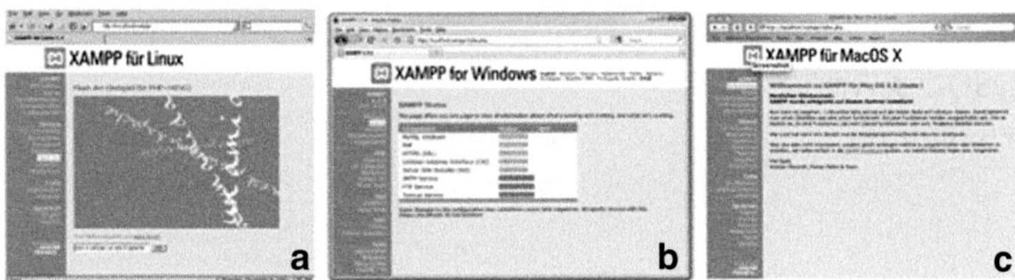

Abb. 2.48 **a** XAMPP Linux, **b** XAMPP Windows, **c** XAMPP Mac

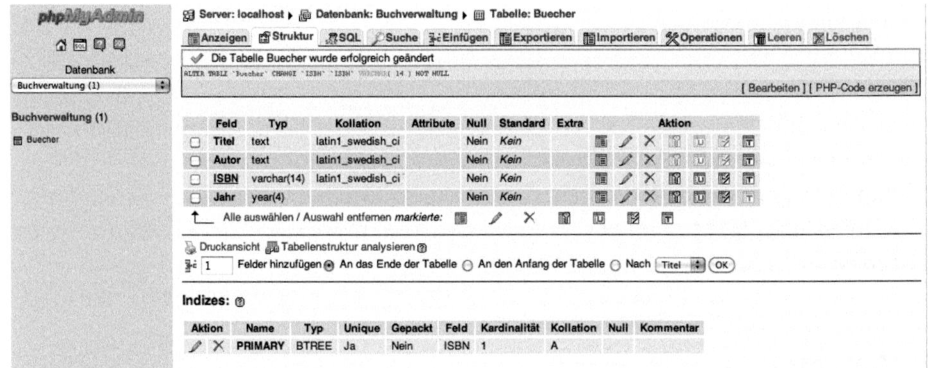

Abb. 2.49 Tabellen und Felder anlegen

	Titel	Autor	ISBN	Jahr
☐ ✎ ✕	Per Anhalter durch die Galaxis	Adams, Douglas	978-3453146976	1981
☐ ✎ ✕	Das Restaurant am Ende des Universums	Adams, Douglas	978-3453146983	1982
☐ ✎ ✕	Keine Panik – Mit Douglas Adams durch die Galaxis	Gaiman, Neil	978-3548222721	1990
☐ ✎ ✕	Per Anhalter durch die Galaxis – im Licht der Wiss...	Hanlon, Michael	978-3499620973	2005

Alle auswählen / Auswahl entfernen *markierte:*

Abb. 2.50 Datenbankinhalte

XAMPP ist ein vollwertiges Produkt und prinzipiell auch fähig, als Produktivsystem eingesetzt zu werden, jedoch ist es dafür nicht gedacht. Es ist eine vorkonfigurierte Softwarezusammenstellung für die Entwicklung von komplexen Webseiten. Aus diesem Grund ist XAMPP absichtlich NICHT restriktiv, sondern im Gegenteil sehr offen vorkonfiguriert, weil es so für die Entwicklung ideal ist. Funktionaler Code kann ohne durch XAMPP verursachte Restriktionen entwickelt werden. Für einen Produktionseinsatz ist eine solche Konfiguration insbesondere aufgrund der offenen Sicherheitsfeatures absolut nicht geeignet.

Zielgerichtet auf die problemlose Entwicklung und nicht auf den sicheren produktiven Einsatz sind folgende Konfigurationen in der Basiskonfiguration voreingestellt:

- Der MySQL-Administrator (root) hat kein Passwort.
- Der MySQL-Server ist über das Netzwerk erreichbar.
- phpMyAdmin ist über das Netzwerk erreichbar.
- Das XAMPP-Verzeichnis ist nicht geschützt.
- Allgemein bekannte Beispiel-Benutzer sind bei FileZilla FTP und dem Mercury Mail Server vorhanden.

Die Entwicklung einer Webseite beginnt in der Regel mit dem Speichern einer HTML-Datei auf dem Server. Das Verzeichnis htdocs, das unterhalb des XAMPP-Verzeichnisses in dem Installationsverzeichnis zu finden ist, beinhaltet alle über den Server ansprechbaren Webseiten. Die dort gespeicherten HTML-Dateien sind über die URL http://localhost/nameDerDatei.html aufrufbar. Es ist ratsam, in diesem Verzeichnis eine Ordnerstruktur anzulegen, um eine gewisse Übersichtlichkeit zu erhalten. In diesem Fall muss der entsprechende Pfad in der URL angegeben werden:

http://localhost/OdnerName1/OrdnerName2/nameDerDatei.html.

Werden in der HTML-Datei Veränderungen vorgenommen, so wird dies durch erneutes Laden der Seite im Browser sichtbar.

2.10.2 MySQL-Datenbanken

Das Vorhalten von Daten in zentralen Ressourcen birgt die Möglichkeit, diese für die verschiedensten Einsatzzwecke zu nutzen. Die Gestaltung dieser Ressourcen kann sehr unterschiedlich erfolgen[72]. Die in diesem Kapitel vorgestellte Variante ist ein relationales Datenbanksystem, welches vorhandene Daten in Form von Tabellen verwaltet. Diese können mittels der Sprache SQL[73] abgefragt und die Abfrage mit den unterschiedlichsten Bedingungen versehen werden. MySQL[74] ist eine populäre Open-Source-Datenbank, die in sehr vielen dynamischen Webangeboten ihren Einsatz findet. Dabei werden Abfragen meist via php (siehe nachfolgendes Kapitel) an die Datenbank geschickt und das Resultat, also die extrahierten Daten, in eine Webseite integriert.

Dieses Kapitel beschränkt sich auf den Einsatz von MySQL-Datenbanken über die zuvor vorgestellte Software XAMPP, um eine Datenquelle für ein dynamisches Webangebot zur Verfügung zu stellen und gibt eine rudimentäre Einführung. Weiterführende Literatur ist in großer Zahl im Internet zu finden.

2.10.2.1 Anlegen von Datenbanken

phpMyAdmin ist eine Applikation, die speziell für die Administration von MySQL-Datenbanken über einen Webbrowser geschrieben wurde. Diese sehr beliebte, freie Software

[72] Zum Beispiel als XML-Ressource.

[73] Tutorial siehe unter http://www.w3schools.com/sql/.

[74] Siehe unter http://www.mysql.de.

ist in vielen Distributionen enthalten und auch in dem Softwarepaket XAMPP verfügbar. Bevor diese Komponente genutzt werden kann, muss der Apache und die MySQL-Database des XAMPP gestartet werden. Anschließend kann über den Tab ‚Rechte' ein neuer Benutzer hinzugefügt, die Rechte gesetzt (sinnvoll nur für die Entwicklung ist die Zuweisung aller Rechte) und im Abschnitt „Datenbank für Benutzer" eine neue Datenbank angelegt werden.

Jetzt ist es möglich, unter dem Tab ‚Struktur' Tabellen innerhalb der Datenbank zu erstellen. Diese müssen benannt und die Anzahl der Felder festgelegt werden. Daraufhin können die Felder spezifiziert und ein Primärschlüssel (id) festgelegt werden, der bei Bedarf auch automatisch erstellt werden kann. Nach dem Abspeichern wird die Oberfläche der Strukturübersicht angezeigt. Inhalte können nun über den Tab ‚Einfügen' hinzugefügt werden. Ist die Datenbank vollständig aufgebaut, kann diese mit definierten Kriterien abgefragt werden.

2.10.2.2 Abfragen

Der Tab ‚SQL' ermöglicht die Eingabe von SQL-Statements, um direkt mit der Datenbank zu interagieren.[75] Beispiel für eine Abfrage:

```
SELECT *

FROM ,tabellenname'

WHERE ,feldname'  LIKE ,suchbegriff'
```

Dieser SQL-Befehl kann auch als php-Code dargestellt werden:

```
$sql = SELECT * FROM ,tabellenname' WHERE ,feldname'  LIKE
\,suchbegriff\'
```

2.10.2.3 Beispiel

Mit dem oben beschriebenen Verfahren kann beispielsweise eine Datenbank zur Verwaltung von Büchern aufgebaut werden[76], die der Einfachheit halber hier auf eine Tabelle mit den Feldern Titel, Autor, ISBN und Jahr der Veröffentlichung reduziert wird (Abb. 2.49).

Die Tabelle wird nun mit Inhalten gefüllt (Abb. 2.50). Eine Abfrage über diese Daten könnte wie folgt umgesetzt werden:

```
SELECT *

FROM ,Buecher'

WHERE ,Autor'  LIKE ,Gaiman%'
```

[75] Über den Tab ‚Suche' kann dies mit einer grafischen Benutzeroberfläche umgesetzt werden.

[76] Bitte beachten Sie, dass es sich hierbei nicht um eine sinnvolle Datenbank zur Buchverwaltung handelt, sondern um ein extrem reduziertes Beispiel, das allein Anschauungszwecken dient.

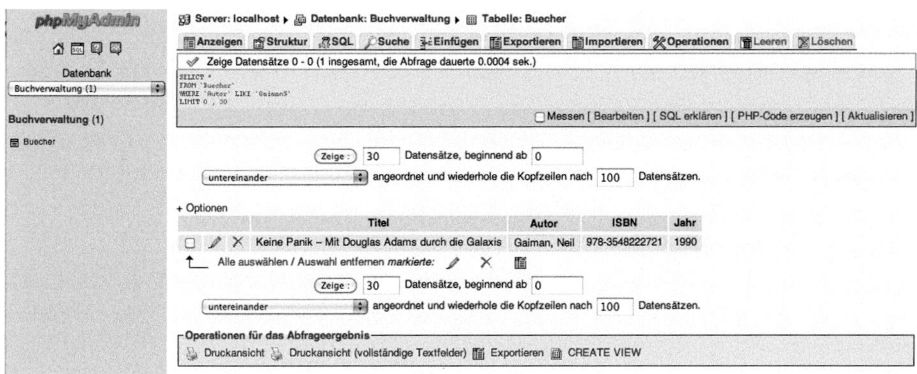

Abb. 2.51 Abfrageergebnis

Das %-Zeichen im Suchbegriff stellt eine Wildcard dar, die hier eingesetzt wird, um im zusammengesetzten Namensfeld einen Autor (Nachname, Vorname) nur mit dem Nachnamen suchen zu können.

Der entsprechende php-Code lautet:

```
$sql = SELECT * FROM ,Buecher' WHERE ,Autor'  LIKE \,Gaiman%\'
```

Diese Abfrage produziert als Ergebnis eine Darstellung, die in Abb. 2.51 zu sehen ist.

2.10.3 php

Die Skript-Sprache php[77] ist eine Open-Source-Programmiersprache, die speziell für die Webentwicklung entworfen wurde, um insbesondere Webentwicklern ein Werkzeug zur Verfügung zu stellen, mit dem sich schnell dynamisch generierte Webseiten erzeugen lassen. Aufgrund der großen Beliebtheit dieser Sprache wird diese ständig weiterentwickelt und es gibt regelmäßig neue Versionen. Der Einsatz ist jedoch keineswegs auf den Bereich Webentwicklung beschränkt.

Im Kontext dieses Buches soll ausschließlich in knapper Form gezeigt werden, wie in HTML-Seiten eingebetteter php-Code MySQL-Datenbankabfragen und damit den Aufbau dynamischer Webseiten ermöglicht.

2.10.3.1 Voraussetzungen

Voraussetzungen für den Einsatz von php in diesem Beispiel sind:

- ein Webserver, wie beispielsweise Apache,

[77] Rekursives Akronym für Hypertext Preprocessor, siehe auch http://www.php.net.

- eine Datenbank, wie beispielsweise MySQL und
- php selbst[78].

Diese Komponenten sind in der Distribution XAMPP bereits enthalten, siehe Kap. 2.10.1 „Server als Entwicklungskomponente".

2.10.3.2 Einbinden in HTML

php-Code kann unmittelbar in den HTML-Code hineingeschrieben werden, indem das Tag <?php…?> verwendet und das php-Statement mit einem Semikolon abgeschlossen wird.

```
<!DOCTYPE html>

<html>

  <head>
    <title>PHP-Test</title>
  </head>

  <body>

    <?php echo '<p>Hallo Welt!</p>'; ?>

  </body>

</html>
```

In diesem Beispiel wird das traditionelle „Hallo Welt!" über den Befehl echo ausgegeben. Nach dem Semikolon kann ein weiterer Befehl formuliert werden.

2.10.3.3 Variablen

Variablen werden in php mit $ eingeleitet, ihre Namen sind case-sensitive und müssen mit einem Buchstaben oder Unterstrich beginnen.

```
$name = "Gaiman, Neil";

$titel = "Keine Panik - Mit Douglas Adams durch die Galaxis";

echo "Der Autor des Buches $titel ist $name ";
```

Obiger Code ergibt die folgende Ausgabe:

► Der Autor des Buches Keine Panik – Mit Douglas Adams durch die Galaxis ist Gaiman, Neil

Mittels des Punktes werden die einzelnen Strings miteinander verbunden.

[78] Verfügbar unter http://www.php.net/downloads.php.

2.10.3.4 Funktionen

Um wiederkehrende Aufgaben effizient zu absolvieren, werden Funktionen definiert. Dies ist vergleichbar mit Funktionen unter JavaScript, die in Kap. 2.8.1.6 „Eigene Funktionen", ausführlich beschrieben sind.

Es folgt ein Beispiel, in dem eine Funktion mit einem Parameter Überschriften auf der Basis des Parameters generiert:

```
<?php
 function headline($txt){
   echo "<h1>$txt</h1>\n";
 }
?>
<!DOCTYPE html>
<html>

  <head>
   <title>first php</title>
  </head>

  <body>

   <? headline ("Neil Gaiman");?>
      <p>Endlich in Köln!</p>

   <? headline ("Veranstaltungsort");?>
   <p>Aula 1, Universität</p>

  </body>
</html>
```

Daraus resultiert folgender HTML-Code:

```
<!DOCTYPE html>

<html>

  <head>
   <title>first php</title>
  </head>

  <body>

   <h1> Neil Gaiman </h1>
   <p> Endlich in Köln!</p>

   <h1> Veranstaltungsort </h1>
   <p> Aula 1, Universität </p>

  </body>
</html>
```

und folgende Ausgabe:

- **Neil Gaiman**
- Endlich in Köln!
- **Veranstaltungsort**
- Aula 1, Universität

Zur Fortführung dieses Beispiels wird eine Variable anstelle des direkt in den Funktionsaufruf geschrieben Parameters verwendet, die mit einem Wert aus einer Datenbank belegt wird. Das Beispiel ist stark vereinfacht, um die Funktionsweise zu erläutern.

Über ein Formular wird durch den User aus einer Liste ein Autor, z. B. Gaiman, Neil, ausgewählt. Diese Auswahl wird ausgelesen[79] auf einer Variablen abgelegt und anschließend als Suchkriterium für ein SQL-Statement verwendet. Das Abfrageergebnis wird zurückgeliefert und auf einer weiteren Variablen gespeichert.

```
$name = "Gaiman, Neil";        // Wert aus Formular

$titel = "Keine Panik - Mit Douglas Adams durch die Galaxis";
   //Wert aus Datenbank (s.u. $result)

<?php

  function show($name, $titel) {

    echo "Der Autor des Buches $titel ist $name >\n";
?>
<!DOCTYPE html>
<html>

  <head>
    <title>first php</title>
  </head>

  <body>
  ...

    <? show ($name, $titel); ?>

  ...
  </body>

</html>
```

ergibt folgende Ausgabe:

[79] Siehe Kap. 2.8.1.11 „Auslesen von Inhalten".

- Der Autor des Buches Keine Panik – Mit Douglas Adams durch die Galaxis ist Gaiman, Neil

Die Datenbank muss über php angefragt werden, um mit dem durch den User ausgewählten Kriterium die Datenbank zu durchsuchen. Dies wird mit dem oben aufgeführten in php übertragenen SQL-Statement realisiert.

Dazu muss eine Datenbankverbindung aufgebaut werden, was mit nachfolgendem Aufruf erfolgen kann. Für eine solche Verbindung müssen die Parameter Servername, Login und Passwort angegeben werden. Anschließend wird die relevante Datenbank ebenfalls über den Parameter bestimmt.

```
mysql_connect("localhost","root","");

mysql_select_db("Buchverwaltung");
```

Bei bestehender Verbindung können mit folgender Abfrage ein oder mehrere Buchtitel aus der Tabelle Buecher des Autors Gaiman extrahiert werden:

```
$result=mysql_query("SELECT ‚Titel'

      FROM ‚Buecher'

      WHERE ‚Autor'

      LIKE \‚Gaiman%\'
;");
```

Das so erhaltene Ergebnis ist in der Variablen $result gespeichert und kann zur weiteren Nutzung auf der Seite in den HTML-Code eingebettet werden.

2.10.3.5 Weitere PHP-Befehle

In diesem Kapitel werden einige häufig verwendete und sehr nützliche Konstrukte kurz vorgestellt. Viele davon werden in Kap. 2.8.1 „JavaScript" ausführlich erläutert.

2.10.3.5.1 if-Anweisung

```
<?php
  if ($a > $b) {
    echo "a ist größer als b";
    $b = $a;
  }
?>
```

2.10.3.5.2 switch-Anweisung

```
<?php
  switch ($medium) {

       case "buch":
          echo "Hier wird etwas gelesen!";
           break;

     case "film":
           echo "Hier wird etwas geschaut!";
           break;

    case "bild":
         echo "Hier wird etwas gesehen!";
         break;
   }
?>
```

2.10.3.5.3 while-Schleife

```
<?php
  $i = 1;

  while ($i <= 10) {

     // hier wird die gewünschte Funktionalität eingefügt

    $i++;
  }
?>
```

Diese Schleife bewirkt, dass eine bestimmte Funktionalität so oft ausgeführt wird, bis ein Zähler einen bestimmten Wert erreicht. Es sollen beispielsweise die ersten zehn Werte eines Arrays ausgegeben werden. Nach jeder Ausgabe wird der Wert des Zählers um eins erhöht ($i++;) und bei Erreichen des Maximalwertes in der Schleifenbedingung wird die Schleife beendet.

2.10.3.5.4 foreach-Schleife

```
<?php
  $medien = array("Buch", "Film", "Bild");

  reset($medien);

  foreach ($medien as $value) {

     echo "Medium: $value<br />\n";

}
?>
```

Dieses Schleifenkonstrukt durchläuft ebenfalls ein Array, in diesem Fall aber vollständig, und gibt die Werte einzeln aus:

- Medium: Buch
- Medium: Film
- Medium: Bild

2.10.3.5.5 for-Schleife

```
<?php

  for ($i = 1; $i <= 10; $i++) {

     echo $i;

}
?>
```

Die for-Schleife stellt in ihrer Bedingung die Zählervariable zur Verfügung, gibt den Maximalwert an und zählt den Zähler hoch. Mit dieser Konstruktion können Arrays höchst variabel durchlaufen und Werte ausgegeben werden.

2.10.3.5.6 isset – Bedingung

```
<?php

  $bild= 'Mona Lisa';

  if (isset($bild)) {
    echo "Die Variable ist gesetzt!";
    echo $bild;

  }
?>
```

Der Ausdruck ‚isset' liefert ein true oder ein false zurück, je nach dem, ob eine Variable gesetzt ist oder nicht. Dies ermöglicht einen fehlerfreien Ablauf in einem komplexen Kontext und wird häufig verwendet, um sicher zu stellen, dass bestimmte notwendige Werte vorhanden sind.

2.10.4 Outside the box

php bietet viele Möglichkeiten und hat unbestritten gerade im europäischen und amerikanischen Entwicklersegment einen sehr hohen Stellenwert. Es wird breit eingesetzt, kontinuierlich weiterentwickelt und von der User-Community intensiv betreut. Doch auch auf der Negativseite gibt es viele Punkte aufzuführen und nicht wenige erfahrene Programmierer sind mit php sehr unzufrieden. Und so lohnt ein Blick über den Tellerrand auf die weiteren zur Verfügung stehenden Sprachen, die sich hervorragend für den Einsatz in dynamischen Webseiten eignen. Im Folgenden werden zwei von ihnen kurz vorgestellt: Ruby und Phython.

2.10.4.1 Ruby

Das Open-Source-Projekt Ruby[80] entstand direkt aus der Unzufriedenheit mit den zur Verfügung stehenden Programmiersprachen und bezeichnet sich selbst als besten Freund eines Programmierers. Zunächst fand Ruby überwiegend im japanischen Raum ihr Einsatzgebiet, inzwischen ist die Sprache aber international weit verbreitet und wurde 2012 als internationale Norm ISO/IEC 30170 standardisiert. Es handelt sich um eine objektorientierte, höhere und plattformunabhängige Programmiersprache, die dem Programmierer viele Konzepte und Freiheiten zur Verfügung stellt, dabei leicht verständlich[81], funktional und praktisch ist.

2.10.4.2 Python

Die höhere Programmiersprache Python[82] ist ebenfalls objektorientiert und wurde mit dem Ziel entworfen, eine übersichtliche und einfache Syntax mit einer hohen Flexibilität zu verbinden. Diese Sprache ist kein Open-Source-Projekt, gilt aber als freie Software, da sie ein offenes Entwicklungsmodell hat und unterliegt der Python-Software-Foundation-Lizenz[83].

Auf allen gängigen Betriebssystemen ist Python einsetzbar und speziell für die Einbindung in den Webserver wurde das Apache-Modul mod_python entwickelt, das die Ausführung von Python Scripts deutlich beschleunigt.

2.11 AJAX

In diesem Kontext ist mit AJAX weder ein Fußballverein, noch ein Reinigungsprodukt oder die Stadt am Ontariosee gemeint. Es handelt sich auch nicht um eine Programmiersprache, sondern um ein Konzept, wie bereits existierende Standards gemeinsam zielorientiert eingesetzt werden können. Das verfolgte Ziel ist der Aufbau einer dynamischen, schnellen Webseite, die so strukturiert ist, dass die Daten zu einzelnen Inhalten der Seite aus einer Datenbank bezogen werden. Bei Änderung der Anforderungen an diese Daten wird nicht die gesamte Seite neu geladen, sondern nur der entsprechende Bereich verändert. Bekannte Beispiele für den Einsatz von AJAX sind Google Maps, Gmail, Youtube und Facebook.

---

[80] Siehe https://www.ruby-lang.org/de/.

[81] Unter https://www.ruby-lang.org/de/documentation/quickstart/ steht ein Schnelleinstieg zur Verfügung.

[82] Siehe http://www.python.org.

[83] Siehe http://docs.python.org/3/license.html.

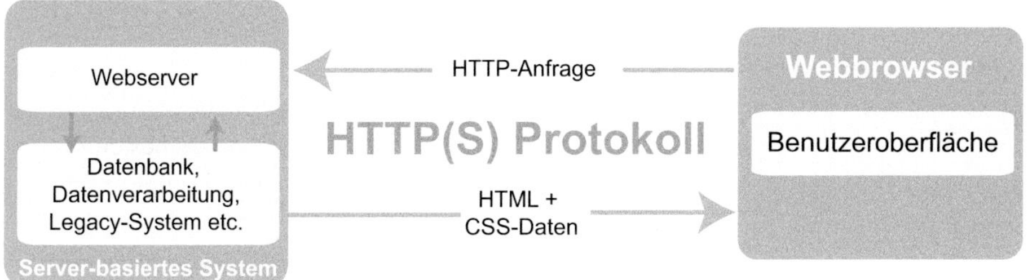

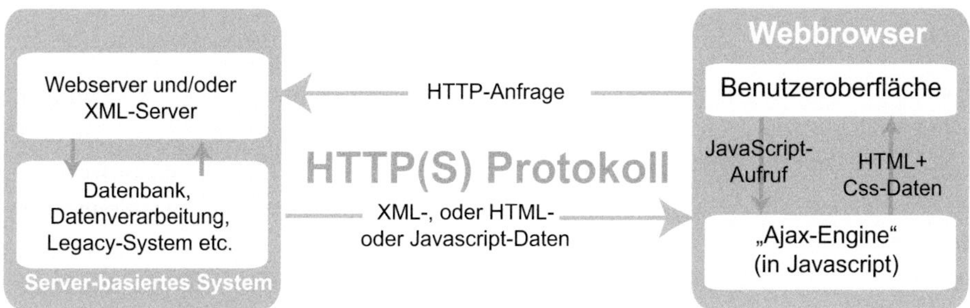

Abb. 2.52 AJAX-Modell

AJAX[84] ist ein Akronym für Asynchronous JavaScript and XML und beschreibt eine bestimmte Art des Datenaustausches über HTTP, zu sehen in Abb. 2.52.

2.11.1 Involvierte Standards

AJAX kombiniert folgende Standards:

- JavaScript/DOM
- CSS zur Gestaltung
- XML als Datenbasis
- XMLHttpRequest-Objekt
  Ein XMLHttpRequest ist ein Verfahren zur Datenübertragung mittels HTTP, das ermöglicht, Daten dynamisch von einem Server abzurufen, ohne dass die HTML-Seite neu geladen werden muss. XML-Daten können bei diesem Verfahren als Baumstruk-

[84] Ausführliches Tutorial unter http://www.w3schools.com/ajax/default.asp.

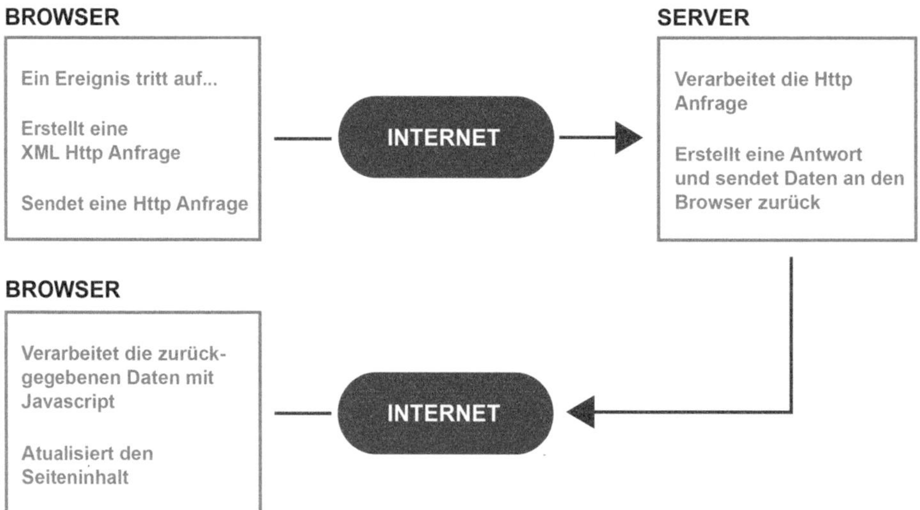

Abb. 2.53 AJAX: Arbeitsweise, Übersicht

tur übermittelt werden. Das XMLHttpRequest-Objekt stellt somit das Herzstück der AJAX-Kommunikation dar.

Die Zusammenarbeit dieser Komponenten zeigt Abb. 2.53: AJAX: Arbeitsweise, Übersicht. Ein User einer Website klickt nach einer persönlichen Auswahl auf einen Button und so wird eine JS-Funktion angestoßen. Diese bewirkt, dass ein XML HTTP Request-Objekt erzeugt wird. Es wird über das Internet an einen Server gesendet. Dieser ermittelt die erwünschten Daten, schreibt sie in das Objekt und schickt es zurück an den Browser. Der Seiteninhalt wird in einem bestimmten Bereich aktualisiert.

In Abb. 2.54 wird dies im Detail deutlich.

2.11.2 Implementierung[85]

Alle modernen Browser (IE7+, Firefox, Chrome, Safari und Opera) verfügen über ein built-in XMLHttpRequest-Object, das unmittelbar mit JavaScript genutzt werden kann.

```
var request = new XMLHttpRequest();
```

Ältere Versionen des Internet Explorers (IE5 and IE6) verwenden aber (leider) noch ein ActiveX-Objekt:

```
var requestOld = new ActiveXObject("Microsoft.XMLHTTP");
```

[85] Die nachfolgenden Beispiele basieren auf den Beispielen von http://www.w3schools.com.

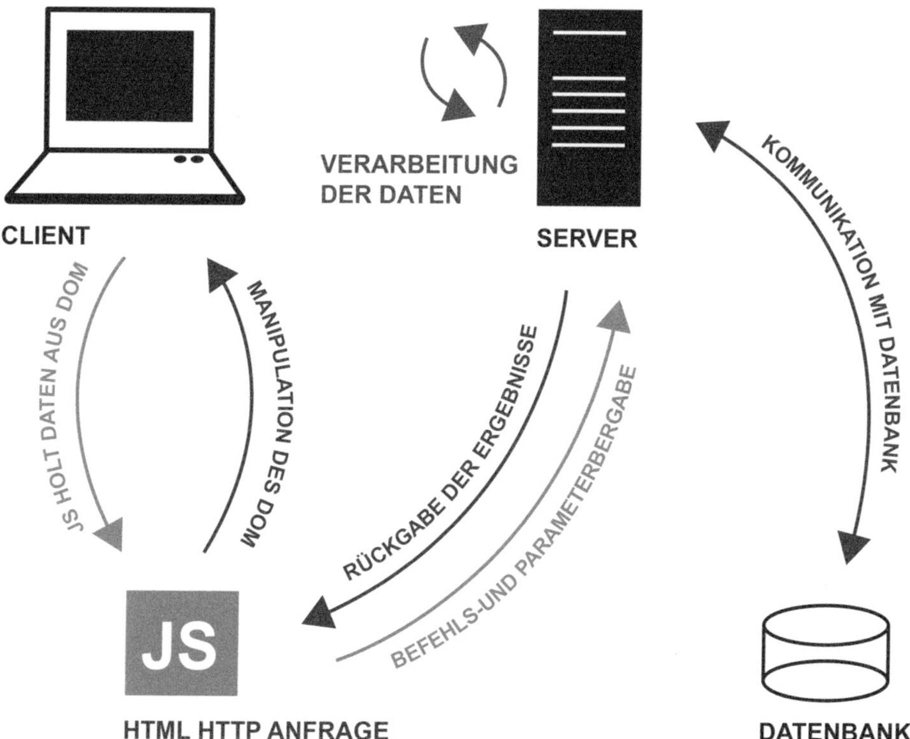

Abb. 2.54 AJAX: Arbeitsweise – detailliert

Damit auch User dieser alten Browser nicht von der Funktionalität ausgeschlossen werden, sollte zunächst eine Browserabfrage erfolgen und der dann entsprechend richtige Weg eingeschlagen werden.

```
var xmlhttp;
if (window.XMLHttpRequest)
  {   // Code für Safari, IE7+, Firefox, Chrome, Opera,...
    xmlhttp = new XMLHttpRequest();
  }
else
  {   // Code für IE5 und IE6
    xmlhttp = new ActiveXObject("Microsoft.XMLHTTP");
  }
```

2.11.2.1 open() und send()

Um einen Request an einen Server zu schicken, muss dieser zunächst mit der Methode open() spezifiziert und dann mit der Methode send() verschickt werden. Die Methode open() muss drei Parameter enthalten:

- method:
  Legt die Übertragungsmethode fest. Zur Auswahl stehen GET oder POST. GET ist grundsätzlich schneller und einfacher, während POST größere Datenmengen aufnehmen kann und sicherer ist.

```
xmlhttp.open("GET","demo_get.asp",true);
```

oder

```
xmlhttp.open("POST","demo_post.asp",true);
```

- url:
  Festlegung der weiterverarbeitenden Datei.

```
xmlhttp.open("GET","demo_get.asp",true);
```

- async:
  Kann die Werte true und false annehmen, true bei asynchroner und false bei synchroner Übertragung. Da im AJAX-Kontext eine asynchrone Übertragung erwünscht ist, muss dieser Parameter mit true belegt werden.

```
xmlhttp.open("GET","demo_get.asp",true);
```

Anschließend wird mit der Methode send() der Request abgeschickt.

```
xmlhttp.send();
```

2.11.2.2 responseText

Der Server stellt nun mit der verarbeitenden Datei, im Beispiel demo_get.asp, die erwünschten Daten zusammen und gibt diese an die anfragende Seite zurück. Dieser Response kann in der Eigenschaft responseText des XMLHttpRequest-Objektes als Text abgelegt werden. Die Rückgabe der HTTP-Anforderung erfolgt also als Text. Anschließend kann dieser einem Bereich der Webseite, im Beispiel responseDiv, zugewiesen werden, in dem die Antwort angezeigt werden soll.

```
document.getElementById("responseDiv").innerHTML = xmlhttp.responseText;
```

2.11.2.3 responseXML

Ist die Datenquelle eine XML-Datei, kann diese hinsichtlich eines Kriteriums durchsucht werden und der so erhaltene Response in den Ausgabebereich eingefügt werden. Erreicht wird dies mit der Eigenschaft responseXML, dessen Inhalt auf einer Variablen abgelegt wird (s. u. Zeile 1). Es erfolgt in diesem Fall eine Rückgabe der HTTP-Anforderung in Form eines XML-DOM-Objektes.

Im Beispiel wird eine XML-Instanz, die eine CD-Sammlung abbildet, durchsucht, die Interpreten extrahiert (s. u. Zeile 3) und anschließend sollen diese untereinander ausgegeben werden. Dazu ist es notwendig, die XML-Daten einzeln zu durchlaufen und mit einem Zeilenumbruch zu versehen (for-Schleife[86]). Die Daten werden auf einer Variablen abgelegt, die dann verwendet wird, um die Daten auf der Webseite in einem definierten Bereich anzuzeigen (letzte Zeile).

```
xmlDoc=xmlhttp.responseXML;

txt="";

x = xmlDoc.getElementsByTagName("ARTIST");

for (i=0;i<x.length;i++)
  {
   txt = txt + x[i].childNodes[0].nodeValue + "<br>";
  }

document.getElementById("responseDiv").innerHTML=txt;
```

Tabelle 2.4 zeigt eine Gegenüberstellung von XML-Instanz und HTML-Ausgabe.

2.11.2.4 readyState

Das XMLHttpRequest-Objekt hat eine weitere Eigenschaft, die den ready-Status des Objektes festhält. Diese Eigenschaft heißt readyState und kann fünf verschiedene numerische Werte annehmen:

0: Request nicht initialisiert
1: Serververbindung noch nicht hergestellt – laden
2: Request empfangen und fertig geladen
3: Request wird verarbeitet – warten
4: Request beendet und Response ist verfügbar – fertig

2.11.2.5 onreadystatechange

Eine weitere Objekteigenschaft ist onreadystatechange, das eine Referenz auf eine Callbackfunktion darstellt, die bei einer Statusänderung (readyState) aufgerufen wird. Zunächst wird dann geprüft, ob der Zustand 4 des readyState erreicht ist, der für ‚Request

[86] Siehe Kap. 2.10.3.5.5 „for-Schleife".

Tab. 2.4 Gegenüberstellung von XML-Instanz und HTML-Ausgabe

XML-Instanz	HTML-Ausgabe
<cd>	Dr. Hook
<title>Sylvias Mother</title>	
<artist>Dr. Hook</artist>	Percy Sledge
<country>UK</country>	
<company>CBS</company>	Many
<price>8.10</price>	
<year>1973</year>	Kenny Rogers
</cd>	
<cd>	
<title>When a man loves a woman</title>	
<artist>Percy Sledge</artist>	
<country>USA</country>	
<company>Atlantic</company>	
<price>8.70</price>	
<year>1987</year>	
</cd>	
<cd>	
<title>1999 Grammy Nominees</title>	
<artist>Many</artist>	
<country>USA</country>	
<company>Grammy</company>	
<price>10.20</price>	
<year>1999</year>	
</cd>	
<cd>	
<title>For the good times</title>	
<artist>Kenny Rogers</artist>	
<country>UK</country>	
<company>Mucik Master</company>	
<price>8.70</price>	
<year>1995</year>	
</cd>	

beendet und Response ist verfügbar' steht. Erst wenn diese Voraussetzung erfüllt ist, wird der Wert von responseText auf der Webseite wie oben beschrieben angezeigt.

```
xmlhttp.onreadystatechange = function(){

  if (xmlhttp.readyState == 4){

    document.getElementById("responseDiv").innerHTML =
                      xmlhttp.responseText;
    }
  }
```

2.11.2.6 Vollständiges Beispiel mit DOM-Selektion

Das nachfolgende Beispiel setzt die Idee einer Webseite um, über die eine CD-Sammlung abgefragt werden kann. Die Daten zu der Sammlung sind in einer XML-Instanz enthalten und können von dieser über DOM extrahiert und dann in einer HTML-Tabelle ausgegeben werden. Zur Vereinfachung ist hier die Auswahl von title und artist vorgegeben und damit die Ausgabe von Titel und Interpret. Wird dies an eine Usereingabe gebunden (Formular), kann dieser die Ausgabe bestimmen.

```
function loadXMLDoc(url){

  // Variablendeklaration

  var xmlhttp;

  var txt,xx,x,i;


  if (window.XMLHttpRequest){

   xmlhttp=new XMLHttpRequest();}

  else{

   xmlhttp=new ActiveXObject("Microsoft.XMLHTTP");}


  xmlhttp.onreadystatechange = function(){

   if (xmlhttp.readyState == 4){

     txt = "<table border='1'>
          <tr><th>Titel</th><th>Interpret</th></tr>";

     x = xmlhttp.responseXML.documentElement
              .getElementsByTagName("cd");

     for (i=0; i<x.length; i++){

       txt = txt + "<tr>";

       xx = x[i].getElementsByTagName("title");
       {
         try{

           txt = txt + "<td>" + xx[0].firstChild.nodeValue + "</td>";
         }
```

```
            catch (er){

                txt = txt + "<td> </td>";
                }
         }

         xx = x[i].getElementsByTagName("artist");
         {
            try{

                txt = txt + "<td>" + xx[0].firstChild.nodeValue + "</td>";
                }
            catch (er){

                txt = txt + "<td> </td>";
                }
         }
       txt = txt + "</tr>";
      }

    txt = txt + "</table>";

    document.getElementById('responseDiv').innerHTML = txt;
    }
  }

xmlhttp.open("GET",url,true);

xmlhttp.send();

}
```

Ausgabe:

Titel	Interpret
Sylvias Mother	Dr.Hook
When a man loves a woman	Percy Sledge
1999 Grammy Nominees	Many
For the good times	Kenny Rogers

2.11.2.7 Vollständiges Beispiel mit php

Das obige Beispiel einer CD-Sammlung ist auch mit php abbildbar. Um aber einen weiteren typischen Einsatz von AJAX zu zeigen, folgt ein Beispiel, das aufgrund von in ein Suchfeld eingegebenen Buchstaben einen Vorschlag für ein Suchwort unterbreitet (siehe Abb. 2.55). Diese Funktionalität ist bei den meisten Suchmaschinen realisiert.

Abb. 2.55 Suchanfrage mit Vorschlag AJAX/php

Bitte hier das Suchwort eingeben, Sie erhalten Vorschläge:

Vorname: A

Vorschläge: Anna , Amanda

HTML5-Datei

```
<!DOCTYPE html>
  <html>

    <head>

      <script>

        function showHint(str) {

          var xmlhttp;

          if (str.length == 0){

              document.getElementById("txtHint").innerHTML="";
              return;
          }

          if (window.XMLHttpRequest {

              xmlhttp = new XMLHttpRequest();}

          else {
              xmlhttp = new ActiveXObject("Microsoft.XMLHTTP");}


        xmlhttp.onreadystatechange = function(){

          if (xmlhttp.readyState == 4){

          document.getElementById("responseDiv").innerHTML =
                        xmlhttp.responseText;
          }
        }

        xmlhttp.open("GET","phpDateiname?q"+str,true);

        xmlhttp.send();
      }

     </script>
   </head>

   <body>

     <h3>Bitte hier das Suchwort eingeben,
                Sie erhalten Vorschläge:</h3>

     <form action="">

       Vorname:
       <input type="text" id="txt1"
                onkeyup="showHint(this.value)" />

     </form>

     <p>Vorschläge: <span id="responseDiv"></span></p>

   </body>
</html>
```

php-Datei

```
<?php

// Array mit Vorschlagsoptionen füllen, hier stark verkürzt

$a[]="Vicky";
$a[]="Anna";
$a[]="Johanna";
$a[]="Brittany";
$a[]="Cinderella";
$a[]="Petunia";
$a[]="Amanda";
$a[]="Diana";
$a[]="Eva";
$a[]="Fiona";

// q Parameter aus URL

$q=$_REQUEST["q"];
$hint="";

// Array auf entsprechende Werte durchsuchen

if ($q !== ""){

  $q=strtolower($q);

  $len=strlen($q);

   foreach($a as $name){

     if (stristr($q, substr($name,0,$len))){

       if ($hint===""){

         $hint=$name; }

       else{

        $hint .= ", $name"; }

       }
     }
  }

// Ausgabe der Vorschläge oder
//  ggf. Ausgabe von "Leider keine Vorschläge."

echo $hint==="" ? " Leider keine Vorschläge." : $hint;

?>
```

2.12 Content-Management-Systeme

CMS, Content-Management-Systeme, bieten Anbietern von umfangreichen komplexen Webseiten die Möglichkeit, heterogene Inhalte zeitnah und strukturiert aufzubereiten und diese sinnvoll zu verwalten. Über ein rollenbasiertes Usermanagement und die konsequente Trennung von Form und Inhalt durch Vorlagenbereitstellung können alle in diesem Kontext wesentlichen Aktionen, wie das Sammeln und Erstellen von Inhalten, verbunden mit deren Pflege und Kontrolle sowie der Freigabe und damit der Bearbeitung, aber auch das Löschen oder Archivieren (Content-Life-Cycle-Management) von entsprechend zuständigen Personen in entsprechenden Rollen, beispielsweise Autoren, Editoren, Webdesigner und Webmaster, gemeinschaftlich und zielorientiert durchgeführt werden.

Die zu diesem Zweck eingesetzten Softwaresysteme werden auf dem Webserver installiert und konfiguriert und können aufgrund ihrer modularen Erweiterbarkeit optimal an den Einsatzzweck angepasst werden. Viele der meisteingesetzten Systeme sind als Open-Source-Projekte verfügbar. Trotz gleicher Anforderungen und Ziele unterscheiden sich diese im Detail deutlich. Da die Auswahl der Content-Management-Software eine weitreichende Entscheidung darstellt, sollten verschiedene Systeme hinsichtlich des Einsatzzieles getestet werden. Marktführer sind derzeit:

- Wordpress siehe http://wpde.org,
- joomla siehe http://www.joomla.de,
- Typo3 siehe http://typo3.org,
- Contao siehe https://contao.org/de/,
- Drupal siehe http://www.drupal.de.

Leider können im Kontext dieses Buches keine Einführungen in diese Systeme bereitgestellt werden und es muss auf die im Internet verfügbaren Tutorien verwiesen werden.

Sicherheitsaspekte für Webprojekte 3

Wo ein Weg ist, ist auch ein Ziel. Bestenfalls ist dieses Ziel ein gutes. Berichte über Aktivitäten und Ziele von Google Inc., der NSA[1], und über die Vorratsdatendatenspeicherung der Bundesregierung zeigen, dass die Definition eines guten Ziels je nach Sichtweise durchaus unterschiedlich ausfallen kann.

Google[2] bietet einerseits eine gern genutzte Suchmaschine zur Informationenextraktion aus dem Internet an und schafft die Möglichkeit der komfortablen Nutzung von alltäglich benötigten Informationen, in Form von Routenplanern, Standortauskünften, Buchungen, Kalendern, Straßenansichten und vielem mehr. Die zu diesem Zweck benötigte (und ermöglichte!) massenhafte Speicherung von Daten gestattet Google aber auch, die personenbezogenen Informationen in großem Umfang auszuwerten und an Dritte zu Werbezwecken oder anderen Aktivitäten und Maßnahmen, die für den Einzelnen nicht ersichtlich sind, weiterzugeben. Das Erstellen und die Analyse von umfangreichen Profilen zu persönlichen Vorlieben, Tätigkeiten, Verhaltensweisen usw. wird so problemlos möglich.

Die Vorratsdatendatenspeicherung hat zum Ziel, unser Rechts- und Freiheitssystem zu schützen und soll der Verbrechensbekämpfung dienen. Soweit ein hehres Ziel. Gleichzeitig werden dadurch jedoch die Rechte und Freiheiten der Bürger eingeschränkt und jeder unter Generalverdacht gestellt, obwohl die westlichen Verfassungen als wesentliche Kernaussage den Schutz der Wohnung und des Post- und Telefongeheimnisses enthalten.

Zum Schutz der USA und ihrer Rechte werden von der NSA die weltweite Telekommunikation jedweder Art überwacht, gigantische Datenmengen erfasst, gefiltert und analysiert nach dem Motto „Wir machen es, weil wir es können." Die ansonsten von den USA so

[1] http://www.nsa.gov.

[2] Google Inc. steht hier stellvertretend für eine Reihe von Unternehmen, die gleichermaßen arbeiten. Sogenannte Datenkraken, die personenbezogene Informationen in großem Umfang sammeln, auswerten und z. T. auch verkaufen, gibt es in großer Zahl, beispielsweise Apple Inc., facebook, Amazon, Schufa und viele mehr.

S. Kurz, *Digital Humanities,* DOI 10.1007/978-3-658-11213-4_3

hoch gehaltenen bürgerliche Freiheitsrechte werden ignoriert, die Rechte und die Souveränität anderer Staaten missachtet und die Bürger maximal überwacht.

Jenseits und unabhängig einer Zielbewertung ist es extrem wichtig, dass jeder, der eine Dienstleistung ins Netz[3] stellt, klar vor Augen hat, dass durch die Vernetzung des Rechners eine Möglichkeit geschaffen wird, auf dessen Daten und potentiell auf alle anderen Datenspeicher, die mit diesem Rechner verbunden sind, zuzugreifen. Ob ein Zugriff auf diese Daten rechtmäßig erfolgt oder aber zum Ausspähen oder zur Manipulation genutzt wird, ist einerseits von Naturell und Disposition des Zugreifenden abhängig und damit unbeeinflussbar seitens des Anbieters. Andererseits kann/muss dieser jedoch Vorkehrungen treffen, damit sein Angebot möglichst nur in seinem Sinne genutzt wird.

Die Notwendigkeit zur Umsetzung von Sicherheitsmaßnahmen ergibt sich neben dem massiven Eigeninteresse insbesondere aus den rechtlichen Verpflichtungen eines Anbieters. Die Gesetzesgrundlagen sind BDSG[4] ggf. LDSG[5] und institutionelle Vorgaben und je nach Ausprägung TKG[6] und TMG[7]. Zusätzlich greifen viele weitere verstreute Spezialgesetze, die schwer überschaubar sind und von Fachleuten identifiziert und im Auge behalten werden müssen. Aufgrund der aktuellen Vorkommnisse in Bezug auf die NSA sind viele gesetzgebende Institutionen alarmiert und sowohl die Gesetzgebung wie auch die Überprüfung der Einhaltung erhalten derzeit eine bisher nicht vorhandene Beachtung. Ganz aktuell hat das Europäische Parlament eine neue EU-Verordnung zum Datenschutz auf den Weg gebracht, mit der alte Richtlinien von 1995 ersetzt werden sollen.

Die häufig getroffene Aussage, dass bisher noch nie ein Angriff auf das eigene System festgestellt wurde[8], greift regelmäßig ins Leere, da genau dies einen wirklich guten Angriff auszeichnet. Bestes Beispiel dafür sind die unbemerkten Zugriffe der NSA[9], die über Jahre hinweg auch auf vermeintlich gut abgesicherte Systeme stattgefunden haben. Keines der ausgespähten Systeme hat dies bemerkt, erst Informationen seitens der NSA haben zur Enthüllung geführt.

Das Ziel der Anstrengungen ist letztlich eine hohe Sicherheit. Die nichttriviale Frage nach dem, was Sicherheit in diesem Kontext bedeutet, kann entweder mit einem 60-seitigen Dokument oder vermeintlich banal als ‚Ausschluss jeder nicht gewollten Nutzung' definiert werden.

[3] Es muss beachtet werden, dass die Art des genutzten Netzes (Internet, Intranet, …) hauptsächlich Auswirkung auf die Anzahl der potentiellen Angreifer hat und weniger auf die Möglichkeit oder die Qualität des Angriffs selbst.

[4] Bundesdatenschutzgesetz, siehe http://www.gesetze-im-internet.de/bdsg_1990/.

[5] Landesdatenschutzgesetz.

[6] Telekommunikationsgesetz, siehe http://www.gesetze-im-internet.de/tkg_2004/.

[7] Telemediengesetz, siehe http://www.gesetze-im-internet.de/tmg/.

[8] Die jeder auch gern auf sich selbst bezieht….

[9] Siehe http://de.wikipedia.org/wiki/Überwachungs-_und_Spionageaffäre_2013.

3.1 Ungewollte Nutzung

Der Beginn jeglicher Aktivität im Sicherheitssegment muss eine Festschreibung der Sicherheitsziele sein und damit die Abgrenzung von gewollter und ungewollter Nutzung. Dies ist oft eine nichttriviale Aufgabe, bei der die vier Aspekte Vertraulichkeit, Verfügbarkeit, Integrität und Verbindlichkeit eine Leitlinie darstellen und die entscheidenden Fragen aufwerfen.

3.1.1 Vertraulichkeit

Darf jeder alles sehen? Die Überlegungen, die hier angestellt werden müssen, beziehen sich auf die Identifikation von schützenswerten Daten. Dies betrifft sowohl primäre Inhalte als auch die anfallenden Verwaltungsdaten wie Nutzerkennung, Logfiles usw. Unter dem Aspekt der Vertraulichkeit fällt die Einstufung der Daten nach ihrer Schutzwürdigkeit (personenbezogene Daten, rechtlich geschütztes Material, digitale Objekte mit brisantem Inhalt wie beispielsweise NS-Akten, Kreditkarten- und Kontodaten, Kennwörter, ...) und die Festlegung der Zugriffsberechtigten (Einhalten des Need-to-Know-Prinzips). Basierend darauf müssen anschließend die geeigneten Schutzmaßnahmen getroffen werden.

3.1.2 Verfügbarkeit

Sind die Daten zugänglich? Der optimale Schutz vor Datenmissbrauch ist ein unabhängiger Offline-Rechner, der keinerlei Zugriffsmöglichkeit von außen bietet. Leider steht das meist im diametralen Gegensatz zu der Absicht, die mit einem Webangebot verfolgt wird. Die Verbreitung der Daten und eine stabile Zugriffsmöglichkeit sowie die ständige Verfügbarkeit der Daten gehört in der Regel zu den wichtigsten Zielen eines Webangebotes und so bedeutet Sicherheit auch eine Reduzierung der Ausfallzeiten auf ein Minimum und einen Schutz vor Datenverlust. Durchdachte Datensicherungsstrategien, die Schaffung von Redundanz und der Einsatz von leistungsfähigen Firewalls zur Abwehr von Schadcode wie Viren, Trojaner, DOS-Angriffe usw. helfen, die Verfügbarkeit der Daten sicherzustellen.

3.1.3 Integrität

Können Inhalte unbemerkt verändert werden? Eine Bibliothek, die das Gedicht „Das Lied von der Glocke“ von Friedrich Schiller von 1799 unter dem Titel „Schillers Glocke“ veröffentlicht, hat ein großes Interesse daran, dass sie nicht plötzlich einen Text mit dem Titel „Schillers Schelle“ über ihre Seiten verbreitet. Dieses Beispiel macht deutlich, dass ein Anbieter sicherstellen muss, dass seine Inhalte nicht verändert werden können und es bleibt der Fantasie jedes Einzelnen überlassen, welche Auswirkungen das Einschleusen eines einfachen Suchen-und-Ersetzen-Algorithmus in ein schlecht geschütztes Informationssystem haben kann.

Bei statischen Webseiten ist dies noch vergleichsweise einfach sicherzustellen, mit Zunahme der Interaktionsmöglichkeiten des Users ist dieser Schutz schwieriger umzusetzen. Aktuelle Webangebote beschränken sich oftmals nicht auf das Bereitstellen von Daten, sondern schließen das Hinzufügen von Daten und auch die Veränderung bestehender Daten mit ein. Zum Beispiel wird zu einem konkreten Thema eine Veröffentlichung online gestellt, die eine Kommentarfunktionalität mit sich bringt und es wird ein Wiki-System bereitgestellt, das die Änderungen von Inhalten ermöglicht. So bedarf es im ersten Teilbereich, der Veröffentlichung, eines Schutzes vor jeglicher Veränderung, der zweite Bereich soll das Hinzufügen neuer Kommentare ermöglichen, aber bestehende dürfen nicht verändert werden und der dritte Komplex soll genau dieses ermöglichen, mit der Auflage, dass Veränderungen nachvollzogen werden können. Datenintegrität kann durch einen funktionierenden Zugriffsschutz erreicht und mittels Kryptographie (Signatur) können erfolgte Veränderungen erkennbar gemacht werden.

3.1.4 Verbindlichkeit

Wer hat die Inhalte tatsächlich erstellt? Hinter dem Stichwort Verbindlichkeit ist eine weitere umfangreiche Problematik verborgen, die auf die Urheberschaft und die Nichtabstreitbarkeit oder Nonrepudiation hinausläuft. Dies ist bei Verträgen unmittelbar ersichtlich, aber auch in vielen anderen Anwendungsfällen wie beispielsweise Gutachten entscheidend. Die Verbindlichkeit steht in enger Verbindung mit der Integrität. Diese stellt eine Voraussetzung für die Verbindlichkeit dar und die derzeit wichtigste Maßnahme zur Sicherstellung der Verbindlichkeit sind elektronische Signaturen.

Eine ähnlich gelagerte Problematik taucht bei der Sicherstellung der Identität von Webservern auf. Wird das mir angezeigte Login-Formular tatsächlich von dem Server meiner Bank angezeigt? Auch hier ist die Kryptografie in Form von Serverzertifikaten eine geeignete Maßnahme.

3.2 Bilanz

Das Einbringen von Sicherheitsmaßnahmen in ein Webangebot bedeutet immer, dass ein Kompromiss von Gefährdungsreduktion einerseits und Benutzungsattraktivität andererseits gefunden werden muss. Je nach Datenbeschaffenheit und Ziel der Dienstleistung kann dieser Mittelweg sehr unterschiedlich gestaltet sein. Jeder einzelne Verantwortliche für ein Webangebot muss für sich entscheiden, wo dieser Weg verläuft. Aus diesem Grund beinhaltet dieses Kapitel auch keinerlei technische Lösungsvorschläge für die aufgeführten Probleme. Zudem müssen sich die Maßnahmen regelmäßig der gerade in diesem Bereich schnell voranschreitenden technischen Entwicklung anpassen.

Ziel dieses Exkurses ist nicht die Auskunft darüber, wie ein Webangebot auf einem willkürlich festgelegten Level abzusichern ist. Vielmehr soll an dieser Stelle das nötige Problembewusstsein geweckt werden. Mit diesem ausgestattet lassen sich im Internet viele Informationen zum Thema finden, die basierend auf dem aktuellen Stand der Technik Lösungsvorschläge anbieten. Fachverbände wie BITKOM e. V., CAST e. V. oder TeleTrusT e. V., diverse Fachzeitschriften und nicht zuletzt das Bundesamt für Sicherheit in der Informationstechnik, kurz BSI, bieten reichhaltige Informationen und praktische Hinweise zu diesem Thema. Zum Beispiel die „BSI-Standards zur Internet-Sicherheit (ISi-Reihe)"[10] in Form von einem umfangreichen modular aufgebauten Maßnahmenkatalog, in dem sich zum Teil als übersichtliche Checklisten gestaltete Empfehlungen für einen wirksamen Schutz gegen die hier aufgeführten Gefährdungen finden lassen.

[10] Siehe https://www.bsi.bund.de/DE/Themen/Cyber-Sicherheit/ISi-Reihe/ISi-Reihe_node.html.

4 Markupsprachen am Beispiel von XML

Basierend auf der sehr einfachen Idee der Differenzierung von Information und Metainformation[1] hat sich über die Jahre das System des Markups, also die Codierung der Metainformation in Form von Textauszeichnungen, als sehr erfolgreich erwiesen. Mit XML, der Extensible Markup Language, steht heute ein System zur Verfügung, dessen Extensivität enorm hoch ist und das sehr häufig in sehr unterschiedlichen Bereichen zur Anwendung kommt. Der weit verbreitete Einsatz von XML ist wohl der grundsätzlichen Einfachheit bei gleichzeitiger Universalität, der guten Lesbarkeit, der potentiellen Übersichtlichkeit und der Unabhängigkeit von bestimmten Softwaresystemen geschuldet.

Die Syntaxregeln, die XML vorgibt, sind denkbar einfach und die Vorgaben überschaubar gering, jedoch sehr strikt. Die eigentliche Kunst, eine gute XML-Datenbasis zu schaffen, liegt in der Fähigkeit der Abstraktion und der Konzeptbildung basierend auf realen Objekten. Ist diese erst einmal gelungen, kann einfach eine breite Datenbasis geschaffen werden, mittels derer ein fast unbegrenzter Einsatz in den unterschiedlichsten Anwendungen möglich wird.

Ein weiterer Vorteil dieser Datenbasis ist eine hohe Zukunftssicherheit, da mit XSLT eine Transformationsmöglichkeit in andere derzeit aktuelle Standards, aber auch in zukünftig wichtige Formate möglich ist. Ziel dieses Kapitels ist die Fähigkeit, Texte sinnvoll nach einem selbst erstellen Regelwerk auszuzeichnen und damit für eine weitere Verarbeitung aufzubereiten. Es werden im folgenden zwei Themen ausführlich besprochen: die DTD als Regelwerk und die Instanz als Datenbasis.

[1] Siehe Kap. 2.2.3 „Information versus Metainformation".

S. Kurz, *Digital Humanities,* DOI 10.1007/978-3-658-11213-4_4

4.1 XML-Instanz

Die XML-Instanz[2] oder das XML-Dokument ist dasjenige Objekt, das die eigentliche Datenbasis für eine Weiterverarbeitung durch Softwaresysteme verkörpert. Es stellt ein Abbild der Realität in Form von einem Baum aus Informationseinheiten dar, das nicht nur menschenverständlich, sondern auch maschinenverarbeitbar ist. Je genauer dieses Abbild ist, desto effektiver kann eine weitere Verarbeitung sein, da umfangreichere Informationen v. a. des Kontextes ein besseres Resultat ermöglichen.

Beispiel:

```
<koenigin>Elisabeth I</koenigin>
```

Aufgrund dieser Informationseinheit wird für ein Softwaresystem verständlich, dass Elisabeth I eine Königin ist. Ein menschlicher Leser verbindet aber mit dem Terminus Elisabeth I. unter Umständen sehr viel mehr, zum Beispiel, dass es sich um die englische Königin handelt.

```
<land kontinent="Europa" name="England">
   <koenigin>Elisabeth I</koenigin>
</land>
```

Auf der Basis dieser Daten, steht auch für ein Rechnersystem die Information **Elisabeth I ist Königin in einem Land namens England auf einem Kontinent namens Europa** zur Verfügung.

Mit weiteren Eltern- und Kind-Elementen kann die Informationsdichte beliebig erhöht werden. Welcher Informationsumfang zur Verfügung steht, entscheidet der Autor der Instanz. Dies ist immer ein Kompromiss zwischen dem theoretisch Möglichen und dem real Machbaren.

4.1.1 Aufbau der Instanz

Es handelt sich bei diesem Format um ein reines Textdokument, das mit einem einfachen Texteditor geschrieben werden kann. Da diese Dokumente aber häufig einen großen Umfang aufweisen und viele Textzeilen produziert werden, die, um die Übersichtlichkeit nicht zu verlieren, unbedingt gut formatiert sein müssen, empfiehlt sich der Einsatz von speziellen XML-Editoren[3]. Dies ermöglicht auch die einfache Überprüfung auf XML-Re-

[2] Dieses Kapitel setzt die Kenntnis des Kap. 2.2.3 „Einfacher Markup" voraus.

[3] XML-Editoren können kostenlos als OpenSource Software oder auch als kostenpflichtige Software leicht über das Internet bezogen werden. Eine Übersicht findet sich hier: http://en.wikipedia.org/wiki/Comparison_of_XML_editors.

gelkonformität (Wohlgeformtheit) und Konformität zu einer DTD (Validität), siehe Kap. 4 Tab. 4.1: XML-Sprachen.

Die Einleitung einer jeden Instanz ist ein standardisierter Prolog, der aus einer oder mehreren Processing Instructions (PI) und optional der Angabe der verwendeten DTD besteht. Erst im Anschluss stehen die eigentlichen XML-Daten in Form einer Baumstruktur, beginnend mit dem Wurzelelement (root).

4.1.1.1 Processing Instruction – PI

Die XML-Instanz beginnt immer mit mindestens einer Processing Instruction (PI), die durch die Klammerung mittels <? … ?> gekennzeichnet ist. Processing Instructions stellen verarbeitenden Systemen mittels Wertzuweisungen in den Attributen Verarbeitungsinformationen zur Verfügung, damit diese die Datei ordnungsgemäß interpretieren können. Die obligatorische PI, die immer an erster Stelle stehen muss, sieht wie folgt aus:

```
<?xml version="1.0" encoding="UTF-8" standalone="no"?>
```

Die Wertzuweisung des Attributs:

@version: Verweist auf die zu Grunde liegende Version von XML. Die derzeit einzig gültige Spezifikation von XML liegt in der Version 1.0[4] vor. Dieses Attribut ist obligatorisch.

@encoding: Gibt an, welche Zeichenkodierung[5] zum Speichern des Dokumentes verwendet wurde. Obwohl dieses Attribut optional ist, sollte im Interesse einer ordnungsgemäßen Anzeige des Dokumentes auf die Angabe nicht verzichtet werden.

@standalone: Kann nur die beiden logischen Werte „yes" und „no" annehmen und gibt damit an, ob dem Dokument die Document Type Definition (DTD) in der selben Datei oder als zentrale Ressource[6] zur Verfügung gestellt wird.

Mittels einer weiteren PI kann auf externe Ressourcen verwiesen werden. Beispiel:

```
<?xml-stylesheet href="beispiel.css" type="text/css"?>
```

Hier wird auf eine externe CSS-Datei als zentrale Ressource verwiesen, die nur dann Verwendung findet, wenn die XML-Instanz mit einem Browser geöffnet wird.

Es können weitere PIs folgen, zum Beispiel:

```
<?beispielapp debug="no"?>
```

[4] http://www.w3.org/TR/REC-xml/.

[5] Unter Zeichenkodierung wird die Zuordnung eines Zeichens zu einer Bitfolge nach einem bestimmten Standard verstanden: Zuordnung nach ASCII: A = 01000001. Der Zeichenvorrat von ASCII ist leider sehr begrenzt, sodass besser auf Codierung wie UTF-8 (– 16/– 32)/Unicode zurückgegriffen werden sollte, um auch Sonderzeichen ordnungsgemäß darzustellen.

[6] Ressourcen sind im IT-Bereich eigenständige zentral gespeicherte Daten, die bestimmte Informationen für die aufrufende Datei beinhalten.

Diese PI richtet sich ausschließlich an die Anwendung beispielapp und legt fest, dass kein Debuggingprozess[7] erfolgen soll.

4.1.1.2 Doctype-Deklaration

Im Anschluss an die PI erfolgt optional die Angabe zu einer DTD[8], wobei die Klammerung hier mittels <! … > erfolgt.

```
<!DOCTYPE bildersammlung SYSTEM "bild01.dtd">
```

Diese Doctype-Anweisung stellt die Verbindung zu einer ausgelagerten DTD als zentrale Ressource[9] her. Der Aufbau ist wie folgt:

- Angabe der Root/des Wurzelelements[10], im Beispiel bildersammlung.
- Schlüsselwort SYSTEM,
- URL (in Anführungszeichen) der verwendeten DTD.

Beispiel für den XML-Prolog:

```
<?xml version="1.0" encoding="UTF -8" standalone="no"?>

<?xml-stylesheet href="beispiel.css" type="text/css"?>

<!DOCTYPE bildersammlung SYSTEM "bild01.dtd">
```

4.1.1.3 XML-Daten

Die dem Prolog nachfolgenden Daten sind die eigentlichen XML-Daten, für die in der XML-Spezifikation einige verbindliche Regeln vorgesehen sind. Beginnen müssen sie mit dem im Doctype angegebenen Wurzelelement. Alle folgenden Elemente sind Kind-Elemente des Root-Elementes (siehe Abb. 4.1). Folglich gibt es für jedes Kind-Element genau ein Eltern-Element (mit Ausnahme der Root). Elemente bestehen grundsätzlich aus:

<Start-Tag> Inhalt </End-Tag>

Diese dürfen nicht überlappen, das heißt, dass bei Verschachtelung immer das zuletzt geöffnete Element als erstes geschlossen werden muss.

```
<tag1> Inhalt 1 <tag2> Inhalt 2 </tag2></tag1>
```

nicht

```
<tag1> Inhalt 1 <tag2> Inhalt 2 </tag1></tag2>
```

[7] Vorgang zum Auffinden und zur Diagnose von Fehlern in Software.

[8] Mehr dazu in Tab. 4.1: XML-Sprachen.

[9] Ressourcen sind im IT-Bereich eigenständige, zentral gespeicherte Daten, die bestimmte Informationen für die aufrufende Datei beinhalten.

[10] Die Root oder das Wurzelelement ist der erste Knoten in einer Baumstruktur.

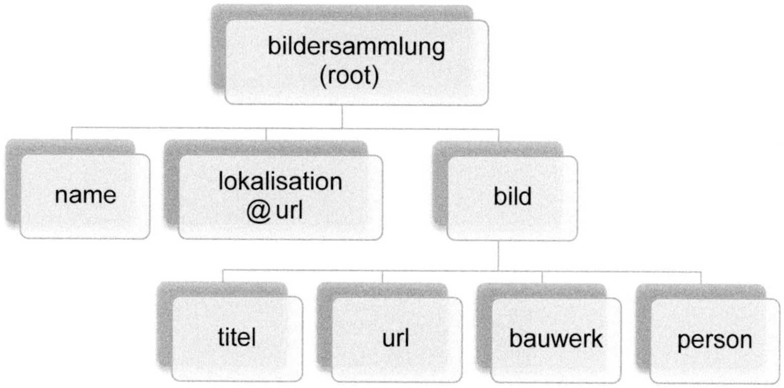

Abb. 4.1 Baumstruktur

Sogenannte leere Elemente, die nur aus dem Start-Tag bestehen, werden mit einem / gekennzeichnet.

```
<leer />.
```

4.1.1.3.1 Elementnamensregelung

Elementnamen können grundsätzlich frei gewählt werden, müssen aber mit einem Buchstaben oder einem Unterstrich (nicht mir einer Zahl!) beginnen und dürfen keine Leerzeichen, Doppelpunkte oder Umlaute enthalten. Untersagt sind Namen, die mit xml oder XML beginnen. Da XML grundsätzlich case-sensitive ist, muss auf Groß- und Kleinschreibung geachtet werden.

Elementen können ein oder mehrere Attribute zugewiesen werden, deren Name nur innerhalb eines Elementes eindeutig sein muss. Ansonsten sind die Namen frei wählbar, es gelten die gleichen Regeln wie für Elementnamen.

Kommentare, also Bereiche, die nicht interpretiert werden sollen, werden wie folgt notiert:

```
<!-- Kommentar -->
oder
<!--<Elementname >Inhalt</Elementname > -->
```

4.1.1.3.2 Beispiel Instanz

Die Vorlage für die unten aufgeführte Instanz bilden zwei Bildkollagen, auf denen zum einen die Mona Lisa vor dem Eiffelturm (Abb. 4.2a) zum anderen eine byzantinische Kaiserin, ein fränkischer Edelmann, ein Ritter aus dem 13. Jahrhundert und eine Wasserburg (Abb. 4.2b) zu sehen sind.

Abb. 4.2 **a** Mona Lisa vor dem Eiffelturm **b** Ritter, Burgen, Adel

Die XML-codierte Datenbasis könnte folgendermaßen aussehen:

```
<?xml version="1.0" encoding="UTF-8" standalone="no"?>

<!DOCTYPE bildersammlung SYSTEM "bild01.dtd">

<bildersammlung>

  <name>Neue schöne Bilder</name>

  <lokalisation url="http://www.bilder.de" />

  <bild>
    <titel>Mona Lisa vor dem Eiffelturm </titel>
    <url>http://www.woauchimmer.de</url>
    <person>
      <bezeichnung>Mona Lisa</bezeichnung>
    </person>
    <bauwerk>
      <bezeichnung>Eiffelturm</bezeichnung>
    </ bauwerk >
  </bild>

  <bild>
    <titel>Ritter, Burgen, Adel</titel>
    <url>http://www.beispielseite.de</url>
    <person>
      <bezeichnung>byzantinische Kaiserin</bezeichnung>
    </person>
   <person>
      <bezeichnung>Ritter des 13.Jhd</bezeichnung>
    </person>
    <person>
      <bezeichnung>fränkischer Edelmann </bezeichnung>
    </person>
    <bauwerk>
      <bezeichnung>Wasserburg</bezeichnung>
    </ bauwerk >
  </bild>

  <bild>
    ....
  </bild>
</bildersammlung>
```

Bei dieser Art der Erfassung von Daten gibt es reichlich verschiedene Möglichkeiten der Strukturierung, die alle gut und richtig sind. Das Beispiel ist nur eine von vielen Möglichkeiten. Ausschlaggebend für die Entscheidung der Art der Struktur muss immer das Ziel der Datenerfassung sein. Um Fehler im Design zu vermeiden, ist es meist sinnvoll, zunächst den Baum zu zeichnen, um die Struktur besser zu visualisieren.

4.2 Namensräume

Das Konzept der Namensräume oder namespaces[11] ist für XML genauso wichtig wie einfach. Es ist notwendig, um Konflikte in der Benennung von Elementen zu umgehen, die ungewollt schnell auftreten können. In dem obigen Beispiel wurde für die Bildersammlung das Kind-Element <name> und für das einzelne Bild das Kind-Element <titel> gewählt, um in keinen Namenskonflikt durch die zweimalige Verwendung von Titel zu kommen, aber nur selten lässt sich das Problem auf diese Art elegant lösen.

Namenskonflikte entstehen vermehrt auch dann, wenn verschiedene XML-Anwendungen zusammengeführt werden. Gleichnamige Element können in unterschiedlichen Kontexten eine völlig andersartige Bedeutung haben.

Kontext XHTML:

```
<body> Das ist meine Webseite </body>
```

Kontext HUMAN:

```
<body>

  <height>182 cm</height>
  <weight>85 kg</weight>

</body>
```

Um den Kontext für ein Element festzulegen, wird vor den Elementnamen ein kontextspezifisches Präfix und als Trennzeichen ein Doppelpunkt geschrieben. Damit ist die Eindeutigkeit wiederhergestellt.

```
<web:body> Das ist meine Webseite </web:body>
```

und

```
<man:body>

< man:height>182 cm</man:height>
< man:weight>85 kg</man:weight>

</man:body>
```

[11] Siehe auch: http://www.w3schools.com/xml/xml_namespaces.asp.

Die Verwendung von derartigen Präfixen setzt voraus, dass zuvor ein Namensraum, also ein Kontext, festgelegt wurde. Diese Deklaration erfolgt immer am Anfang der Instanz als Attribut @xmlns zum Root-Element und hat in der Wertzuweisung eine beliebige URL.

```
<html xmlns=http://www.w3.org/1999/xhtml

            xmlns:man="http://www.hki.uni-koeln.de/human">

   <head>
     <titel> menschlicher Körper</title>
   </head>

   <body>

     <man:body>

        <man:height>182 cm</man:height>
        <man:weight>85 kg</man:weight>

     </man:body>

  </body>
</html>
```

4.3 Validierung

Grundsätzlich ist es möglich, eine XML-Instanz so wie im vorherigen Kapitel beschrieben ohne weitere Regularien zu erstellen. In den meisten Fällen wird es aber sinnvoll sein, die zugrundeliegende Baumstruktur systematisch in einem Regelwerk festzuhalten. Eine Instanz kann dann zu einem solchen Regelwerk auf seine Gültigkeit überprüft werden. Der Vorteil liegt in einer besseren Qualität der Daten und der Möglichkeit, eine beliebige Anzahl von Instanzen inhaltlich konsistent zu erstellen, unter der Voraussetzung, dass alle Instanzen eine Gültigkeit zu dem Regelwerk aufweisen.

Die Regelwerke selber müssen in einer der zur Verfügung stehenden Validierungsprachen verfasst werden. Zur Wahl stehen beispielsweise:

- DTD[12],
- XML Schema Definition Language[13],
- RELAX NG[14] und
- Schematron[15].

[12] Siehe Tab. 4.1: XML-Sprachen.

[13] Siehe Kap. 4.3.2 XML-Schema.

[14] Siehe http://relaxng.org.

[15] Siehe http://www.schematron.com.

Die Art und die Möglichkeiten der Definitionen sind in den einzelnen Sprachen sehr unterschiedlich und es ist sehr lohneswert, für ein konkretes Projekt eine Sprache gezielt auszuwählen. Sehr häufig eingesetzt werden DTD (s. u.) aufgrund seiner Einfachheit und Effizienz sowie XML-Schema aufgrund seiner umfassenden Möglichkeiten.

Regelwerke können intentional für eine begrenzte und bekannte Zusammenstellung von Entitäten oder generalisiert für eine bestimmte Gattung / ein bestimmtes Genre / eine bestimmte Kategorie erzeugt werden. Während im ersten Fall häufig individuelle Lösungen angestrebt werden, muss für den zweiten Fall das Rad nicht ständig neu erfunden werden und es besteht die Möglichkeit, fertige Regelwerke zur Validierung einzusetzen. Auf festgeschriebene Regelwerke wird häufig auch dann zurückgegriffen, wenn ein Austausch von Objekten angestrebt wird und damit zwingend eine einheitliche Basis vorhanden sein muss. Diese Regelwerke werden häufig als XML-Sprache bezeichnet und liegen meist in verschiedenen Validierungssprachen vor.

Tab. 4.1 zeigt einige Beispiele[16].

4.3.1 DTD

Die DTD (document type definition) ist eine Validierungssprache, mit der ein Konzept / ein Regelwerk / eine Grammatik geschrieben wird, die festlegt, wie eine ihr folgende XML-Instanz aufgebaut sein muss. Dort ist exakt festgelegt, wie die Baumstruktur aufgebaut ist, indem zu jedem Element (Tag) festgeschrieben wird, ob, welche und wie viele Kind-Elemente enthalten sein dürfen oder müssen. Eine DTD sollte möglichst genau und streng das zu Grunde liegende Konzept abbilden, da dies eine wesentliche Voraussetzung für das Erstellen guter Instanzen darstellt.

DTDs sollten immer als externe Ressourcen erstellt werden, können aber auch in der Instanz selber stehen. Dies ist aber ausdrücklich NICHT empfehlenswert. Die Datei wird unter einem beliebigen Namen mit dem Suffix .dtd abgespeichert.

4.3.1.1 Elemente

Jedes in einer XML-Instanz erscheinende Tag muss durch eine <!ELEMENT …>-Deklaration explizit eingeführt werden. Diese beginnt mit dem Keyword <!ELEMENT gefolgt von der Bezeichnung des Elements, und zwar exakt in der Schreibung, in der das Tag in der Instanz verwendet werden soll. Dahinter folgt in einem Klammerpaar das Content Model, also ein Inhaltsmodell, das festlegt, wie die Baumstruktur eine Ebene unterhalb dieses Knotens verlaufen soll.

```
<!ELEMENT bezeichnung (content model)>
```

[16] Siehe Kap. 2.1.2 „Client – Server – System“.

Tab. 4.1 XML-Sprachen

Bereich Text	
Textkodierung und Austauschformat	TEI – Text Encoding Initiative Quasi-Standard in den Geisteswissenschaften
Textformatierung	XSL-FO Formatting Objects
Noten (Musik) Austauschformat	MusicXML
Dokumentenformat für Bücher und Artikel, v. a. im technischen Kontext	DocBook
HTML gemäß XML Standard	XHTML Extensible Hypertext Markup Language
Bereich Grafik	
Vektorgrafiken	SVG Scalable Vector Graphic
3D-Modellierung innerhalb von Webbrowser	X3D
Bereich Multimedia	
ISO-Standard zur Beschreibung verschiedener Aspekte multimedialer Daten	MPEG-7 Moving Picture Experts Group
Zeitsynchronisierte Steuerung von Multimedia-Objekten wie Audio, Video, Text und Grafik in Webseiten	SMIL Synchronized Multimedia Integration Language
Bereich Geodaten	
Austauschformat Geoobjekte	GML Geography Markup Language
Austauschformat GPS	GPX
Digitale Landkarten	OSM OpenStreetMap
Metadaten zu Geodaten für Google Earth/Maps	KML Keyhole Markup Language
Bereich Netzwerkprotokoll	
Benachrichtigung über Änderungen auf Webseiten	RSS Really Simple Syndication
Datenaustausch zwischen Systemen, setzt auf HTTP auf.	SOAP früher Abkürzung für Simple Object Access Protocol
Bereich Semantik	
System zur Beschreibung von Ressourcen mittels Subjekt, Prädikat, Objekt-Beziehungen	RDF Resource Description Framework

4.3.1.2 Content Model

Zu jedem Element, das einen Knoten in der Baumstruktur darstellt, wird im Content Model festgehalten, welche Unterknoten (= Kind-Elemente) diesem Element zugeordnet werden. Diese Elemente werden als nichtterminale Elemente bezeichnet. Liegt aber ein Blatt des Baumes vor, enthält also ein Element keine weiteren Kind-Elemente, spricht man von einem terminalen Element. Führt dieses die Abkürzung PCDATA = „Parseable Character Data" im Content Model, darf der Inhalt (content) ausschließlich Information in Form von Zeichen und nicht als Unterelemente enthalten. Das Content Model muss nachfolgende Regeln einhalten:

1. In Form einer durch Kommata geordneten Liste werden alle Tags, die als Kind-Elemente enthalten sein dürfen/müssen, exakt in der Reihenfolge angegeben, in der sie in der XML-Instanz vorkommen müssen.
2. Steht hinter der Bezeichnung des Kind-Elementes kein Sonderzeichen, muss das Tag in der XML-Instanz genau einmal vorkommen.
3. Steht dort als Kardinalität ein Pluszeichen (+), bedeutet dies, dass das Tag mindestens einmal vorkommen muss, aber auch öfter vorkommen kann.
4. Ein Fragezeichen (?) bedeutet, dass das Tag einmal vorkommen darf, aber nicht muss.
5. Steht hinter der Bezeichnung ein Sternchen (*), bedeutet dies, dass das Tag einmal oder mehrmals vorkommen darf, aber auch ganz fehlen darf.
6. Das Keyword #PCDATA legt fest, dass dieses Tag keine weiteren Kind-Elemente enthalten kann, sondern ausschließlich Parseable Character Data, also die konkrete Information (Text) zu dem Tag.
7. EMPTY als Keyword im Content Model bedingt, dass ein solches Tag nur aus einem Start-Tag besteht und keine Information umschlossen wird. Diese Tags enthalten häufig Attribute, die spezifische Information beinhalten.
8. Soll jeder beliebige Inhalt (Text oder weitere Tags) enthalten sein, muss ANY verwendet werden. Diese Möglichkeit sollte aber nur dann gewählt werden, wenn es unbedingt notwendig ist, weil damit keine Regelung verbunden ist (nicht im Beispiel enthalten).
9. Durch Trennung der Elemente mittels des mathematischen Zeichens für oder | (anstelle des Kommas), wird erreicht, dass entweder das vor oder das nach dem ODER-Zeichen stehende Tag benutzt werden muss. (Im Beispiel 4.3.1.2.1 „Erweiterte Content Model-Deklaration", enthalten.)

Beschrieben werden soll eine Bildersammlung, die Bilder mit Personen und Bauwerken enthält.

```
<!ELEMENT bildersammlung (name?, lokalisation, bild+)>

<!ELEMENT name (#PCDATA)>

<!ELEMENT lokalisation EMPTY>

<! ATTLIST lokalisation
       url CDATA #IMPLIED
       postal CDATA #IMPLIED
>

<!ELEMENT bild (titel, url, abstract*, person+, bauwerk+)>

<!ELEMENT titel (#PCDATA)>
<!ELEMENT url (#PCDATA)>
<!ELEMENT abstract (#PCDATA)>

<!ELEMENT person (bezeichnung+)>
<!ELEMENT bauwerk (bezeichnung+)>

<!ELEMENT bezeichnung (#PCDATA)>
```

Daraus folgt eine Baumstruktur, in Abb. 4.3 zu sehen.

Abb. 4.3 Baumstruktur der DTD

Mittels der obigen DTD ist beispielsweise diese Instanz validierbar:

```
<?xml version="1.0" encoding="UTF-8"?>
<!DOCTYPE bildersammlung SYSTEM "beispiel.dtd">
  <bildersammlung>
    <name>Neue schöne Bilder</name>
      <lokalisation url=http://www.bilder.de postal="Musterstadt"/>
      <bild>
         <titel>Mona Lisa vor dem Eiffelturm</titel>
         <url>http://www.woauchimmer.de</url>
         <abstract>Hier steht die Mona Lisa vor dem Eiffelturm</abstract>
      <person>
        <bezeichnung>Mona Lisa</bezeichnung>
      </person>
      <bauwerk>
        <bezeichnung>Eiffelturm</bezeichnung>
      </bauwerk>
    </bild>
    <bild>
       ....
    </bild>
    <bild>
       ....
    </bild>
</bildersammlung>
```

Darstellung als Baum in Abb. 4.4.

4.3.1.2.1 Erweiterte Content Model-Deklaration

Um eine bewusste Auswahl zwischen zwei oder mehreren nichtterminalen Elementen in der Content Model-Deklaration zu geben, wird der Oder-Operator | genutzt. Dadurch kann jeweils nur ein nichtterminales Unterelement in dem übergeordneten Element enthalten sein. Der Inhalt eines Elements mit dem Content Model (A|B) muss demnach dem Content Model A oder dem Content Model B entsprechen. Beispiel:

DTD

```
<!ELEMENT person (männlich | weiblich)>
```

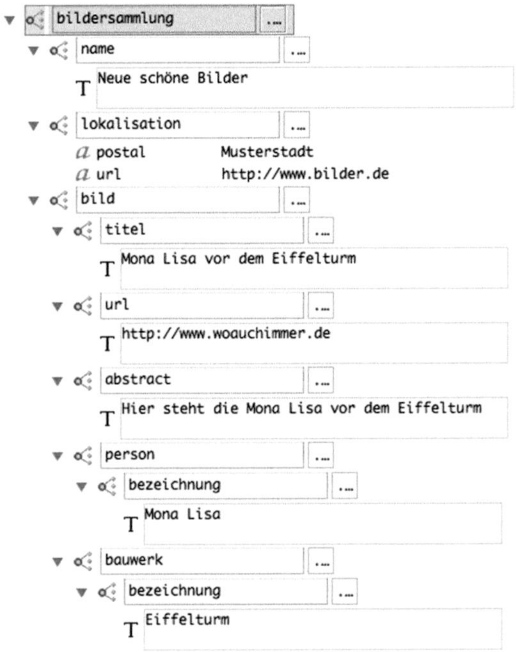

Abb. 4.4 Baumstruktur der XML-Instanz

Instanz

```
<person>
  <weiblich>Isolde</weiblich>
</person>

 oder

<person>
  <männlich>Tristan</männlich>
</person>
```

Die Auswahl zwischen zwei oder mehreren Elementen innerhalb der Content Model-Deklaration kann zusätzlich durch Klammern umschlossen werden, sodass einzelne Model Groups entstehen, die eine jeweilige Ausprägung des Content Models definieren.

DTD

```
<!ELEMENT adresse (email | (strasse, plz, ort))>
```

Instanz

```
<adresse>
   <email>...</email>
</adresse>
```

oder

```
<adresse>
  <strasse>...</strasse>
  <plz>...</plz>
  <ort>...</ort>
</adresse>
```

So können sehr komplexe Content Models erstellt werden:

```
<!ELEMENT e((v|(x,y)|(p*,z)),(w|(x?,t)|(y?,u)), r)>
```

Übersicht über die Operatoren und Keywords (Tab. 4.2)

4.3.1.2.2 Mixed Content

Die bisher aufgeführten Möglichkeiten der Content Model-Deklaration waren strikt unterteilt in terminal (PCDATA) und nichtterminal (Kind-Elemente) oder der selten sinnvollen absoluten Regellosigkeit mittels ANY. Bei Content Model-Deklarationen muss aber nicht immer stringent zwischen nichtterminalen und Terminal-Symbolen entschieden werden. Um Redundanzen innerhalb der Strukturen vorzubeugen, ist eine Vermischung beider Elemente durch den Mixed Content möglich. Der Mixed Content kann Terminal-Symbolen

Tab. 4.2 Operatoren und Keywords für DTDs

Operator	Bedeutung
,	Trennzeichen für Kind-Elemente, die in der vorgegebenen Reihenfolge benutzt werden müssen
|	Trennzeichen für die Auswahl von zwei Kind-Elementen
+	Element muss mindestens einmal, kann aber auch mehrfach vorkommen
*	Element kann einmal oder mehrfach vorkommen, es kann aber auch fehlen
?	Element kann fehlen oder genau einmal vorkommen
( )	Erzeugung von Elementgruppen
Keyword	Bedeutung
#PCDATA	Terminales Element, das nur Zeichen enthält
EMPTY	Element mit Attributen aber ohne Inhalt
ANY	Freie Wahl des Inhaltes

mit nichtterminalen verknüpfen und somit beide Typen gleichzeitig innerhalb eines Elementes ermöglichen.

DTD

```
<!ELEMENT rezept (name, zutat+)>
<!ELEMENT name (#PCDATA)>

<!ELEMENT zutat (#PCDATA | menge | einheit)*>

<!ELEMENT menge (#PCDATA)>
<!ELEMENT einheit (#PCDATA)>
```

Instanz

```
<rezept>

  <name>
    Conditum Paradoxum - Ausgezeichneter Gewürzwein
  </name>

  <zutat>Honig
    <menge>15</menge>
    <einheit>Sextarien</einheit>
  </zutat >

  <zutat>Wein
    <menge>2</menge>
    <einheit>Sextarien</einheit>
  </zutat >

</rezept>
```

Terminal #PCDATA darf ausschließlich als erstes Symbol in einer Auswahl mit beliebig vielen weiteren Nichtterminalen verwendet werden. Dem Modell muss schließlich der Häufigkeitsoperator * hinzugefügt werden, um die wiederholte Einbindung von Elementen des aufgeführten Typs bzw. der Textdaten zu ermöglichen.

4.3.1.3 Attribute (Datentyp/Vorgabewert)

Elemente können außer mit Kind-Elementen auch mit Eigenschaften in Form von Attributen spezifiziert werden. Die Frage nach der richtigen Wahl zwischen beiden ist nicht immer leicht zu beantworten. Attribute können im Gegensatz zu Kind-Elementen keine eigenen Kind-Elemente haben, jedoch ist es möglich, den Wert eines Attributes durch Datentyp und Vorgabewert zu spezifizieren. Oft führen diese beiden Argumente aber nicht zu einer eindeutigen Entscheidung für das Struktur-Design. Grundsätzlich ist die Bindung eines Attributes an ein Element für den menschlichen Leser enger als die des Kind-Elements. Die Entscheidung liegt aber letztlich beim Entwickler.

Sollen einem Element ein oder mehrere Attribute zugewiesen werden, so wird dies durch eine <!ATTLIST … >-Definition festgelegt. Diese legt zunächst fest, für welches

Element eine Attributliste definiert werden soll. Anschließend legt sie den Attributnamen und verschiedene Eigenschaftsangaben fest.

```
<! ATTLIST Element_Name

  Attribut_Name Datentyp Vorgabewert
  Attribut_Name Datentyp Vorgabewert
  ...
>
```

Weder die Reihenfolge, in der die Attribute aufgeführt werden, ist von Bedeutung noch ist deren Anzahl begrenzt.

4.3.1.3.1 Datentypen

Bei der Verwendung der Validierungssprache DTD gibt es kaum Möglichkeiten der Kontrolle der Information[17], einzig die Struktur der Metainformation wird festgeschrieben. Inhaltlicher Unsinn kann auf diese Weise kaum verhindert werden. So ist es durchaus möglich, eine sinnvolle Struktur mit unsinnigem Inhalt zu füllen. Beispiel:

```
<bild>

  <art> Mona Lisa vor dem Eiffelturm</art>
  <inhalt>Fotocollage</inhalt>

</bild>
```

Einzig die Werte der Attribute können über den Datentypen und den Vorgabewert auf einer niedrigen Ebene kontrolliert werden. Ist eine umfangreichere Kontrolle notwendig, sollte auf eine andere Validierungssprache zurückgegriffen werden. Die zur Verfügung stehenden Datentypen sind folgende:

CDATA CDATA bedeutet Character Data und beschreibt den Umfang der einfachen Zeichendaten. Darunter werden alle Zeichen verstanden, außer <, " und &. Bei Verwendung dieses Datentyps kann der Eingabewert über eine Auswahlliste in der Instanz kontrolliert werden. Beispiel:

DTD

```
<! ATTLIST bild
        zustand CDATA #IMPLIED
        art (Foto|Gemälde|Zeichnung)"Foto"
>
```

(Bedeutung siehe Kap. 4.3.1.3.2 „Vorgabewert und Verbindlichkeit“).

[17] Also der Daten, die der XML-Instanz zu Grunde liegen.

Instanz

```
...
<bild zustand="vergilbt" art="Foto">

  <titel>Mona Lisa vor dem Eiffelturm</titel>
  <url>http://www.woauchimmer.de</url>
  <person>
    <bezeichnung>Mona Lisa</bezeichnung>
  </person>

  <bauwerk>
    <bezeichnung>Eiffelturm</bezeichnung>
  </ bauwerk >

</bild>
...
```

ID Der Datentyp ID wird verwendet, wenn einem Element ein Identifier zugewiesen werden soll. Dies ist ein eindeutiger XML-konformer Name, der zur Identifikation eines Elementes genutzt werden kann. Aber Achtung: Die standardmäßige Verwendung von Ziffern führt zu einer Fehlermeldung, da führende Ziffern als XML-Name nicht erlaubt sind. Beispiel:
DTD

```
<! ATTLIST bild
        identifier ID #REQUIRED

        zustand CDATA #IMPLIED
        art (Foto|Gemälde|Zeichnung) "Foto"
>
```

Instanz

```
...
<bild identifier="a001" zustand="vergilbt" art="Foto">

  <titel>Mona Lisa vor dem Eiffelturm</titel>
  <url>http://www.woauchimmer.de</url>

  <person>
    <bezeichnung>Mona Lisa</bezeichnung>
  </person>

  <bauwerk>
    <bezeichnung>Eiffelturm</bezeichnung>
  </ bauwerk >

</bild>
...
```

IDREF Um einen Verweis auf den Identifier eines anderen Elements zu erzeugen, wird ein Attribut vom Typ IDREF verwendet: Zusammen mit dem Attribut ID kann mit diesen Attributtypen eine Verbindung zwischen Elementen geschaffen werden.

IDREFS Wenn anstelle eines Einzelwertes eine Liste von möglichen Werten angegeben werden soll, wird die Pluralform verwendet. Es handelt sich hierbei also um eine Liste von Verweisen, die durch Leerzeichen getrennt Verweise auf Identifier aufführt.

NMTOKEN Dieser Datentyp steht für einen Namenstoken und erlaubt im Gegensatz zu den XML-Namen auch eine führende Ziffer oder einen führenden Punkt. Reine Zahlentoken sind ebenfalls erlaubt, untersagt sind Werte, die mit xml oder XML beginnen. Einsatz findet dieser Datentyp häufig bei Jahreszahlen.

NMTOKENS Wenn anstelle eines Einzelwertes eine Liste von möglichen Werten angegeben werden soll, wird die Pluralform verwendet. Es handelt sich hierbei also um eine Liste von Namenstoken, die durch Leerzeichen getrennt werden.

NOTATION Hierbei handelt es sich um einen Verweis auf eine Notation, der zur Interpretation von externen Daten, z. B. eines digitalen Bildes, nötig ist. Er ist also notwendig zur Einbindung von „Nicht-XML-Daten" (z. B. Grafik) in eine XML-Instanz.Der Wert des Attributes ist der Name einer Notation, die mit <!NOTATION> in der DTD deklariert wurde.

ENTITY Der Typ ENTITY wird verwendet, um eine externe Ressource über ein Attribut in eine XML-Instanz einzubinden.[18]
DTD

```
<!ELEMENT text (zeichen)>

<!ENTITY quelle SYSTEM "http://www.xyz.de/quelle.txt">

<!ELEMENT zeichen EMPTY>

<!ATTLIST zeichen
  source ENTITY      #REQUIRED
>
```

Instanz (Referenzierung)

```
<text>
  <zeichen source="quelle"/>
</text>
```

ENTITIES Wenn anstelle eines Einzelwertes eine Liste von möglichen Werten angegeben werden soll, wird die Pluralform verwendet. Es handelt sich hierbei also um eine Liste von Entity-Namen, die durch Leerzeichen getrennt werden.

[18] Siehe auch Kap. 4.3.1.4 „Entities".

4.3.1.3.2 Vorgabewert und Verbindlichkeit

Es ist möglich, in der DTD einen Default-Wert für ein Attribut festzulegen. Dies ist immer dann sinnvoll, wenn absehbar ist, dass ein bestimmter Wert in der Instanz mit hoher Wahrscheinlichkeit Verwendung finden wird. Der Vorgabewert ist beliebig wählbar und wird in Anführungszeichen gesetzt.

```
<! ATTLIST bild
      zustand CDATA „verblasst"

      art (Foto|Gemälde|Zeichnung) "Foto" >
```

Die Vorgabewerte „verblasst" und „Foto" sind in der Instanz vorgegeben, können aber im ersten Fall beliebig, im zweiten Fall durch eine der zur Verfügung stehenden Optionen überschrieben werden.

```
<! ATTLIST bild
  art CD #FIXED"Foto"
...>
```

Soll der Vorgabewert in der Instanz nicht überschreibbar sein, wird dies mit dem Keyword FIXED mit dem Präfix # erreicht.

```
<! ATTLIST bild

  identifier ID #REQUIRED

  zustand CDATA #IMPLIED

  art (Foto|Gemälde|Zeichnung) "Foto" >
```

Über die Keywords REQUIRED (obligatorisch) und IMPLIED (optional) können die Verbindlichkeiten für Attribut-Zuweisungen in einem Element festgelegt werden. Das Attribut @identifier des Typs ID muss (#REQUIRED), das Attribut @zustand kann (#IMPLIED) im <bild>-Tag gesetzt werden.

4.3.1.4 Entities

ENTITY steht in diesem Kontext für einen Ersetzungsmechanismus, der auf einer definierten Abkürzung und der Angabe des vollständigen Umfangs basiert. Dieser kann eine beliebige Größe aufweisen, von wenigen Buchstaben bis hin zu einer umfangreichen externen Ressource. Unterschieden wird zwischen internen und externen Entities und dem Sonderfall der Parameter-Entities.

4.3.1.4.1 Interne Entities

Die internen Entities bedingen, dass der Ersetzungstext in das Dokument integriert ist. Dies wird häufig verwendet, um mittels eines Kürzels eine lange Zeichenkette zu definieren und mit Präfix „&" und Suffix „;" (&entity-name;) zu referenzieren, um diese effizient mehrfach zu verwenden.

DTD (Definition)

```
<!ENTITY ktg "Karl-Theodor Maria Nikolaus Johann Jacob Philipp
Franz Joseph Sylvester Freiherr von und zu Guttenberg">

<!ELEMENT name (#PCDATA)>
<!ELEMENT minister (#PCDATA)>
<!ELEMENT adel (#PCDATA)>
<!ELEMENT plagiator (#PCDATA)>
```

Instanz (Referenzierung)

```
<name>&ktg;</name>

<minister>&ktg;</minister>

<adel>&ktg;</adel>

<plagiator>&ktg;</plagiator>
```

4.3.1.4.2 Externe Entities

Externe Entitäten zeichnen sich dadurch aus, dass sie auf eine externe Datenquelle verweisen und diese in die XML-Instanz einbinden. Dies geschieht über die Attributsdeklaration.

DTD

```
<!ELEMENT text (zeichen)>

<!ENTITY quelleSYSTEM "http://www.xyz.de/quelle.txt">

<!ELEMENT zeichen EMPTY>
<!ATTLIST zeichen
        source     ENTITY  #REQUIRED>
```

Instanz (Referenzierung)

```
<text>
  <zeichen source="quelle"/>
</text>
```

4.3.1.4.3 Verschachtelte Entities

Es ist auch möglich, die Entitäten zu verschachteln.

```
<!ENTITY prodname „MySoftware">

<!ENTITY vsnr „2.7.13">

<!ENTITY date „04.08.2023">

<!ENTITY uniKoeln „Universität zu Köln">

<!ENTITY prodID"&prodname; &vsnr; &date; &uniKoeln;">
```

4.3.1.4.4 Parameter-Entities

Um das Schreiben komplexerer DTDs zu erleichtern, besteht die Möglichkeit zur Definition von Parameter-Entities. Sie stellen eine Sonderform der Entities unter XML dar.

Mit Parameter-Entities werden benannte „Abkürzungen“ in der DTD definiert, dort auch referenziert, um so mehrfach vorkommende Elementgruppen und Attributlisten jeweils nur einmal definieren zu müssen.

Deklaration allgemein

```
<!ENTITY % entity_name "(content model) | Text">
```

Referenzierung allgemein

```
<!ELEMENT element_name %entity_name;>
```

Achtung: Während das Leerzeichen zwischen %-Zeichen und Entity-Namen in der Deklaration zwingend erforderlich ist, darf in der Referenzierung kein Leerzeichen zwischen %-Zeichen und Namen gesetzt werden. Beispiel:

Deklaration

```
<!ENTITY % katdaten"(kuenstler+, titel, untertitel?, jahr, id)">
<!ENTITY % id "identifierID #REQUIRED">
```

Referenzierung

```
<!ELEMENT skulptur %katdaten;>
<!ELEMENT bild %katdaten;>
<!ELEMENT foto %katdaten;>
<!ATTLIST bildersammlung %id;>
<!ATTLIST bibliothek %id;>
```

In diesem Beispiel wird sehr effizient mittels der Entity „katalogdaten“ eine Liste an notwendigen Katalogdaten als Content Model zusammengestellt („(kuenstler +, titel, untertitel?, jahr, id)“). Anschließend wird diese bei <skulptur>, <bild> wie auch bei <foto> referenziert, da diese das gleiche Content Model aufweisen. Des Weiteren wird mittels der Entity-id der Name (identifier), der Datentyp (ID) und die Eigenschaft REQUIRED für beliebige Attribute zusammengestellt. Danach wird in der Attributsdeklaration zu bildersammlung und bibliothek die Entity referenziert, da beide ein Attribut @identifier aufweisen sollen.

4.3.2 XML-Schema

NIEMAND IRRT FÜR SICH ALLEIN. ER VERBREITET SEINEN UNSINN AUCH IN SEINER UMGEBUNG. (Lucius Annaeus Seneca)

Ein sehr viel komplexeres System zur Strukturfestlegung bietet die Validierungssprache XML-Schema[19]. Entwickelt aufgrund der mangelnden Möglichkeiten innerhalb einer DTD, ist die Zielsetzung von XML-Schema die Verbesserung der Validierungsmöglichkeiten einer Instanz und die leichtere Integrierbarkeit in größere Softwarekontexte.

Der erste große Vorteil von XML-Schema ist die Möglichkeit, die Eingaben, also die von den Tags umschlossene Information, zu kontrollieren. War es bei einer DTD möglich, die Metainformation PLZ mit der Information „Flughafen Port Elizabeth" zu verknüpfen, obwohl eine deutsche Postleitzahl gemeint war, stellt XML-Schema eine Möglichkeit zur Verfügung, die Information auf eine fünfstellige Zahl festzulegen. Des Weiteren können die Kardinalitäten[20] deutlich genauer festgelegt werden. Die Reduktion auf die Angabe „mehrfach" ist durch eine exakte Festlegung der Häufigkeit aufgehoben.

Bei sinnvollem Einsatz kann dies einerseits Irrtümer, andererseits offensichtlichen Unfug in der Instanz deutlich reduzieren und die Datenqualität erheblich verbessern. Weitere Vorteile liegen in der Berücksichtigung von Namensräumen[21], der besseren Programmierschnittstelle und der Grundlegung auf XML. Das Schema ist selbst ein XML-Dokument, das auf Wohlgeformtheit überprüft werden kann.

Jedoch stehen dem Vorteil der größeren Flexibilität und Gehaltes die Nachteile in Form von Unübersichtlichkeit, schwierigerer Handhabung und aufwendiger Realisation gegenüber. So setzt dieses Kapitel auch das absolute Verständnis der Kap. 2.2 „Einfacher Markup", 4.1 „XML-Instanz", 4.2 „Namensräume" und 4.3 „Validierung" bis hier voraus.

Analog zu der Beschreibung der DTD in Kap. 4 gilt Gleiches für das XML-Schema-Dokument. Im Folgenden findet sich eine Einführung in den grundlegenden Aufbau und die Möglichkeiten eines Schemadokumentes. Bitte beachten Sie, dass es sich bei dem Folgenden nicht um eine vollständige Referenz handelt. Diese finden Sie vom World Wide Web Consortium (W3C) im Internet unter http://www.w3.org/standards/xml/schema. Die nachfolgenden Codebeispiele basieren auf den Beispielen von w3schools, http://www.w3schools.com.

4.3.2.1 XML-Schema-Header

Da ein XML-Schema-Dokument selbst XML-basiert ist, beginnt das Dokument immer mit der PI:

```
<?xml version="1.0" encoding ="utf-8"?>
```

gefolgt von dem root-Element <xs:schema>, das die Namensraumdeklaration als Attribute enthält.

```
<xs:schema xmlns:xs=http://www.w3.org/2001/XMLSchema>
```

[19] Online-Tutorial unter: http://www.w3schools.com/schema/schema_intro.asp.

[20] Siehe Kap. 4.3.1.2 „Content Model".

[21] Siehe Kap. 4.2 „Namensräume".

Anschließend wird die eigentliche Struktur möglichst detailliert und strikt beschrieben. Grundsätzlich stehen einfache und komplexe Elemente zur Verfügung. Einfache Elemente können im Gegensatz zu den komplexen Elementen keine weiteren Elemente und keine Attribute beinhalten. Das erste definierte Element ist immer das Root-Element der XML-Instanz.

4.3.2.2 Dokumententyp versus Datentyp

Grundsätzlich muss bei XML-Schema zwischen zwei ähnlich klingenden Begriffen unterschieden werden. Zum einen gibt es den Dokumententyp, der die gültige Struktur einer XML-Instanz festlegt und die Grundlage für die Validierung bildet. Dies wurde am Beispiel einer DTD im vorherigen Kapitel erläutert.

Der Begriff des Datentyps ist bei XML-Schema zentral, da dies den gültigen Inhalt von Elementen oder Attributen festlegt und somit den Inhalt der XML-Instanz kontrolliert. Ein Datentyp repräsentiert also die Menge von gültigen Werten, den sogenannten Wertebereich. Innerhalb von XML-Schema gibt es viele vordefinierte Datentypen, die unmittelbar genutzt werden können und im Folgenden vorgestellt werden. Es besteht aber auch die Möglichkeit, eigene Datentypen zu erzeugen.[22]

Der Dokumententyp der Instanz ist also für die Dokumenten-Struktur, der Datentyp des Elementes oder Attributes für den Dokumenteninhalt verantwortlich.

4.3.2.3 Einfache Elemente mit Datentypangabe

Einfache Elemente (simple types) werden eingesetzt, um die Elemente zu definieren, die nur reinen Text (PCData) und weder Kind-Elemente noch Attribute beinhalten.

Allgemeine Definition:

```
<xs:element name="xyz" type="abc"/>
```

Die Wertzuweisung des Attributs @name legt die Bezeichnung des Elementes und @type den Datentyp, also die Wesensart, fest.

```
<xs:element name="nachname"  type="xs:string"/>
<xs:element name="gebdatum"  type="xs:date"/>
<xs:element name="alter"     type="xs:integer"/>
```

In XML-Schema vordefinierte, häufig vorkommende Datentypen sind:

- xs:string = Normale Zeichenketten (Text)
- xs:integer = Ganze Zahlen (ohne Komma)

[22] Siehe Kap. 4.3.2.7 „Selbstdefinierte Datentypen".

- xs:decimal =Dezimalzahlen (mit Komma)
- xs:boolean = Wahrheitswert: 0 oder 1 oder true oder false
- xs:date = Datumsformat Jahr-Monat-Tag
- xs:time = Zeitformat

Mittels der Wertzuweisung des Attributs @default bzw. @fixed kann ein veränderbarer Vorgabewert oder ein unveränderbarer Wert für die Instanz festgelegt werden.

```
<xs:element name="sex" type="string" default="female"/>

<xs:element name="color" type="string" fixed="black"/>
```

4.3.2.4 Restriktionen für Datentypen

Mit XML-Schema kann aber nicht nur der Datentyp festgelegt, sondern innerhalb des Typs auch eine Auswahl an Werten getroffen werden.

```
<xs:element name="alter">
  <xs:simpleType>

    <xs:restriction base="xs:integer">

      <xs:minInclusive value="0"/>
      <xs:maxInclusive value="125"/>

    </xs:restriction>

  </xs:simpleType>
</xs:element>
```

Nach der Namensdeklaration erfolgt die Definition als einfaches Element mit <xs:simpleType> und anschließend die Festlegung des Datentyps, aus dem die Werteauswahl erfolgen soll. Im Bespiel werden mit <xs:restriction base="xs:integer"> die Menge der Ganzen Zahlen als Datentyp festgelegt. Da aber nicht alle Ganzen Zahlen sinnvolle Altersangaben sind, soll der Auswahlbereich für die Instanz auf Werte zwischen 0 und 130 festgelegt werden. Die untere Intervallgrenze wird über das Attribut @value des Elementes <xs:minInclusive>, die obere über <xs:maxInclusive> festgelegt.

Diese Option ist aber nicht für alle Datentypen gleichermaßen geeignet. Ein Auswahlbereich für Text muss über eine Auswahlliste erfolgen.

```
<xs:element name="Bundeslaender">
  <xs:simpleType>

    <xs:restriction base="xs:string">

      <xs:enumeration value="NRW"/>
      <xs:enumeration value="Rheinland Pfalz"/>
      <xs:enumeration value="Saarland"/>

    </xs:restriction>

  </xs:simpleType>
</xs:element>
```

Der hier sinnvolle Datentyp für die Bundesländer ist string, allerdings sollen diese auf die drei westlichsten Länder begrenzt werden. Erreicht wird dies über das Element <xs:enumeration>, dessen Wertzuweisung eine mögliche Option darstellt. Die Anzahl dieser Elemente legt die Anzahl der Optionen fest.

Die gültige Auswahl kann sehr viel genauer beschrieben werden. Es kann eine Auswahl auf Zeichenebene erfolgen.

```
<xs:element name="letter">
  <xs:simpleType>

    <xs:restriction base="xs:string">

      <xs:pattern value="[a-z]"/>

    </xs:restriction>

  </xs:simpleType>
</xs:element>
```

In der XML-Instanz kann in diesem Fall nur ein Kleinbuchstabe zwischen a und z eingegeben werden. Sollen mehrere Buchstaben hintereinander folgen, kann dies durch weitere Klammern angegeben werden (s. u.).

Gleiches findet auch mit dem Datentyp integer Anwendung, wenn nur bestimmte Zahlen eingesetzt werden sollen. Hier ein Beispiel mit der deutschen Postleitzahl, das festlegt, dass fünf Zahlen zwischen 0 und 9 aufeinander folgen müssen.

```
<xs:element name="plz">
  <xs:simpleType>

    <xs:restriction base="xs:integer">

      <xs:pattern value="[0-9][0-9][0-9][0-9][0-9]"/>

    </xs:restriction>

  </xs:simpleType>
</xs:element>
```

Das Element pattern kann über das @value-Attribut auch eine Oder-Auswahl vorgeben, bei der nur eine Option ausgewählt werden kann.

```
<xs:element name="Existenz">
  <xs:simpleType>

    <xs:restriction base="xs:string">

      <xs:pattern value="Sein|nichtSein"/>

    </xs:restriction>

  </xs:simpleType>
</xs:element>
```

Die Restriktion kann aber auch weniger strikt ausfallen. Im Beispiel unten ist die Auswahl auf Kleinbuchstaben von a bis z begrenzt, jedoch die Häufigkeit der Vorkommen durch * freigegeben. Wie bei den Content-Model-Deklarationen der DTD resultiert daraus das ein- oder mehrfache Auftreten oder auch ein Fehlen.

```
<xs:element name="letter">
  <xs:simpleType>

    <xs:restriction base="xs:string">

      <xs:pattern value="([a-z])*"/>

    </xs:restriction>

  </xs:simpleType>
</xs:element>
```

Auch das + Zeichen, das aus der Content-Model-Deklarationen der DTD bekannt ist und ein- oder mehrfaches Auftreten bedeutet, findet hier wieder Verwendung. Gleichzeitig wird die Auswahl erweitert, sodass eine Abfolge von Klein- und Großbuchstaben abwechselnd hintereinander erzeugt wird.

```
<xs:element name="letter">
  <xs:simpleType>

    <xs:restriction base="xs:string">

      <xs:pattern value="([a-z][A-Z])+"/>

    </xs:restriction>

  </xs:simpleType>
</xs:element>
```

Damit können Kombinationen wie die, die auf dem Tour de France-Logo (Abb. 4.5) verwendet wurden, festgelegt werden.

4.3.2.4.1 Übersicht

Die Beispiele oben stellen nur eine Auswahl an Möglichkeiten und deren Einsatzbereiche dar. Tab. 4.3 bietet eine vollständige Übersicht über die Restriktionen für Datentypen.

Abb. 4.5 Logo Tour de France

Tab. 4.3 Restriktionen

Restriktions- Basis	Begriffsbestimmung
Enumeration	Auflistung möglicher Werte
fractionDigits	Angabe der maximalen Ziffernanzahl der Nachkommastellen bei numerischen Werten
length	Feste Längenvorgabe für die Anzahl der Zeichen
maxExclusive	Angabe zur oberen Grenze eines Intervalls, wobei der Grenzwert nicht enthalten ist
maxInclusive	Angabe zur oberen Grenze eines Intervalls, wobei der Grenzwert Teil des Intervalls ist
maxLength	Angabe der maximalen Länge der Anzahl der Zeichen
minExclusive	Angabe zur unteren Grenze eines Intervalls, wobei der Grenzwert nicht enthalten ist
minInclusive	Angabe zur unteren Grenze eines Intervalls, wobei der Grenzwert Teil des Intervalls ist
minLength	Angabe der minimalen Länge der Anzahl der Zeichen
pattern	Festlegung von gültigen Zeichenfolgen
totalDigits	Angabe der maximalen Ziffernanzahl bei numerischen Werten
whiteSpace	Definiert die Umsetzung von nicht sichtbaren Zeichen wie Zeilenumbruch, Tabulator, Leerzeichen usw.

4.3.2.5 Komplexe Elemente

Im Gegensatz zu den einfachen Elementen (simple types) können komplexe Elemente (complex types) Kind-Elemente und Attribute enthalten. Grundsätzlich werden vier Arten unterschieden:

- Leere Elemente,
- Elemente, die weitere (Kind-)Elemente enthalten,
- Elemente, die Text enthalten und
- Elemente, die Text und Kind-Elemente enthalten.

Zu jeder Elementart können Attribute festgelegt werden, um spezielle Eigenschaften festzuhalten. Außer bei den leeren Elementen wird zu jedem komplexen Element ein Content Model oder Indicator beschrieben, in dem die Substruktur der Kind-Elemente festgelegt wird. Konkret bedeutet dies, dass über ein Element festgelegt wird, in welcher Reihenfolge die Kind-Elemente vorkommen dürfen bzw. müssen. Die drei möglichen Typen sind:

1. sequence (Abfolge)

Der Inhalt des Elements besteht aus einer beliebigen Anzahl von Elementen, die in der vorgegebenen Reihenfolge verwendet werden müssen.

2. choice (Auswahl)

Der Inhalt des Elements besteht aus einem der aufgeführten Elemente.

3. all

Alle Elemente können maximal einmal in beliebiger Reihenfolge auftreten.

4.3.2.5.1 Leeres Element

Sogenannte leere Elemente sind Elemente, die nur aus einem Start-Tag bestehen und keine Information umschließen. Diese Tags enthalten häufig Attribute, die spezifische Informationen beinhalten.

Instanz

```
<bild id="86396174"/>
```

Nach der Festlegung des Namens für das Element erfolgt die Deklaration des Typs als <complexType> und anschließend die Bestimmung des Attributs mit Name und Datentyp.

XML-Schema

```
<xs:element name="bild">
  <xs:complexType>

    <xs:attribute name="id" type="xs:integer"/>

  </xs:complexType>
</xs:element>
```

4.3.2.5.2 Element mit Kind-Elementen

Elemente, die weitere Elemente als Kind-Elemente beinhalten sind der Standardfall und werden mit den Indicator-Elementen[23] <sequence>, <choice> oder <all> umschlossen. Dies ermöglicht drei verschiedene Inhaltsmodelle, die sich auf die Reihenfolge der Kind-Elemente auswirken. Es folgen drei Beispiele, in denen die Kind-Elemente mit unterschiedlichen Inhaltsmodellen definiert werden[24]:

4.3.2.5.2.1 <sequence>

Das Element <person> hat im folgenden Beispiel eine Sequenz (festgelegte Abfolge) von Kind-Elementen, bestehend aus <vorname>, <nachname>, <gebdatum> und <alter>. Diesen Kind-Elementen ist ein Datentyp zugewiesen, der bestimmt, welche Art von Zeichen in der Instanz eingesetzt werden kann.

[23] Siehe Kap. 4.3.2.5 „Komplexe Elemente".

[24] Vgl. Kap. 4.3.1.2 „Content Model".

Instanz

```
<person>
  <vorname>Lieschen</vorname>
  <nachname>Müller</nachname>
  <gebdatum>2001-10-28</gebdatum>
  <alter>57</alter>
</person>
```

XML-Schema

```
<xs:element name="person">
  <xs:complexType>

    <xs:sequence>

      <xs:element name="vorname" type="xs:string"/>
      <xs:element name="nachname" type="xs:string"/>
      <xs:element name="gebdatum" type="xs:date"/>
      <xs:element name="alter" type="xs:integer"/>

    </xs:sequence>

  </xs:complexType>
</xs:element>
```

Durch die Verwendung des Elementes <sequenz> wird festgelegt, dass zuerst immer der Vorname, gefolgt von dem Nachnamen und dann das Geburtsdatum und das Alter in die Instanz geschrieben werden müssen.

4.3.2.5.2.2 <choice>

Soll eine Auswahl getroffen werden, muss das Element <choice> verwendet werden.

XML-Schema

```
<xs:element name="bild">
  <xs:complexType>

    <xs:choice>

      <xs:element name="foto" type="xs:string"/>
      <xs:element name="gemaelde" type="xs:string"/>
      <xs:element name="zeichnung" type="xs:string"/>

    </xs:choice>

  </xs:complexType>
</xs:element>
```

Bei dieser Notation muss ausgewählt werden, ob es ein Kind-Element <foto>, <gemaelde> oder <zeichnung> geben soll.

Instanz

```
<bild>
  <foto>Lieschen</foto>
</bild>
```

ODER

```
<bild>
  <gemaelde>Lieschen</gemaelde>
</bild>
```

ODER

```
<bild>
  <zeichnung>Lieschen</zeichnung>
</bild>
```

4.3.2.5.2.3 <all>

Eine weitere Möglichkeit stellt das Element <all> dar, das vorgibt, dass die Kind-Elemente alle genau einmal vorkommen müssen, allerdings in beliebiger Reihenfolge.

XML-Schema

```
<xs:element name="person">
  <xs:complexType>

    <xs:all>

      <xs:element name="vorname" type="xs:string"/>
      <xs:element name="nachname" type="xs:string"/>
      <xs:element name="gebdatum" type="xs:date"/>
      <xs:element name="alter" type="xs:integer"/>

    </xs:all>

  </xs:complexType>
</xs:element>
```

Instanz

```
<person>

  <gebdatum>2001-10-28</gebdatum>
  <vorname>Lieschen</vorname>
  <nachname>Müller</nachname>
  <alter>57</alter>

</person>
```

ODER:

```
<person>

  <nachname>Müller</nachname>
  <vorname>Lieschen</vorname>
  <gebdatum>2001-10-28</gebdatum>
  <alter>57</alter>

</person>
```

ODER:

```
<person>

  <vorname>Lieschen</vorname>
  <nachname>Müller</nachname>
  <gebdatum>2001-10-28</gebdatum>
  <alter>57</alter>
</person>
```

4.3.2.5.2.4 Verschachtelte Inhaltsmodelle

Es besteht auch die Möglichkeit, dass die Inhaltsmodelle ineinander verschachtelt werden. Es wird beispielsweise eine Sequenz definiert, die eine Auswahl beinhaltet.

XML-Schema

```
<xs:element name="Adresse">
  <xs:complexType>

    <xs:sequence>

      <xs:choice>
        <xs:element name="Postfach" type="xs:string"/>

        <xs:sequence>
          <xs:element name="Strasse" type="xs:string"/>
          <xs:element name="Hausnummer" type="xs:string"/>
        </xs:sequence>

      </xs:choice>
       <xs:element name="PLZ" type="xs:integer"/>
      <xs:element name="Ort" type="xs:string"/>

    </xs:sequence>

  </xs:complexType>
 </xs:element>
```

Das obige Beispiel bildet eine Postadresse ab, bei der entweder ein Postfach oder eine Kombination aus Straße und Hausnummer, gefolgt von der Angabe der Postleitzahl und des Ortes verwendet wird.

Instanz

```
<Adresse>

  <Strasse>Albertus Magnus Platz</Strasse>
  <Hausnummer>1a</Hausnummer>
  <PLZ>50931</PLZ>
  <Ort>Köln</Ort>

</Adresse>
```

ODER:

```
<Adresse>

  <Postfach>135A675</Postfach>
   <PLZ>50931</PLZ>
  <Ort>Köln</Ort>

</Adresse>
```

4.3.2.5.2.5 Häufigkeitsbegrenzungen

Durch die Verwendung der Attribute @minOccurs und @maxOccurs und in der Element-Deklaration kann die Häufigkeit der Vorkommen der Kind-Elemente genau bestimmt werden[25]. Sind diese Attribute nicht aufgeführt, wird ein Default-Wert von 1 gesetzt.

XML-Schema

```
<xs:element name="bilder">
 <xs:complexType>

   <xs:sequence>

     <xs:element name="foto" type="xs:string"
               maxOccurs="100" minOccurs="0"/>

     <xs:element name="gemaelde" type="xs:string"
             maxOccurs="unbounded" minOccurs="10"/>
     <xs:element name="zeichnung" type="xs:string" maxOccurs="50"/>

   </xs:sequence>

 </xs:complexType>
</xs:element>
```

[25] Attribute dürfen generell nur einmal oder keinmal auftreten.

Mit dieser Notation wird festgelegt, dass das Element <bilder> die Kind-Elemente <foto>, <gemaelde> oder <zeichnung> enthalten soll. Allerdings können diese unterschiedlich oft verwendet werden.

- <foto> kann 100 Mal verwendet werden, es darf aber auch fehlen.
- <gemaelde> kann in unbegrenzter Zahl vorkommen, es müssen aber mindestens 10 Kind-Elemente namens gemaelde codiert werden.
- <zeichnung> hat eine maximale Häufigkeit von 50 und muss mindestens einmal vorkommen (fehlende Angabe = 1).

4.3.2.5.3 Elemente, die nur Text enthalten

Elemente mit einfachem Inhalt (simpleContent) enthalten nur Text (PCData) und Attribute. Im nachfolgenden Beispiel wird zu einem beliebigen Text (statement) im Attribut @ language die verwendete Sprache festgehalten.

XML-Schema

```
<
  <xs:complexType>

    <xs:simpleContent>

      <xs:extension base="xs:string">

        <xs:attribute name="language" type="xs:string" />

      </xs:extension>
    </xs:simpleContent>
  </xs:complexType>
</xs:element>
```

Zunächst wird <simpleContent> definiert, dessen Datentyp als Wert des Attributs @base zu dem Kind-Element <extension> bzw. <restriction> festgelegt wird. Das nächste Kind-Element <attribute> legt ein Attribut zu dem Element <statement> namens language vom Typ string fest.

Instanz

```
<statement language="deutsch"> „... Wir haben über unsere
gemeinsame deutsch-französische Verantwortung für den Euroraum,
für die Europäische Union und insbesondere für den
wirtschaftlichen Wohlstand und die erfolgreiche Entwicklung der
wirtschaftlichen Situation unserer Bürgerinnen und Bürger in
unseren Ländern gesprochen.
Aus diesem Grunde bekräftigen wir noch einmal unsere
Entschlossenheit, für die Stabilität des Euro Sorge zu tragen
und die notwendigen Antworten so zu geben, das sie ihre Wirkung
für einen erfolgreichen G20-Gipfel in Cannes am 3. und 4.
November entfalten können. ..."
</statement>
```

4.3.2.5.4 Elemente mit Text und Kind-Elementen

Nicht selten kommt es vor, dass ein Element sowohl Text wie auch weitere Kind-Elemente beinhalten soll. Eine solche Konstruktion ist einfach über die Wertzuweisung true zu dem Attribut @mixed des Elementes <complexType> modellierbar.

XML-Schema

```
<xs:element name="article">
  <xs:complexType mixed="true">

    <xs:all>
      <xs:element name="id" type="xs:integer"/>
      <xs:element name="title" type="xs:string"/>
      <xs:element name="date" type="xs:date"/>
    </xs:all>

  </xs:complexType>
</xs:element>
```

Instanz

```
<article>
  <id>72108691</id>

  Tageseintrag:

  <date>1968-01-27</date>

  Die Frankfurter

    <title>Brecht-Tage</title>

  anlässlich   des   70.   Geburtstags   Bertolt   Brechts   (1956)
  werden eröffnet. Sie enden am 11. Februar.

</article>
```

4.3.2.5.5 Beliebige Substrukturen

Sollte die dringende Notwendigkeit bestehen, XML-Dokumente undefiniert erweiterbar zu machen, kann das Element <any> hinzugefügt werden. Es bewirkt, dass in XML-Instanzen beliebiger, wohlgeformter XML-Code stehen darf.

Eine weitere Möglichkeit zur Schaffung flexibler Dokumente bieten die vordefinierten Typen <anySimpleType>, <anyComplexType> und <anyType>, die für Elemente, denen sie zugewiesen werden, alle einfachen, alle komplexen bzw. jeden beliebigen Typen erlauben.

4.3.2.6 Attribute

Attribute werden im XML-Schema immer mit folgender Syntax definiert:

```
<xs:attribute name="xyz" type="abc"/>
```

Die Namen sind im Rahmen der XML-Regeln frei wählbar und die verwendbaren Datentypen sind:

- string,
- integer,
- decimal,
- boolean,
- date und
- time.

Ausdrücklichere Definitionen der gültigen Werte erfolgen entsprechend der Restriktionen für Datentypen bei Elementen (siehe Kap. 4.3.2.4 „Restriktionen für Datentypen").

Mit einem Attribut kann beispielsweise die verwendete Sprache eines Statements ausgewiesen werden.

XML-Schema

```
<xs:element name="statement">
 <xs:complexType>

  <xs:simpleContent>

   <xs:extension base="xs:string">

    <xs:attribute name="language" type="xs:string" />

   </xs:extension>
  </xs:simpleContent>
 </xs:complexType>
</xs:element>
```

Instanz

```
<statement language="D"> „... Wir haben über unsere gemeinsame
deutsch-französische Verantwortung für den Euroraum, für die
Europäische Union und insbesondere für den wirtschaftlichen
Wohlstand und die erfolgreiche Entwicklung der wirtschaftlichen
Situation unserer Bürgerinnen und Bürger in unseren Ländern
gesprochen.
Aus diesem Grunde bekräftigen wir noch einmal unsere
Entschlossenheit, für die Stabilität des Euro Sorge zu tragen
und die notwendigen Antworten so zu geben, das sie ihre Wirkung
für einen erfolgreichen G20-Gipfel in Cannes am 3. und 4.
November entfalten können. ..."
```

4.3.2.6.1 Verbindlichkeit

In der oben angegebenen Syntax ist ein Attribut optional, es kann also Verwendung finden oder nicht. Oft sind Attribute aber unbedingt notwendig und müssen verpflichtend modelliert werden. Dies geschieht über die Wertzuweisung required im @use-Attribut der Attributs-Definition.

```
<xs:attribute name="language" type="xs:string" use="required"/>
```

4.3.2.6.2 Vorgabewert

Für eine einfachere Handhabung ist es oft sinnvoll, einen Default-Wert im XML-Schema anzugeben, der zunächst in der Instanz angegeben wird und im Bedarfsfall überschrieben werden kann. Erreicht wird dies mit dem Attribut @default:

```
<xs:attribute name="language" type="xs:string" default="D"/>
```

Ist die Überschreibbarkeit nicht erwünscht, wird anstelle des @default- das @fixed-Attribut verwendet.

```
<xs:attribute name="language" type="xs:string" fixed="D"/>
```

4.3.2.7 Selbstdefinierte Datentypen

Mit XML-Schema ist es möglich, Datentypen selbst zu definieren, um so einen spezifisch auf die eigenen Daten angepassten Typen zur Verfügung zu haben. Ziel ist dabei, dass die Daten, die in der Instanz eingegeben werden dürfen, methodisch begrenzt werden, um eine möglichst hohe Datenqualität zu erhalten. Es kann also über ein XML-Schema sehr spezifisch festgelegt werden, welche Daten ein Element aufnehmen darf. Diese Bedingungen muss der konkrete Wert einhalten, damit die XML-Instanz gültig ist. Erreicht wird dies durch Einschränkung oder Erweiterung eines bereits bestehenden Datentyps. Einschränkungen werden durch das Element <xs:restriction> realisiert, Erweiterungen durch <xs:extension>.

4.3.2.7.1 restriction/simpleType

So ist es beispielsweise möglich, ein Element „Postleitzahl" so zu definieren, das es aus genau fünf Zahlen, jeweils zwischen 0 und 9, bestehen muss, damit die XML-Instanz valide ist.

In Kap. 4.3.2.4 „Restriktionen für Datentypen" wurde bereits gezeigt, wie ein Basisdatentyp eingeschränkt werden kann. Dort findet sich auch folgender Beispielcode für die Restriktion eines Datentyps für eine deutsche Postleitzahl.

```
<xs:element name="plz">
  <xs:simpleType>

    <xs:restriction base="xs:integer">
      <xs:pattern value="[0-9][0-9][0-9][0-9][0-9]"/>
    </xs:restriction>

  </xs:simpleType>
</xs:element>
```

In dieser Form gilt die Beschränkung allerdings nur für das Element <plz> und kann nicht auf andere Elemente übertragen werden. Für die schwedische Postnummer gelten aber die gleichen Bedingungen und so kann nun ein Datentyp plz geschaffen werden, der dann dem Element <postnummerSE> zugewiesen werden kann. Dazu muss die Definition von plz nur ein wenig anders gestaltet werden.

```
<xs:simpleType name="plz">

  <xs:restriction base="xs:integer">
    <xs:pattern value="[0-9][0-9][0-9][0-9][0-9]"/>
  </xs:restriction>

</xs:simpleType>

<xs:element name="PLZ" type="plz"/>
```

Mittels der Wertzuweisung plz zu dem Attribut @name im Element <simpleType> wird ein wiederverwendbarer Datentyp namens plz geschaffen, der dann auf verschiedene Elemente, z. B. <postnummerSE>, anwendbar ist.

```
<xs:element name="postnummerSE" type="plz"/>
```

4.3.2.7.2 restriction/complexType

Es ist nicht nur möglich, Datentypen auf der Basis von <simpleTypes> zu definieren, ebenso können <complexTypes> eingeschränkt oder erweitert werden. Es folgt ein Beispiel mit dem Datentyp „personinfo", der aus dem Element <firstname> und <lastname> besteht und bei dem Element <employee> verwendet wird.

```
<xs:complexType name="personinfo">
  <xs:sequence>

    <xs:element name="firstname" type="xs:string"/>
    <xs:element name="lastname" type="xs:string"/>

  </xs:sequence>
</xs:complexType>

<xs:element name="employee" type="personinfo"/>
```

Es können mit diesem Datentyp aber nicht nur Arbeitnehmer, sondern auch Studenten und Mitglieder und viele mehr definiert werden.

```
<xs:element name="employee" type="personinfo"/>
<xs:element name="student" type="personinfo"/>
<xs:element name="member" type="personinfo"/>
...
```

4.3.2.7.3 extension/complexType

Auf der Basis des oben aufgeführten Konzepts kann ein Datentyp mit komplexem Inhalt <complexContent> geschaffen werden, der auf einem selbstdefinierten Datentyp basiert (base="personinfo") und mit einer Sequenz bestehend aus adress, city und country erweitert wird.

```
<xs:complexType name="personinfo">

  <xs:sequence>
    <xs:element name="firstname" type="xs:string"/>
    <xs:element name="lastname" type="xs:string"/>
  </xs:sequence>

</xs:complexType>

<xs:complexType name="fullpersoninfo">
  <xs:complexContent>

    <xs:extension base="personinfo">

      <xs:sequence>
        <xs:element name="address" type="xs:string"/>
        <xs:element name="city" type="xs:string"/>
        <xs:element name="country" type="xs:string"/>
      </xs:sequence>

    </xs:extension>
  </xs:complexContent>
</xs:complexType>

<xs:element name="employee" type="fullpersoninfo"/>
```

4.3.2.8 Übersicht über vorgegebene Datentypen

Innerhalb von einem XML-Schema gibt es 44 vordefinierte Datentypen, die vom W3C in dem Dokument „XML Schema Part 2: Datatypes“[26] vollständig aufgelistet sind. Es handelt sich um Erweiterungen oder Einschränkungen der Basisdatentypen. So ist beispielsweise ein *int* ein eingeschränkter *long* mit einem Wertebereich von − 2147483647 bis + 2147483647, ein long ist wiederum eine Ableitung eines *integer* und dieser wurde von *decimal* abgeleitet, der einen Basistyp darstellt.

Eine umfangreiche Übersicht mit kurzer Beschreibung finden Sie im Anschluss in Tab. 4.4 bis 4.9; diese ist aber bewusst nicht vollständig, sondern beschränkt sich auf die wesentlichen Typen.

4.3.2.8.1 Zahlen (Tab. 4.4)
4.3.2.8.2 Zeichen (Tab. 4.5)
4.3.2.8.3 Datum und Uhrzeit (Tab. 4.6)
4.3.2.8.4 Logische Datentypen (Tab. 4.7)
4.3.2.8.5 Binäre Datentypen (Tab. 4.8)
4.3.2.8.6 XML Datentypen (Tab. 4.9)

[26] Erreichbar unter http://www.w3.org/TR/2001/REC-xmlschema-2-20010502/.

Tab. 4.4 Datentypen für Zahlen

Datentyp	Kurzbeschreibung
byte	Ganzzahl zwischen +127 und −28
	Bei fehlendem Vorzeichen ist die Zahl positiv
decimal	Dezimalzahl
	Bei fehlendem Vorzeichen ist die Zahl positiv
double	64-Bit-Gleitkommazahl mit einer doppelten Genauigkeit nach IEEE 754-1985[a]
float	32-Bit-Gleitkommazahl mit einer einfachen Genauigkeit nach IEEE 754-1985
int	Ganzzahl zwischen +2.147.483.647 und −2.147.483.648
	Bei fehlendem Vorzeichen ist die Zahl positiv
integer	Ganzzahl
	Bei fehlendem Vorzeichen ist die Zahl positiv
long	Ganzzahl zwischen +9.223.372.036.854.775.807 und −9.223.372.036.854.775.807
	Bei fehlendem Vorzeichen ist die Zahl positiv
negativeInteger	Negative Ganzzahl
nonNegativeInteger	Nichtnegative, also positive Ganzzahl
nonPositiveInteger	Nichtpositive, also negative Ganzzahl
positiveInteger	Positive Ganzzahl
short	Ganzzahl zwischen +32767 und −32768. Bei fehlendem Vorzeichen ist die Zahl positiv
unsignedByte	Ganzzahl zwischen 0 und 255, ohne Vorzeichen
unsignedInt	Ganzzahl zwischen 0 und 4.294.967.295, ohne Vorzeichen
unsignedLong	Eine Ganzzahl zwischen 0 und 18.446.744.073.709.551.615, ohne Vorzeichen
unsignedShort	Ganzzahl zwischen 0 und 65.535, ohne Vorzeichen

[a] Siehe http://de.wikipedia.org/wiki/IEEE_754

Tab. 4.5 Datentypen für Zeichen

Datentyp	Kurzbeschreibung
anyURI	Zeichenfolge, in Form einer URI.
language	Vordefinierte Kürzel für Sprachen, ursprünglich nach RFC 1766[a] heute ISO 639[b]
	Beispiel: de für Deutsch, en für Englisch, en-US für US-Englisch.
normalizedS-tring	Zeichenfolge, ohne Leerzeichen wie Tabulator, Wagenrücklauf, Zeilenvorschub
string	Folge von Unicode[c]-Zeichen
token	Lexikalische Einheit, aus der sich normalisierte Zeichenfolgen ableiten lassen. Leerräume sind darin nicht enthalten

[a] http://tools.ietf.org/html/rfc1766

[b] http://de.wikipedia.org/wiki/ISO_639

[c] http://de.wikipedia.org/wiki/Unicode

Tab. 4.6 Datentypen für Datum und Uhrzeit

Datentyp	Kurzbeschreibung
date	Kalenderdatum in der Form CCYY-MM-DD 2118-02-01
dateTime	Zeit unter Berücksichtigung der Zeitzone nach ISO 8601[a], CCYY-MM-DDThh:mm:ss. (das T ist der Trenner von Datums- und Zeitangabe.)
duration	Zeitraum nach ISO 8601: PnYnMnDTnHnMnS. Dabei ist nY = Anzahl der Jahre, nM = Monate, nD = Tage, nH = Stunden, nM = Minuten und nS = Sekunden. T ist der Trenner von Datums- und Zeitangabe
gDay	Bestimmter, wiederkehrender Tag im Monat (15. Tag des Monats) nach dem gregorianischen Kalender in der Form: ---DD
gMonth	Monat nach dem gregorianischen Kalender. in der Form MM. Dabei steht 01 für Januar usw
gMonthDay	Tag im Monat nach dem gregorianischen Kalender, in Form von MM-DD: 02-18 für den 18. Februar
GYear	Jahr nach dem gregorianischen Kalender, in Form von CCYY, also 2118
gYearMonth	Monat in einem Jahr nach dem gregorianischen Kalender, in Form von CCYY-MM: 2118-05 für Mai 2118
time	Zeitangabe in Form von hh:mm:ss.sss; Wert bezieht sich auf die koordinierte Weltzeit

[a] http://de.wikipedia.org/wiki/ISO_8601

Tab. 4.7 Logische Datentypen

Datentyp	Kurzbeschreibung
boolean	Boolescher Wert true oder false/1 oder 0

Tab. 4.8 Binäre Datentypen

Datentyp	Kurzbeschreibung
base64Binary	Binäre Daten, die Base64-kodiert sind
hexBinary	Beliebige Daten, die hexadezimal-kodiert sind

Tab. 4.9 XML Datentypen

Datentyp	Kurzbeschreibung
Name	XML-Name; Folge von Buchstaben, Ziffern, und Ideographen sowie dem Unterstrich, dem Bindestrich, dem Punkt und dem Doppelpunkt. Ziffern, Bindestrich und Punkt dürfen nicht am Anfang eines Namens verwendet werden, innerhalb des Namens sind sie aber erlaubt
NCName	Name ohne Doppelpunkt, lokale Namen oder Namensraumpräfix in einem qualifizierten Namen
NOTATION	Name einer Notation
QNameX	Qualifizierter XML-Name

4.4 Formatierung mit CSS und Transformation mit XSLT

Eine erste denkbare Anwendung einer XML-Datenbasis ist die Darstellung der Information im WWW oder eine Umsetzung für ein Buch. Beides benötigt unterschiedliche komplexe Layouts, die mit zwei unterschiedlichen Stylesheet-Sprachen realisiert werden können.

Während mittels der XML-Elemente die Daten des Dokumentes strukturiert werden, kann bzw. können mit Hilfe von

- CSS (Cascading Stylesheet) die Darstellung im Webbrowser exakt bestimmt werden;
- XSL (Extensible Stylesheet Language) unterschiedliche komplexe Layouts für unterschiedliche Einsatzbereiche, z. B. dem Buchlayout, festgelegt werden;
- XSLT (XSL Transformation) ein Template geschrieben werden, das Elemente on-the-fly transformiert.

4.4.1 CSS

Die Verwendung von CSS zur Darstellung von XML-codierten Daten mittels eines Browsers ist möglich, aber wenig empfehlenswert, da die Möglichkeiten im Vergleich zu XSL sehr begrenzt sind. Hier ein Beispiel:

Einbindung in die XML-Instanz

```
<?xml version="1.0" encoding="ISO-8859-1" standalone="no"?>

<?xml-stylesheet href="beispiel.css" type="text/css"?>

<!DOCTYPE bildersammlung SYSTEM "bild01.dtd">
```

CSS-Datei beispiel.css

```
name {
   color: green;
   font-size: 25pt;
   font-family: helvetica;
}

titel {
   color: blue;
   font-size: 20pt;
   font-family: helvetica;
}

url {
   font-size: 5pt;
   margin: 1.33em 0;
}

person, bauwerk {
   list-style: disc inside;
}

bezeichnung {
   display: list-item;
}
```

4.4.2 XSL

XSL ist das Akronym für Extensible Stylesheet Language. Es handelt sich hierbei aber nicht um eine einzelne Sprache, sondern um eine Sprachenfamilie, die sich aus den drei XML-Anwendungen XSL-FO, XSLT und XPath zusammensetzt. Häufig wird XSL mit XSL-FO gleichgesetzt.

4.4.2.1 XSL-FO

XSL-FO[27] ist eine Seitenbeschreibungssprache, die mit Hilfe von Formatierungsobjekten beschreibt, wie ein XML-Dokument ausgegeben werden soll. Während CSS und XSLT hauptsächlich für das WWW bestimmt sind, sind die Formatierungsobjekte für komplexere Dateien gedacht, wie z. B. ein Buchlayout.

Sogenannte FO-Prozessoren[28] generieren aus der Datenbasis und der XSL-FO-Datei z. B. PDF, RTF, ASCII sowie unterschiedliche Print-Ausgaben wie Postscript oder Ausgaben für andere Medien. In der Abb. 4.6 Schema der Transformation von XML-Daten nach PDF wird dies verdeutlicht.

4.4.2.2 XPath

Bei XPath[29] handelt es sich um eine Sprache zur Navigation innerhalb von XML-Instanzen. Dies ist immer dann notwendig, wenn eine bestimmte Information in einer XML-In-

[27] Weiterführendes Tutorial unter: http://www.w3schools.com/xslfo/xslfo_intro.asp.

[28] Z. B. das Programm FOP aus dem Apache-Projekt.

[29] Weiterführendes Tutorial unter: http://www.w3schools.com/xpath/xpath_intro.asp.

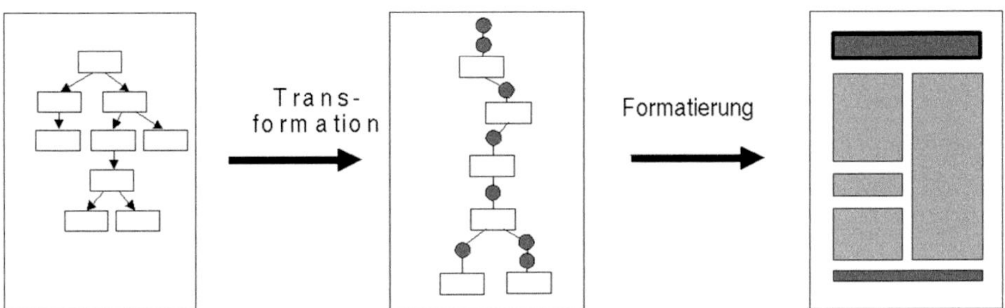

Abb. 4.6 Transformation von XML-Daten in einen FO-Baum und in ein PDF-Dokument

stanz zur Weiterverarbeitung gesucht wird, die in einem Element oder einem Attribut zu finden ist. XPath-Ausdrücke können aus Pfadangabe, Bedingung und Funktion bestehen. Die in einer XML-Instanz auffindbaren Elemente und Attribute werden als ein Baum bestehend aus Knoten (node) aufgefasst, beginnend mit dem Root-Element.

Beispiel-Instanz[30]

```
<?xml version="1.0" encoding="ISO-8859-1"?>
 <bookstore>

   <book>
     <title lang="en">Harry Potter</title>
     <author>J. K. Rowling</author>
     <year>2005</year>
     <price>29.99</price>
   </book>
 <book>
     <title lang="eng">Learning XML</title>
     <price>39.95</price>
     </book>

 </bookstore>
```

Der für XPath relevante Baum beginnt mit dem Root-Element <bookstore>, das als *root element node* bezeichnet wird. Unterschieden wird dann zwischen den element nodes, wie <author>J. K. Rowling</author> und den attribute nodes wie lang="en". Jeder Knoten hat einen Eltern-Knoten. Im Beispiel ist das book-Element der Eltern-Knoten von <title>, <author>, <year> und <price> und diese werden als Kind-Knoten zu dem Eltern-Knoten bezeichnet. Siblings sind Geschwister-Knoten, im Beispiel oben <title>, <author>, <year> und <price>, Ancestors stellen die Vorfahren, also die Summe der Eltern, Descendants die Nachfahren, also die Summe der Kinder dar.

4.4.2.2.1 Pfadangaben

Um einen bestimmten Knoten zu adressieren, wird dieser mit Hilfe des Weges durch den Baum beschrieben. Dies geschieht über die in Tab. 4.10 aufgeführten Ausdrücke.

[30] Die nachfolgenden Beispiele basieren auf denen von w3schools, http://www.w3schools.com.

Tab. 4.10 Pfadangaben

Zeichen	Bedeutung
Knoten-Name	Von allen Knoten, die diesen Namen aufweisen
/	Beginnend mit dem Root-Knoten
//	Beginnend von dem aktuellen Knoten
.	Des aktuellen Knotens
..	Des Eltern-Elementes zu dem aktuellen Knoten
@	Von Attributen

Tab. 4.11 Beispiele für Pfadangaben

Pfadausdruck	Bedeutung
bookstore	Auswahl aller Elemente mit dem Namen bookstore
/bookstore	Auswahl des Root-Elementes bookstore
bookstore/book	Auswahl aller Elemente namens book, die ein Kind-Element von bookstore sind
//book	Auswahl aller Elemente namens book unabhängig davon, wo sie im Baum stehen
bookstore//book	Auswahl aller Elemente namens book, die Nachfahren des Elementes bookstore sind
//@lang	Auswahl aller Attribute mit der Bezeichnung lang

Tab. 4.12 Pfadangaben mit Knotenadressierung

Pfadausdruck	Beschreibung
/bookstore/book[1]	Auswahl des ersten Elementes namens book, das ein Kind-Element von bookstore ist
/bookstore/book[last()]	Auswahl des letzten Elementes namens book, das ein Kind-Element von bookstore ist
/bookstore/book[position()<3]	Auswahl der ersten zwei Elemente namens book, die ein Kind-Element von bookstore sind
//title[@lang='eng']	Auswahl aller Elemente mit dem Namen title, die ein Attribut namens lang mit der Wertzuweisung ‚eng' enthalten
/bookstore/book[price>35.00]	Auswahl aller Elemente namens book, die ein Kind-Element namens price enthalten, das eine Wertzuweisung größer als 35.00 hat

Konkrete Beispiele sind in Tab. 4.11 aufgeführt.

Um einen speziellen Knoten mit einem bestimmten Wert oder einer bestimmten Position zu adressieren, können Bedingungen in eckigen Klammern als entsprechende Vorgaben eingefügt werden, siehe Tab. 4.12.

Sind die Auswahlkriterien nicht vollständig formulierbar, kann ein Platzhalter wie in Tab. 4.13 eingesetzt werden.

Tab. 4.13 Pfadangaben mit Platzhaltern

Pfadausdruck	Beschreibung
*	Beliebiges Element
/bookstore/*	Beliebiges Kind-Element zu dem Element bookstore
//*	Auswahl aller Elemente
@*	Auswahl aller Attribute
//title[@*]	Auswahl aller Elemente namens title, die ein beliebiges Attribut enthalten

Tab. 4.14 Gruppierung von Knoten

Gruppe	Beschreibung
Ancestor	Auswahl aller dem aktuellen Knoten übergeordneten Knoten (Vorfahren)
Ancestor-or-self	Auswahl aller dem aktuellen Knoten übergeordneten Knoten inkl. des aktuellen Knotens
Attribute	Auswahl aller Attribute des aktuellen Knotens
Child	Auswahl aller dem aktuellen direkt untergeordneten Knoten (Kind-Elemente)
Descendant	Auswahl aller dem aktuellen untergeordneten Knoten (Nachfahren)
Descendant-or-self	Auswahl aller dem aktuellen untergeordneten Knoten inkl. des aktuellen Knotens
Following	Auswahl aller im Dokument folgender Elemente
Following-sibling	Auswahl aller Geschwister-Knoten
Namespace	Auswahl aller namespace-Knoten des aktuellen Knotens
Parent	Auswahl der Eltern-Knoten
Self	Auswahl des aktuellen Knotens

4.4.2.2.2 Gruppierung

Die Knotenauswahl ist auch in Form eines Clusters möglich. Tab. 4.14 listet die Gruppenbezeichner mit einer kurzen Erklärung auf.

4.4.2.2.3 Operatoren

Operatoren stellen die Möglichkeit zur Verfügung, Ausdrücke miteinander zu verknüpfen, um komplexe Abfragen zu gestalten. Die meist genutzten sind in Tab. 4.15 zusammen mit ihrer Bedeutung und einem Beispiel aufgeführt.

4.4.2.2.4 Funktionen

Zur genaueren Kontrolle können gerade beim Einsatz von XPath innerhalb von XSLT Funktionen eingesetzt werden, um zusätzliche Features zur Verfügung zu stellen. Ca. 40 verschiedene dieser Funktionen sind definiert, hier wird beispielhaft nur eins vorgestellt[31].

[31] Eine vollständige Liste ist unter http://de.selfhtml.org/xml/darstellung/xpathfunktionen.htm. zu finden.

Funktionen bestehen immer aus dem Funktionsnamen gefolgt von einem Paar runder Klammern, die notwendige Parameter aufnehmen können. Die Funktion document () erlaubt den Zugriff auf eine weitere XML-Instanz und benötigt die Angabe des Dateinamens: <xsl:value-of select="document('datei2.xml')"/>

4.4.2.2.5 Vollständiges Beispiel

Im Folgenden ist ein vollständiges HTML5-Beispiel aufgeführt, das eine Abfrage nach Buchtiteln (/bookstore/book/title) enthält, die sich auf die folgende XML-Instanz books.xml bezieht. Über die Funktion XMLHttpRequest können XML-Instanzen mit modernen Browsern eingelesen und verarbeitet werden, jedoch unterscheidet sich leider der MS IE von den restlichen Browsern hinsichtlich der Syntax, sodass zwei Varianten im Code enthalten sein müssen. Eine vollständige Erklärung des Codes findet sich in Kap. 2.11 „AJAX".

```
<?xml version="1.0" encoding="ISO-8859-1"?>

 <bookstore>

  <book category="COOKING">
   <title lang="en">Everyday Italian</title>
   <author>Giada De Laurentiis</author>
   <year>2005</year>
   <price>30.00</price>
  </book>

  <book category="CHILDREN">
   <title lang="en">Harry Potter</title>
   <author>J. K. Rowling</author>
   <year>2005</year>
   <price>29.99</price>
  </book>

  <book category="WEB">
   <title lang="en">XQuery Kick Start</title>
   <author>James McGovern</author>
   <author>Per Bothner</author>
   <author>Kurt Cagle</author>
   <author>James Linn</author>
   <author>Vaidyanathan Nagarajan</author>
   <year>2003</year>
   <price>49.99</price>
  </book>

  <book category="WEB">
   <title lang="en">Learning XML</title>
   <author>Erik T. Ray</author>
   <year>2003</year>
   <price>39.95</price>
  </book>

 </bookstore>
```

HTML5-Quellcode mit Abfrage

```
<!DOCTYPE html>
 <html><head><title>Abfrage</title><head>
   <body>

     <script>

      function loadXMLDoc(dname){
         if (window.XMLHttpRequest){
            xhttp=new XMLHttpRequest();
         }
      else{
        xhttp=new ActiveXObject("Microsoft.XMLHTTP");
      }
      xhttp.open("GET",dname,false);
      xhttp.send("");
      return xhttp.responseXML;
     }
     xml=loadXMLDoc("books.xml");

     path="/bookstore/book/title"

// Code für IE
     if (window.ActiveXObject){
      var nodes=xml.selectNodes(path);
      for (i=0;i<nodes.length;i++){
        document.write(nodes[i].childNodes[0].nodeValue);
        document.write("<br>");
      }
     }

// Code für Mozilla, Firefox, Opera, etc.
     else if (document.implementation &&
              document.implementation.createDocument){

      var nodes=xml.evaluate(path, xml, null,
                XPathResult.ANY_TYPE, null);

      var result=nodes.iterateNext();
      while (result){
        document.write(result.childNodes[0].nodeValue);
        document.write("<br>");
        result=nodes.iterateNext();
      }
     }
   </script>

  </body>
</html>
```

Ausgabe durch den Browser

► Everyday Italian
  Harry Potter
  XQuery Kick Start
  Learning XML

Viele weitere Beispiele mit der Möglichkeit, diese zu modifizieren, finden sich auf den Webseiten der w3schools unter http://www.w3schools.com/xpath/xpath_examples.asp .

Tab. 4.15 Operatoren

Operator	Bedeutung	Beispiel
|	Berechnung zweier node-sets	//book |//cd
+	Addition	6 + 4
-	Subtraktion	6 – 4
*	Multiplikation	6 * 4
div	Division	8 div 4
=	Vergleich auf Gleichheit	price=9.80
!=	Vergleich auf Ungleichheit	price!=9.80
<	Vergleich auf kleiner als	price<9.80
<=	Vergleich auf kleiner gleich	price<=9.80
>	Vergleich auf größer als	price>9.80
>=	Vergleich auf größer gleich	price>=9.80
Or	oder	price=9.80 oder price=9.70
and	und	price>9.00 und price<9.90

4.4.2.2.6 Fazit

XPath bildet die Grundlage sowohl für XQuery, das eine Abfragesprache für komplexe XML-Hierarchien und Datenbanken darstellt, wie auch für XPointer, eine Erweiterung von XPath, um spezifische Bereiche einer XML-Instanz zu adressieren. In diesem Kontext muss auch XLink erwähnt werden, welches die Möglichkeit bereit hält, einen Hyperlink in einem XML-Dokument standardisiert abzubilden.[32]

4.4.2.3 XSLT

XSLT ist der bedeutendste Teil von XSL und steht für Extensible Stylesheet Language Transformation. Es ermöglicht die Transformation eines XML-Dokuments in ein anderes XML-Dokument. Mittels der XSLT-Datei, die Regeln für die Umwandlung enthält, werden durch die Verwendung von Stylesheets bzw. Templates Transformationen von Tags in beliebige andere möglich (Abb. 4.7), z. B. um ein XML-Dokument in ein HTML-Dokument zu transformieren, oder aber auch XML in ein noch nicht zu bestimmendes Zukunftsformat. Notwendig für eine solche Transformation ist ein XSLT-Prozessor[33], der in vielen Softwarepaketen enthalten ist. Die gängigen Browser wie Mozilla Firefox ab Version 3, Internet Explorer ab Version 6, Google Chrome, Opera ab Version 9 und Apple Safari ab Version 3 sind mit einem solchen Prozessor ausgestattet und natürlich auch die XML-Editoren.

Da bei dem Prozess der Umwandlung bestimmte Elemente (Knoten) der XML-Ausgangsinstanz angesprochen werden müssen, ist XPath ein wesentlicher Teil von XSLT und zum Verständnis dieses Kapitels ist die Kenntnis des Vorangehenden unbedingt notwendig. Im Anschluss wird in einem einfachen Beispiel die Wirkungsweise erläutert und anschließend die zur Verfügung stehenden Elemente erklärt.

[32] Weiterführendes Tutorial unter: http://www.w3schools.com/xlink/default.asp.

[33] Siehe http://de.wikipedia.org/wiki/XSLT-Prozessor.

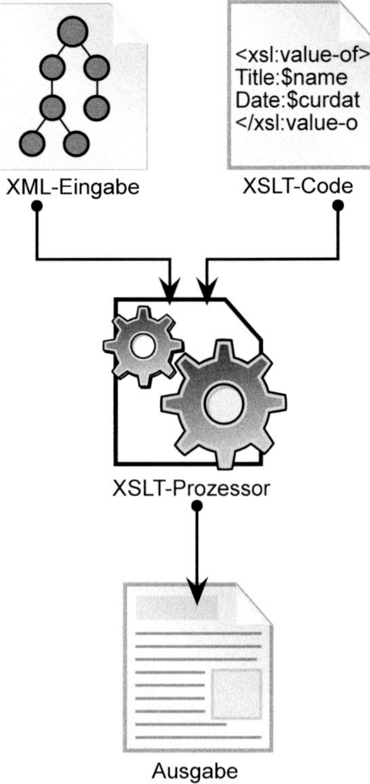

Abb. 4.7 XSLT-Prozess
CC-BY-2.5

4.4.2.3.1 Funktionsweise[34]

Die Basis der nachfolgenden Beispiele bildet eine XML-Instanz, die einen CD-Katalog abbildet.

```
<?xml version="1.0" encoding="ISO-8859-1"?>

  <catalog>

    <cd>
      <title>Empire Burlesque</title>
      <artist>Bob Dylan</artist>
      <country>USA</country>
      <company>Columbia</company>
      <price>10.90</price>
      <year>1985</year>
    </cd>

    <cd>
    ...
    </cd>

  </catalog>
```

[34] Die nachfolgenden Codebeispiele basieren auf den Beispielen von w3schools, http://www.w3schools.com.

Um diese XML-Datenbasis im Web zu verwenden, soll aus der XML-Instanz XHML-Code erzeugt werden. Dazu muss eine Datei geschrieben werden, die als XSL Style Sheet eingesetzt und beispielsweise unter dem Namen cdcatalog.xsl abgespeichert wird und wie folgt aussehen könnte.

```
<?xml version="1.0" encoding="ISO-8859-1"?>

 <xsl:stylesheet version="1.0"
          xmlns:xsl="http://www.w3.org/1999/XSL/Transform">

  <xsl:template match="/">

   <!DOCTYPE html>
    <html>
      ...<body>
        <h2>My CD Collection</h2>
        <table border="1">
          <tr bgcolor="#9acd32">
            <th>Title</th>
            <th>Artist</th>
          </tr>

          <xsl:for-each select="catalog/cd">

            <tr>
              <td><xsl:value-of select="title"/></td>
              <td><xsl:value-of select="artist"/></td>
            </tr>

          </xsl:for-each>

        </table>
      </body>
    </html>

  </xsl:template>

 </xsl:stylesheet>
```

Das Resultat wäre eine Browserausgabe wie diese:

My CD Collection

Title	Artist
Empire Burlesque	Bob Dylan
Hide your heart	Bonnie Tyler
Greatest Hits	Dolly Parton
Still got the blues	Gary Moore
Eros	Eros Ramazzotti
One night only	Bee Gees
Sylvias Mother	Dr.Hook
Maggie May	Rod Stewart

Um eine XML-Datei als XSLT Stylesheet zu verwenden, muss dies im Headerbereich der Instanz angegeben werden.

```
<xsl:transform version="1.0"
          xmlns:xsl="http://www.w3.org/1999/XSL/Transform">
```

<xsl:stylesheet> und <xsl:transform> haben die gleiche Bedeutung und können beide verwendet werden. Anschließend werden Regeln als sogenanntes template formuliert und mit dem Element <xsl:template> umschlossen. Die Wertzuweisung des Attributs @match gibt mit einem XPath-Ausdruck an, welche Elemente der XML-Basis ausgewählt werden sollen. Im Beispiel steht der Schrägstrich (slash) „/" in der Wertzuweisung zu match mit dem Ziel die gesamte XML Instanz zu durchsuchen. Eine Einschränkung auf Teilbereiche ist hier durch eine entsprechende Pfadangabe möglich. Nun wird der HTML-Code geschrieben, der die Zieldatei strukturiert. Im Beispiel oben ist dies eine Überschrift und eine Tabelle mit zwei Spalten, die jeweils eine Überschrift aufweisen. Diese Tabelle soll nun mit Inhalt gefüllt werden, der aus der XML-Datenbasis stammt. Dazu wird das Element <xsl:value-of> verwendet, das auf der Basis der Wertzuweisung des @select-Attributes den Inhalt eines Elementes ausliest. Um alle vorhandenen Elemente auszulesen, wird diese Angabe mit einer Schleife versehen, die so lange die XML-Instanz durchsucht, bis alle angegebenen Bereich durchlaufen sind.

```
<xsl:for-each select="catalog/cd">
```

Dies bedeutet konkret, dass innerhalb aller Elemente <cd> gesucht werden soll, die ihrerseits ein Eltern-Element namens <catalog> aufweisen. Die gefundenen Inhalte dieser Elemente werden an die XSLT-Datei zurückgeliefert und in die HTML-Tabelle eingefügt.[35]

4.4.2.3.2 Elemente

Es stehen insgesamt ca. 50 XSLT-Elemente zur Verfügung, die in ihrer Gesamtheit und mit ausführlichen Beispielen versehen unter http://www.w3schools.com/xsl/xsl_w3celementref.asp eingesehen werden können. Tab. 4.16 enthält eine übersichtliche Auswahl der wichtigsten Elemente.

4.5 Aufgabe 8

Allgemeines zu den Aufgaben Nachfolgend finden Sie mehrere Aufgabenstellungen, die sich auf den ersten Blick sehr ähneln, jedoch erhöht sich der Schwierigkeitsgrad von Aufgabe zu Aufgabe sehr. Während in der ersten Aufgabe ein hochgradig strukturierter Text in Form von Rezepten vorliegt, der das Erfassen in XML leicht ermöglicht, steigt die Heterogenität, die Komplexität und die Ambiguität in den nachfolgenden Aufgaben. Die Herausforderung bei diesem Aufgabenteil teilt sich in zwei Bereiche: einerseits das Schreiben der richtigen Syntax und der sinnvolle Einsatz von Eltern-Kind-Beziehungen und Attributen, andererseits – und das ist der wesentlich schwierigere Teil – die Übertragung der für uns Menschen evidenten Informationen in ein formalisiertes System.

[35] Hinweis: Auch ohne die strukturierenden HTML-Elemente ist ein Einsatz denkbar!

Tab. 4.16 Wichtige XSLT-Elemente

Elementname mit Präfix xsl: Attribute	Kurzbeschreibung
<apply-templates> @ select @ mode	Fügt dem Haupttemplate ein untergeordnetes Template hinzu
<attribute> @mode @ namespace	Fügt dem Zieldokument ein Attribut mit Wertzuweisung hinzu
<call-template> @name	Über den Wert des obligatorischen @name-Attributes wird ein anderes Template aufgerufen
<choose>	Erzeugt einen Container für Abfragen, die beliebig oft mit <when> (siehe letzte Tabellenzeile) gebildet werden
<copy> @ use-attribute-sets	Erzeugt eine Kopie des aktuellen Elementes ohne dessen Attribute oder Kind-Elemente
<element> @name @namespace @ use-attribute-sets	Generiert ein Element im Zieldokument
<for-each> @select	Schleifenkonstrukt, das bewirkt, dass ein Vorgang für jedes Element einer definierten Menge wiederholt wird
<if> @test	Bedingte Anweisung, die eine Ausführung von einer Bedingung abhängig macht
<output> @cdata-section-elements @doctype-public @ doctype-system @encoding @indent @media-type @method @omit-xml-declaration @standalone @version	Legt über die Wertzuweisungen in den Attributen fest, wie das Zieldokument ausgegeben werden soll
<sort> @case-order @data-type @lang @order @select	Ermöglicht das Sortieren von Elementen gemäß ihrem Inhalt

Tab. 4.16 (Fortsetzung)

Elementname mit Präfix xsl: Attribute	Kurzbeschreibung
<template> @match @mode @name @priority	Das Template umschließende Element, in dem festgehalten wird, welches Element des Ausgangsdokumentes in welcher Weise in das Zieldokument transformiert werden soll
<text> @disable-output-escaping	Generiert Textinhalte im Zieldokument
<value-of> @disable-output-escaping @extension-element-prefixes @select	Extrahiert anhand des Wertes im @select-Attribut den Inhalt eines Knotens
<variable> @name @select	Variablendeklaration mit verpflichtendem @name-Attribut
<when> @test	Ermöglicht es, eine Bedingung festzulegen, die innerhalb des <choose>-Elementes Anwendung findet

Bitte versuchen Sie immer zuerst, die gesamte Struktur zu erfassen. Dies gelingt meist am besten, wenn sie in Form eines Baumes gezeichnet wird. Formalisieren Sie anschließend Ihre Zeichnung und schreiben Sie eine DTD. Sie erhalten nun ein Regelwerk, nach dem Sie den zu beschreibenden Text mit den dort festgelegten Elementen auszeichnen können. Bei dem Einsatz Ihrer DTD in der konkreten Instanz werden Sie sehr schnell auf das eine oder andere Detail treffen, das Sie bei Ihren ersten Überlegungen übersehen haben. Sie ergänzen nun sowohl Ihre DTD wie auch Ihre Instanz und es entsteht ein iterativer Prozess hin zum optimalen Resultat.

Softwareeinsatz Den ersten Aufgabenteil (Rezeptsammlung) sollten Sie mit einem einfachen Texteditor schreiben, um das Verständnis Ihres Tuns zu erhöhen. Zur Prüfung der Wohlgeformtheit und Validität benötigen Sie einen beliebigen XML-Editor[36]. Bei den weiteren Aufgaben kann ein XML-Editor die anfallende Schreibarbeit deutlich erleichtern. Sie sollten auf ein Produkt Ihrer Wahl zurückgreifen.

[36] Eine gute Übersicht findet sich im Internet unter http://en.wikipedia.org/wiki/Comparison_of_XML_editors.

Zusatzaufgabe Bitte erzeugen Sie mittels XSLT eine Transformation der neu geschaffenen XML-Instanzen in HTML-Dokumente, die eine Präsentation der Daten für das WWW bereitstellen.

4.5.1 Rezeptsammlung

Die unten aufgeführten fünf Rezepte, die ursprünglich aus der Rezeptsammlung des Apicius[37] stammen, sollen für unterschiedliche Anwendungen (Datenbank als Archiv, WWW zur Werbung, Köln-Touristik: römischer Kochkurs, Museumsbesucher, ...) aufbereitet werden und Sie erzeugen aus diesem Grund eine universelle Datenbasis durch die Erfassung mittels XML. Bitte schreiben Sie eine

- DTD (abspeichern unter xyz.dtd) und
- XML-Instanz (abspeichern unter xyz.xml)

zu der unten aufgeführten Rezeptsammlung. Bedenken Sie, dass die Struktur/das Konzept, die/das dieser Rezeptsammlung zugrunde liegt, mit der DTD formalisiert ausgedrückt werden muss (Grammatik). Wenn Sie diese Struktur/dieses Konzept erfasst haben, füllen sie es mittels der XML-Instanz mit „realem Inhalt".

Beachten Sie dabei, dass ALLE Informationen, die Sie in den Rezepten vorfinden, mit jeweiligen Elementen oder Attributen kodiert werden müssen. Dazu zählen auch Angaben, die ergänzend zu dem eigentlichen Rezept aufgenommen wurden, z. B. die deutsche Übersetzung, der Hinweis auf den Asia-Laden usw. Je vollständiger und detaillierter Sie die Informationen fassen, umso besser sind die späteren Nutzungsmöglichkeiten.

Überprüfen Sie bitte anschließend beide Dateien (xyz.dtd und xyz.xml) mit einem beliebigen XML-Editor auf Wohlgeformtheit und Validität. Auf der Seite dhbuch.de finden Sie weitere komplexere Aufgabenstellungen zum Thema Überführen von realen Objekten in eine formalisierte konzeptuelle Struktur.

Fortgeschrittener Aufgabenzusatz Ihr Ziel ist es, nicht nur die offensichtlichen Informationen wie Menge, Einheit und Zutat, sondern auch möglichst viel von den Informationen, die Sie aufgrund Ihres Wissens um Rezepte, Texte usw. immer implizit zur Interpretation verwenden, für den Rechner zur Verfügung zu stellen. Dazu zählen Angaben wie EL, TL, l oder der Unterschied zwischen „Zutaten für 4 Personen als Beilage" und „Zutaten für 4 mit großem Appetit", aber auch Formatierungsinformationen und Differenzierungen in den Abschnittsbezeichnungen (Zeit, Zubereitungszeit, Wartezeit, ...).

---

[37] Marcus Gavius Apicius (* um 25 v. Chr.; † vor 42) war ein römischer Feinschmecker der Antike.

Rezeptsammlung des Apicius

Aliter fabaciae (Bohnen andere Art)

Zutaten Für 4 Personen als Beilage:

500 g grüne Bohnen

1 l Gemüsebrühe

1/2 TL Senfkörner

1 Prise Kümmel

2 TL Honig

2 EL Pinienkerne

1/2 TL Martini

2 EL Weißweinessig

Salz, Pfeffer

Zubereitung:

Die Bohnen putzen, ggf. Fäden entfernen, in 4 cm große Stücke schneiden.

Die Gemüsebrühe aufkochen, die Bohnen zugeben und bei reduzierter Hitze in der köchelnden Brühe in 15 Minuten weich kochen.

In der Zwischenzeit die Senfkörner mit dem Kümmel im Mörser zermahlen, die Pinienkerne zugeben und andrücken, dann mit Honig, Martini und dem Essig gut verrühren. Mit Salz und Pfeffer abschmecken.

Die Bohnen aus der Brühe nehmen, mit der Sauce verrühren, kurz durchziehen lassen und servieren.

Zubereitungszeit:

30 Minuten (mit Bohnenputzen)

Betas elixas (Rote-Bete-Salat)

Zutaten Für 4 Personen als Salat:

500 g gekochte Rote Bete, geschält

1 TL mittelscharfer Senf

4 EL Distelöl

2 EL Kräuteressig

Gewürze: Salz, Pfeffer, 1/2 TL Koriander

1 Spritzer Zitronensaft

Zubereitung:

Die Rote Bete in Scheiben schneiden und auf einer Platte anrichten.

Die übrigen Zutaten in einer Schüssel zu einem Dressing verrühren und über die Rote-Bete-Scheiben geben.

Abgedeckt im Kühlschrank etwa 30 Minuten ziehen lassen.

Zubereitungszeit:

etwa 10 Minuten + 30 Minuten Wartezeit

Intubae et lactucae (Chicoréesalat)

Zutaten Für 2 Personen:

2 Chicorée (eher kleine nehmen)

1/2 kleine Zwiebel

2 EL Schnittlauch gehackt

1 EL Austernsauce (Asia-Laden)

2 EL Distelöl

2 EL Aceto balsamico bianco

1 TL Honig

Die Chicorée waschen, halbieren, Strunk entfernen und in feine Streifen schneiden.

Die Zwiebel schälen und sehr fein hacken, mit dem gehackten Schnittlauch und den restlichen Zutaten verquirlen.

Dressing über den Salat geben, servieren.

Zubereitungszeit:

10 Minuten

Pullum parthicum (Hähnchen auf parthische Art)

Zutaten Für 4 mit großem Appetit:

1 Hähnchen (etwa 1,5 kg)

2 EL dunkle Sojasauce

1 kleiner Zweig Liebstöckel

1 kleine Zwiebel

1/2 TL Pfeffer

1/4 TL Kümmel

2 EL Austernsauce (aus dem Asia-Laden)

100 ml trockener Weißwein

Vorbereitung:

Den Römertopf wässern.

Zubereitung:

Das Hähnchen waschen, trockentupfen, die Beine und Flügel mit Küchengarn am Rumpf fixieren.

Mit der Sojasauce rundum bepinseln und in den Römertopf legen.

Liebstöckel fein hacken, Zwiebel schälen und fein hacken, um das Hähnchen herum verteilen.

Pfeffer grob im Mörser zerstoßen und mit Kümmel und Austernsauce um das Hähnchen herum verteilen, mit Weißwein aufgießen, den Deckel aufsetzen.

Den Römertopf in den kalten Ofen stellen, auf 250°C Ober-/Unterhitze schalten und etwa 50 Minuten garen, den Deckel entfernen und für weitere 10 Minuten garen.

Das Hähnchen auf eine Platte legen, die Sauce in eine kleine Schüssel füllen und beides gemeinsam servieren.

Zubereitungszeit:

Arbeitszeit etwa 15 Minuten + 60 Minuten Backzeit

Pullus conchiclatus (gefülltes römisches Hähnchen)

Zutaten Für 5 Personen:

1 Brathähnchen (etwa 1,6 kg)

200 g Erbsen

500 g roher Leberkäse oder Brät (oder Wurst und Bratenreste, sehr fein geschnitten)

1 Zweig Liebstöckel

3 Zweige Oregano

1 kleines Stück Ingwer

Salz, Pfeffer

1 EL Sojasauce

2 EL Marsala

1 EL Weißwein

2 EL Sojasauce

Zubereitung:

Den Römertopf wässern.

Das Hähnchen von innen und außen gut abspülen, trockentupfen. Die Erbsen mit 3 EL Wasser kurz erhitzen und dann pürieren, mit dem Leberkäse mischen.

Die Kräuter abspülen, trockenschütteln und fein hacken, zur Füllung geben. Den Ingwer schälen und ebenfalls zugeben. Mit Salz, Pfeffer, Sojasauce, Marsala und Weißwein würzen, Füllung in das Hähnchen geben.

Beine und Flügel mit Küchengarn fest anbinden, ggf. übrig gebliebene Füllung in den Römertopf geben und das Hähnchen darauf setzen. Salzen und pfeffern und mit 2 EL Sojasauce bepinseln.

Den geschlossenen Römertopf in den Ofen stellen und auf 200°C Ober-/Unterhitze schalten und für etwa 1,5 - 2 Stunden backen. Dann den Deckel entfernen, die Haut mit einer Nadel etwas einpieksen und für weitere 15 Minuten garen.

Zubereitungszeit:

etwa 40 Minuten Arbeits- + 2 Stunden Garzeit

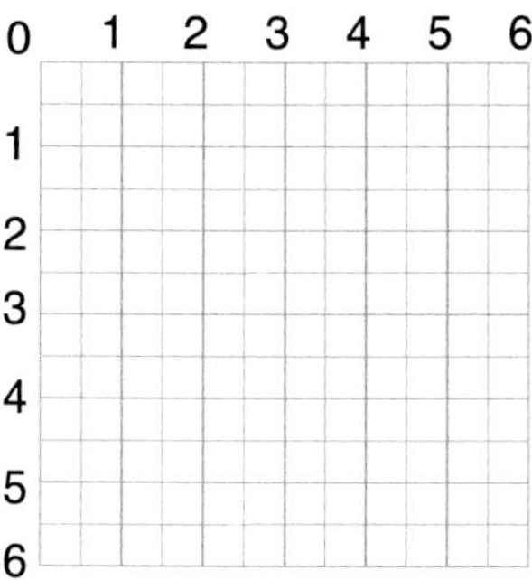

Abb. 4.8 Koordinatensystem für SVG

4.6 SVG

SVG[38] ist die Abkürzung für Scalable Vector Graphics (deutsch: Skalierbare Vektorgrafiken) und stellt einen Standard zur Beschreibung zweidimensionaler Vektorgrafiken mittels XML dar. Mit dieser Art des Einsatzes von XML wird endgültig klar, dass XML nicht auf Text beschränkt ist und sehr breit eingesetzt werden kann. Aufgrund der SVG-Anweisungen wird im Moment des Aufrufs der Datei die gewünschte Grafik gezeichnet. Nicht das Bild sondern die Anweisung wie das Bild zu zeichnen ist, wird in der Datei abgespeichert.

Damit die Anweisungen korrekt umgesetzt werden, bedarf es einer Applikation, die diese versteht und darstellen kann, sogenannte SVG Viewer. In den modernen Webbrowsern sind diese bereits integriert, nur in Ausnahmefällen muss ein Plug-in für die SVG nachgeladen werden. Bei Anzeige des Anweisungscodes anstelle der gewünschten Grafik fehlt ein solcher Viewer.

Das Erstellen von SVG-Grafiken erfolgt im professionellen Bereich mit entsprechenden Softwaresystemen, die maximale Unterstützung bei der Anfertigung von Code liefern. Da es hier um das Verständnis der Technologie geht und nicht um das Zeichnen einer optimalen SVG-Grafik, sind die nachfolgenden Beispiele bewusst einfach gehalten und können mit einem einfachen Texteditor erstellt und mit einem Webbrowser angezeigt werden.

Die Zeichnungen erfolgen immer in einem Koordinatensystem, das seinen Koordinatenursprung in der linken oberen Ecke des Zeichenbereichs hat. Es handelt sich dabei um ein zweidimensionales kartesisches Koordinatensystem, bei dem die X-Achse nach rechts und die Y-Achse nach unten weist (siehe Abb. 4.8).

In den folgenden Ausführungen ist eine große Ähnlichkeit zu dem in HTML5 definierten Canvas-Element (siehe Kap. 2.7.4 „Canvas-Element“) festzustellen.

4.6.1 SVG-Datei

Jede SVG-Datei beginnt mit der XML-Deklaration.

```
<?xml version="1.0" encoding="utf-8"?>
```

[38] Weiterführendes Tutorial unter: http://www.w3schools.com/svg/svg_intro.asp.

Abb. 4.9 Sonne – SVG

Abb. 4.10 Rad – SVG

Es folgt das Start-Tag

```
<svg>
```

mit den Attributen, welche die benutzten Namensräume beschreiben, gefolgt von den Attributen @width und @height. Diese geben die Größe des Grafikbereiches an, in dem anschließend gezeichnet werden kann.

```
<svg
  xmlns="http://www.w3.org/2000/svg"
  xmlns:xlink=http://www.w3.org/1999/xlink
  width="800"
  height="1000">
</svg>
```

Es folgen die gewünschten in SVG definierten Elemente, um den Inhalt der Datei zu zeichnen. Abschließend wird die SVG-Datei mit </svg> geschlossen.

Um in den vordefinierten SVG-Bereich eine Grafik zu zeichnen, muss die entsprechende Anweisung zwischen die <svg>-Tags geschrieben werden. Eine komplexe Grafik ist immer eine Kombination aus vielen einzelnen Basisformen, die nacheinander definiert werden:

Kreis mit angrenzenden Dreiecken bildet eine Sonne, siehe Abb. 4.9.

Schwarze und weiße Kreise sowie Linien bilden ein Rad, siehe Abb. 4.10.

4.6.1.1 Rechteck

Für ein Rechteck mit einer Länge und Höhe von 200 px, das an der Stelle 100, 100 im Koordinatensystem seine linke obere Ecke hat, muss folgende Anweisung geschrieben werden.

```
<rect x="100" y="100" width="200" height="200" />
```

Damit die Grenzen des Grafikbereiches besser sichtbar sind, ist es sinnvoll, ein Rechteck einzufügen, dass nur ein wenig kleiner ist als die Grundfläche, mit einer dünnen Linie umrandet und nicht ausgefüllt wird. Erreicht wird dies über die Attribute @fill mit der Wertzuweisung none, @stroke für die Umrandung mit dem Wert black und @stroke-width für die Umrandungsdicke mit dem Wert 4.

```
<rect x="1"y="1" width="598" height="398"
      fill="none"
      stroke="black"
      stroke-width="4"/>
```

4.6.1.2 Kreis

Zum Zeichnen eines Kreises benötigt der Browser das Tag <circle> und die Angaben über den Kreismittelpunkt über die Attribute @cx (horizontal) und @cy (vertikal) sowie über die Radiusgröße @r in px.

```
<circle cx="100" cy="300" r="50" fill="green" />
```

4.6.1.3 Ellipse

Die Ellipse wird mit dem Tag <ellipse> codiert, das mindestens vier Attribute enthalten muss:

```
<ellipse cx="400" cy="100" rx="100" ry="50" fill="red" />
```

1. @cx – horizontale Position des Mittelpunktes,
2. @cy – vertikale Position des Mittelpunktes,
3. @rx – Breite und
4. @ry – Höhe.

4.6.1.4 Linie

Die Liniendefinition erfolgt über das Tag <line> mit den Attributen:

- @x1 – horizontaler Startpunkt,
- @y1 – vertikaler Startpunkt,
- @x2 – horizontaler Endpunkt,
- @y2 – vertikaler Endpunkt,
- @stroke – Linienfarbe und
- @stroke-width – Liniendicke.

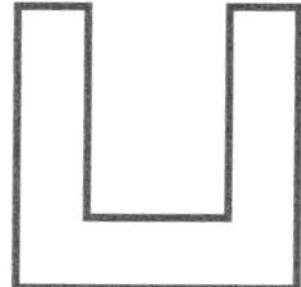

Abb. 4.11 Polygon – SVG

```
<line x1="100" y1="390"
      x2="400" y2="280"

      stroke="black"
      stroke-width="8" />
```

4.6.1.5 Polygon

Beliebige Formen können mit dem Tag <polygon> unter Angabe der Koordinaten, die die Eckpunkte der Form bilden, erzeugt werden (Abb. 4.11). Der letzte Punkt wird dabei automatisch mit dem ersten Punkt verbunden.

```
<polygon points="100 100, 150 100, 150 250, 250 250,
                 250 100, 300 100, 300 300, 100 300"

   fill="none"
   stroke="red"
   stroke-width="3">
```

4.6.1.6 Vollständiges einfaches Beispiel

```
<?xml version="1.0" encoding="UTF-8" standalone="no" ?>

<!DOCTYPE    svg    PUBLIC    "-//W3C//DTD    SVG    1.0//EN"
"http://www.w3.org/TR/2001/REC-SVG-20010904/DTD/svg10.dtd">

 <svg width="600" height="400"
        xmlns="http://www.w3.org/2000/svg"
        xmlns:xlink="http://www.w3.org/1999/xlink">

  <rect x="100" y="100" width="100" height="100"
        fill="blue"/>

  <circle cx="100" cy="300" r="50" fill="green" />

  <ellipse cx="400" cy="100" rx="100" ry="50" fill="red"/>

   line x1="100" y1="390" x2="350" y2="280"
        stroke="black" stroke-width="8" />

  <polygon points="400 200, 450 200, 450 350, 550 350,
                   550 200, 600 200, 600 400, 400 400"

     fill="none"
     stroke="red"
     stroke-width="3">

  </polygon>

 </svg>
```

Resultat:

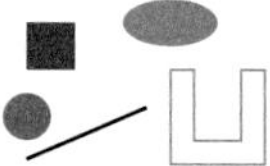

4.6.1.7 Wiederverwendung

Um Redundanzen zu vermeiden und um die Übersichtlichkeit zu wahren, können Formen zunächst definiert und anschließend mehrfach verwendet werden. Innerhalb des Elements <defs> werden die Definitionen für Formen festgeschrieben, die anschließend über das Element <use> mittels xlink referenziert werden können. Eigenschaften der Formen können innerhalb des <use>-Elementes für jede Nutzung neu festgelegt werden.

```
<defs>

  <polygon id="meinU"
           points="0 0, 50 0, 50 150, 150 150, 150 0, 200 0,
                 200 200, 0 200"/>
</defs>

<use xlink:href="#meinU" x="10" y="10"
          fill="green" stroke="red" stroke-width="3"/>

<use xlink:href="#meinU" x="310" y="110"
          fill="blue" stroke="yellow" stroke-width="3"/>
```

Resultat:

4.6.1.8 Transformation

Einmal definierte Formen können nun durch Verschieben, Skalieren, Rotieren, Verzerren oder Neigen verändert werden.

Bei einer Transformation ist grundsätzlich Folgendes zu beachten:

Zuerst wird ein temporäres Koordinatensystem erzeugt, welches mit dem ursprünglichen Koordinatensystem identisch ist, dessen einziger Inhalt die zu transformierende Form ist. Anschließend wird die Transformationsanweisung auf dieses temporäre Koordinatensystem angewandt, d. h. das gesamte temporäre Koordinatensystem wird verändert und somit wird die Form ebenfalls transformiert. Wenn also mehrere Transformationen auf ein Objekt angewendet werden, ist die Reihenfolge der Veränderungen von enormer Bedeutung.

Realisiert wird eine Transformation mit dem Attribut @transform zu dem Element <use>, wobei die Wertzuweisung die Art der Transformation bestimmt.

translate(x,y) bewirkt eine Verschiebung zu den im Parameter angegebenen x- und y-Koordinaten.

scale(x) ermöglicht die proportionale Vergrößerung bzw. Verkleinerung der Form um den im Parameter angegebenen Faktor.

rotate(x) dreht eine Form um den im Parameter angegebenen Drehwinkel. Bei zusätzlicher Angabe eines Koordinatenpaars nach dem Drehwinkel wird der Drehpunkt zusätzlich verschoben.

skewX(x) bzw. **skewY(x)** bewirkt eine Stauchung bzw. eine Streckung der Form, je nach Wert des Parameters, entlang der x- bzw. y-Achse.

```
<defs>
  <polygon id="meinU"
        points="0 0, 50 0, 50 150, 150 150, 150 0, 200 0,
                    200 200, 0 200"/>
</defs>

<use xlink:href="#meinU"
   transform="translate(10,20)"
   fill="green"
   stroke="red"
   stroke-width="3"/>

<use xlink:href="#meinU"
   transform="translate(410,100) scale(.5) rotate(45)"
   fill="blue"
   stroke="yellow"
   stroke-width="3"/>

<use xlink:href="#meinU"
   transform="translate(110, 250) scale(.5) skewX(25)"
   fill="green"
   stroke="none"
   stroke-width="3"/>

<use xlink:href="#meinU"
   transform="translate(310, 250) scale(.5) skewY(25)"
   fill="none"
   stroke="red"
   stroke-width="3"/>
```

Resultat:

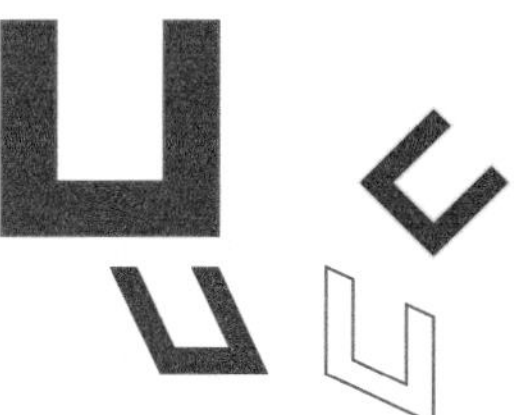

Die Kombination der einfachen Formen zusammen mit den Effekten der Transformation ermöglicht das Zeichnen komplexer Vektorgrafiken, wie die nachfolgende Grafik eines Tigerkopfes (Abb. 4.12) verdeutlicht.[39]

[39] Weitere Beispiele siehe http://commons.wikimedia.org/wiki/SVG_examples?uselang=de.

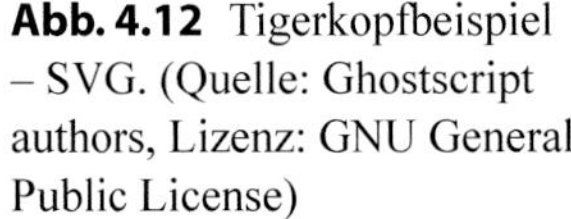

Abb. 4.12 Tigerkopfbeispiel – SVG. (Quelle: Ghostscript authors, Lizenz: GNU General Public License)

4.6.2 Aufgabe 9

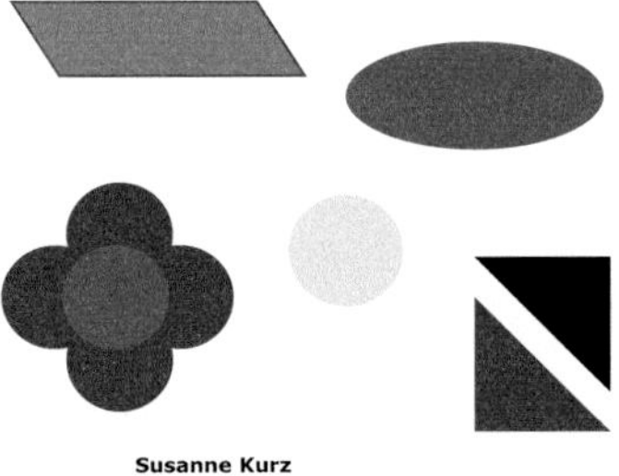

Bitte verwandeln Sie obige Skizze in eine SVG-Datei und wenden Sie verschiedene Transformationen auf die einzelnen Formen an. Versuchen Sie anschließend, Ihren Namen in die SVG-Grafik zu schreiben.

Zeichnen Sie nun Ihr Traumhaus mit Garten. Je ausgefeilter die Lösung, umso besser, aber es müssen mindestens zwei Fenster gezeichnet werden, die aus einem umgebendem Rechteck und Fensterkreuz (zwei Linien) zusammengesetzt sind und mit „transform" an die benötigten Stellen gesetzt werden. Verwenden Sie für die Gartengestaltung wiederverwendbare Elemente (mehrere gleichförmige Blumen/Bäume/Zaunelemente.…) und transformieren Sie diese mit den vorgestellten Möglichkeiten, denn Wind und Wetter haben ihre Spuren an den Pflanzen hinterlassen.

5 TEI

Die vielen Vorteile, die ein elektronischer Text gegenüber den traditionellen Textmanifestationen haben kann, offenbarten sich bereits in den 1970er Jahren, nachdem die ersten Textverarbeitungssysteme für Computer bekannt wurden. Allein die sehr schnelle Suche bestimmter Zeichenketten in Texten – egal wie groß der Umfang des Textes auch sein mochte – weckte unglaubliche Hoffnungen bei allen, die mit Texten arbeiteten. Anfang der 1980er Jahre kamen dann die ersten wirklich nutzbaren Softwaresysteme zur Verarbeitung von Texten auf den Markt und ein immer größer werdender Kreis von Personen konnte darauf zurückgreifen. Das einfache Ergänzen, Löschen und Verschieben von Textfragmenten machte einen bisher normalen Vorgang – das Neuschreiben des Textes – überflüssig. Jedoch war die Bedienung der Systeme unglaublich kompliziert und wenig komfortabel und nicht wenige empfanden die Einführung von elektronischem Text nicht nur nach einem Erlebnis wie der Anzeige „Speichern nicht möglich. Abbrechen j(a)/n(ein)?" dann doch mehr als Fluch denn als Segen.

Während traditionelle Texte in dem Moment, indem sie physisch zur Verfügung standen, unmittelbar genutzt werden konnten, ist bis heute die vollständige Abhängigkeit von Hard- und Software bei einem Text, der als digitale Datei vorliegt, gegeben.

Benötigt wird für den Gebrauch eines elektronischen Textes immer funktionierende Hardware, die ihrerseits auf elektrische Stromversorgung angewiesen ist, sodass ein leerer Akku oder das Fehlen von Steckdosen zur realen Unerreichbarkeit eines Textes führen kann. Zusätzlich wird Software benötigt, die in der Lage ist, den Text ordnungsgemäß anzuzeigen[1] und verschärft wird die Situation durch die Tatsache, dass Anwendungssoftware in der Regel auf ein bestimmtes Betriebssystem abgestimmt ist.

[1] Bis in die jüngere Vergangenheit war dies nur mit genau der Software möglich, die zum Erstellen des Textes verwendet wurde und auch noch heute haben wir maximal den ersten Schritt auf einem langen Weg hin zu allgemeinen und universellen Lösungen getan.

S. Kurz, *Digital Humanities*, DOI 10.1007/978-3-658-11213-4_5

Sem.	*LV u. Turnus*	*SWS*	*P/WP*	*Gegenstand*	*Prüfung/Leistung*	*K*	*VN*	*CP*
1./3.	Proseminar WS	2	P	HKI I: Websysteme, XML, Relationale Datenbanken	Aktive Teilnahme, Hausarbeit	30	90	4
2./4.	Proseminar SS	2	P	HKI II: Statistik, Bildbearbeitung, Geoinformationssysteme	Aktive Teilnahme, Hausarbeit	30	90	4
2./4.	Übung SS	2	P	Ausgewählte Technologien	Aktive Teilnahme	30	30	2
Σ	**-**	**6**	**-**	**-**	**-**	**300**		**10**

Abb. 5.1 Tabellenbeispiel für den Zusammenhang von Semantik und Struktur

So führte die Tatsache der großen Verbreitung der Softwaresysteme für die Textverarbeitung ab den 1980er Jahren und damit der steigenden Anzahl von Anbietern und Versionen zu einer bisher nicht dagewesenen Problematik.

5.1 Problematik

Eine der wesentlichen Problematiken mit digitalen Texten ist die reale Verfügbarkeit. Die Tatsache, dass eine Textdatei physisch im Speicher vorhanden ist, bedeutet bei weitem nicht, dass der Text genutzt werden kann. Sowohl die Präsentation wie auch eine Auswertung des Textes ist erst im koordinierten Zusammenwirken von Datei, Hardware, Betriebssystem und Anwendungsprogramm möglich. Entscheidend und gleichzeitig problembehaftet ist dabei, dass eine reine Speicherung von Buchstabenketten nicht zielführend ist. Semantische Strukturen müssen zusätzlich zu den Buchstabenfolgen festgehalten werden. Offensichtlich ist dies bei einer Tabelle wie in Abb. 5.1.

Werden in diesem Fall ausschließlich Zeichenfolgen gespeichert und fehlt die Strukturgebung durch die Tabelle, ist eine sinnvolle Interpretation der Zeichen-Abfolge nicht mehr möglich. Ähnlich verhält es sich bei mehrgliedrigen Überschriften oder Aufzählungen sowie Einzügen und Absätzen. Weitere Beispiele für einen folgenschweren Informationsverlust bei Reduktion der Strukturelemente lassen sich in großer Zahl finden.

Daneben existiert je nach Textsorte eine große Anzahl von spezifischen Merkmalen, die über diese simple Art von Strukturinformation hinausgehen. Fortgeschrittenes Arbeiten mit Texten – vor allem in Form von Analysen – benötigt sehr viel mehr semantische und digital nutzbare Information.

Jenseits der spezifischen Merkmale für Textsorten sind sehr häufig weitere Textteile auffindbar, die schwer elektronisch erfassbar sind. Dies wird besonders dann zum Problem, wenn retrodigitalisiert[2] wird. Anmerkungen oder Kommentare, die oft auch hand-

[2] Retrodigitalisierung oder retrospektive Digitalisierung ist das Transformieren von analog vorliegendem Material in ein digitales Objekt. In Bibliotheken und Archiven wird dies einerseits zur Bestandserhaltung eingesetzt, andererseits um das Material einem deutlich größerem Publikum mit einem Mehrwert zur Verfügung zu stellen.

schriftlich in gedruckten Werken zu finden sind, stellen wichtige Informationen dar, die digital nicht nur als Grafik, sondern auch als zur Analyse verwendbare Daten zur Verfügung stehen sollen. Hinzu kommen Informationen zu dem verwendeten Material, der eingesetzten Druckoder Aufnahmetechnik und vieles mehr, die für nicht wenige wissenschaftliche Zwecke unbedingt von Nöten sind.

Es muss also sichergestellt werden, dass bei einer Digitalisierung so viele Informationen wie möglich nachvollziehbar codiert und langfristig ohne Verlust verfügbar gemacht wird. Ein unabhängiges, portables und offenes Datenformat zur Speicherung, zum Austausch und zur Analyse von Texten ist für dieses Ziel unumgänglich.

Diese hochkomplexe Problemstellung hat zur Gründung eines Konsortiums geführt, das für sich die Gesamtheit dieser Probleme als Aufgabenbereich definiert hat.

5.2 Konsortium und Standard

Bereits 1987 fand die konstituierende Zusammenkunft der internationalen Kooperation „Text Encoding Initiative"(TEI) statt und führte zu einem Projekt, das international und mehrsprachig auf wissenschaftlicher Grundlage angelegt wurde, um allgemeine Richtlinien für die Aufbereitung elektronischer Texte zielgerichtet für die wissenschaftliche Forschung zu erarbeiten. Diese Richtlinien beziehen sich einerseits direkt auf die Codierung unterschiedlicher Textsorten, andererseits aber auch das Textkodierungsformat. 1994 wurden erstmalig die „Guidelines for Electronic Text Encoding and Interchange"[3] veröffentlicht und das Kürzel TEI steht seitdem einerseits für die Initiative und andererseits für die Richtlinien.

Seit 2000 organisiert das TEI-Konsortium (TEI-C)[4] den gesamten Aufgabenbereich. Es handelt sich um eine international besetzte nichtkommerzielle Organisation („non-profit membership organization").

5.3 Guidelines

Seit den Gründungstagen arbeitet die TEI an einem Standard zur strukturellen und konzeptuellen Codierung von Textbestandteilen. In Form von Guidelines werden seit 1994 Richtlinien veröffentlicht, die regelmäßig durch das Konsortium angepasst werden und einen De-Facto-Standard in den Geisteswissenschaften darstellen.

Die Zielsetzung des Projektes besteht darin, so viele textuelle Merkmale unterschiedlicher Textsorten wie möglich in Form von Metadaten zu repräsentieren und gleichzeitig das Kodieren unterschiedlicher Textauffassungen zu ermöglichen. Die Universalität der

[3] Siehe http://www.tei-c.org/Guidelines/.

[4] Siehe http://www.tei-c.org/index.xml.

TEI bedingt aber gleichzeitig ihre Komplexität und es bedarf einige Zeit der Einarbeitung für einen souveränen Umgang mit diesem Standard.[5]

Die veröffentlichten Guidelines sind modular aufgebaut und basierten ursprünglich auf SGML[6]. Im Jahr 2002 wurde die erste XML[7]-basierte Version veröffentlicht und die ursprüngliche DTD wurde in ein TEI-Schema transformiert, das seinerseits automatisiert in gängigen Schemata wie XML-Schema, Relax-NG oder DTD[8] umgeformt werden kann. Zusätzlich zu den vollständigen Guidelines steht eine abgeleitete, reduzierte Version namens TEI Lite[9] zur Verfügung, die zugunsten einer leichteren Handhabbarkeit auf Vollständigkeit verzichtet und nicht zuletzt für Einsteiger konzipiert wurde.

Wie alle markupbasierten Systeme ist auch die TEI softwareunabhängig, es wird also keine bestimmte Software benötigt, um diesen Standard zu benutzen. Mittels spezieller Software[10] und XML-Editoren, die zum Teil die TEI direkt integriert haben, ist ein deutlich komfortableres Arbeiten möglich.

Die Vorgaben der TEI beinhalten viel Freiraum, sodass eine individuelle Sicht auf einen Text möglich bleibt. Es handelt sich um Empfehlungen und Richtlinien und nicht um ein starres Regelwerk. Diese Selbstbestimmung durch den User ist aber gerade für den Einstieg eher ein Hindernis, da zwischen vielen möglichen Variationen entschieden werden muss, welche für den eigenen Zweck die beste ist. So kann diese Einführung auch nur eine Hilfestellung beim selbständigen Erarbeiten der Guidelines und kein Tutorial im klassischen Sinne sein. Es handelt sich auch nicht um eine vollständige Referenz, sondern um eine umfangreiche Auswahl der wesentlichen Charakteristika und die Beispiele sind überwiegend direkt den Guidelines[11] entnommen.

5.4 TEI Module

Der modulare Aufbau der TEI manifestiert sich in 21 Modulen, die Einheiten von sinnverwandten Elementen bilden. Für die Textkodierung werden die Module ausgewählt, welche die notwendigen Elemente und Attribute enthalten und diese können durch eigene Anpassungen und Ergänzungen erweitert werden. Das Pflichtmodul „core" muss eingebunden werden und von den optionalen Modulen müssen diejenigen, die für die Codierung notwendig sind, ausgewählt und hinzugefügt werden.

[5] Siehe http://www.tei-c.org/Support/Learn/.

[6] Siehe Kap. 2.6.1 „Grundlegendes zu SGML".

[7] Siehe Kap. 4 „Markupsprachen am Beispiel von XML".

[8] Siehe Kap. 4.3 „Validierung".

[9] Siehe http://www.tei-c.org/Guidelines/Customization/Lite/.

[10] Siehe http://www.tei-c.org/Tools/.

[11] http://www.tei-c.org/release/doc/tei-p5-doc/en/Guidelines.pdf.

Tab. 5.1 TEI Module

Modulname	Kurzbeschreibung
Analysis	Analysis/Interpretation
Certainty	Certainty/Uncertainty
Core	Common Core
Corpus	Metadata for Language Corpora
Dictionaries	Print Dictionaries
Drama	Performance Texts
Figures	Tables, Formulae, Figures
Gaiji	Character and Glyph Documentation
Header	Common Metadata
Iso-fs	Feature Structures
Linking	Linking, Segmentation, Alignment
Msdescription	Manuscript Description
Namesdates	Names, Dates, People and Places
Nets	Graphs, Networks and Trees
Spoken	Transcribed Speech
Tagdocs	Documentation Elements
Tei	TEI Infrastructure
Textcrit	Text Criticism
Textstructure	Default Text Structure
Transcr	Transcription of Primary Sources
Verse	Verse

Zur Erleichterung der Zusammenstellung der richtigen Module für den konkreten Einsatz findet sich auf den Seiten des TEI-C ein Online-Tool names Roma[12], das mit den Schritten

1. Modulauswahl,
2. Hinzufügen eigener Elemente und
3. Auswahl des Validierungsschemas (DTD, Relax-NG,…)

den Aufbau des Validierungsdokumentes sehr vereinfacht.

5.4.1 Übersicht

In Tab. 5.1 findet sich eine Übersicht über die aktuell verfügbaren 21 Module.

[12] Siehe http://www.tei-c.org/Roma/.

5.5 Aufbau einer TEI-Instanz

In diesem Kapitel wird der Aufbau einer TEI-Instanz nach den Guidelines P5 vorgestellt. Als Metasprache wird bei P5 XML verwendet und so sind zum Verständnis dieses Kapitels sowohl die theoretischen wie auch die praktischen Kenntnisse von Kap. 4 „Markupsprachen am Beispiel von XML“ unbedingte Voraussetzung. Nachfolgende Beispiele sind der Webseite http://www.tei-c.org entnommen.

Jede TEI-Instanz muss mit dem <TEI>-Tag umschlossen werden und ist unterteilt in einen Header-Bereich für dokumentbeschreibende Metadaten und einen Text-Bereich zur Aufnahme der Informationen des Textes selbst.

```
<TEI>
  <teiHeader>instanzbeschreibende Metadaten</teiHeader>

  <text>
    alle Informationen des Textes
  </text>

</TEI>
```

5.5.1 Headerdaten

Das Ziel eines guten Headers ist eine möglichst genaue Beschreibung der TEI-Instanz, also des ursprünglichen Textes und der Codierung, damit diese für eine nachfolgende Verwendung durch weitere Personen und Softwaresysteme möglich und verständlich ist. Von besonderem Interesse sind diese Daten auch bei der Katalogisierung durch (digitale) Bibliotheken und Archive.

Innerhalb des Headers wird dementsprechend zwischen einer Beschreibung der Datei (verpflichtend) und einer Beschreibung der Codierung (optional) unterschieden. Zusätzlich kann eine Beschreibung des Textprofils und der Textrevision erfolgen.

5.5.1.1 File Description

<fileDesc> ist ein obligatorisches Element, das die Dateibeschreibung umschließt und die bibliografischen Informationen zu einer Datei enthält. Mögliche Kind-Elemente sind:

<titleStmt> nimmt die Titelinformation auf und umfasst Angaben zum Titel und zu den Verantwortlichen eines Werks.

```
<titleStmt>
  <title>
    <!-- title of the resource -->
  </title>
</titleStmt>
```

<editionStmt> enthält Erklärungen zur Edition und umfasst die Angaben zu einer Edition eines Textes.

```
<editionStmt>
  <p>
    <! -- information about the edition of the resource -->
  </p>
</editionStmt>
```

<extent> beinhaltet die Größe der Datei.

```
<extent>
  <!-- description of the size of the resource -->
</extent>
```

<publicationStmt> enthält Angaben zu Veröffentlichung oder Vertrieb des Textes.

```
<publicationStmt>
  <p>
   <!-- information  about the  distribution of  the  resource
                                               -->
  </p>
</publicationStmt>
```

<seriesStmt> umfasst ggf. Angaben zu einer Reihe, zu der eine Veröffentlichung gehört.

```
<seriesStmt>
  <p>
   <!-- information  about  any  series  to  which  the  resource
                                       belongs -->
  </p>
</seriesStmt>
```

<notesStmt> beinhaltet Erklärungen zu Anmerkungen, fasst also weitere Anmerkungen mit Informationen über den Text zusammen, und zwar zusätzlich zu den Informationen, die in anderen Teilen der bibliografischen Beschreibung bereits festgehalten sind.

```
<notesStmt>
  <note>
     <!-- notes on other aspects of the resource -->
  </note>
</notesStmt>
```

<sourceDesc> beschreibt den (die) Quelltext(e), von dem (denen) der elektronische Text abstammt oder erzeugt wurde.

```
<sourceDesc>
   <!-- information  about  the  source  from  which  the resource
                                was derived -->
</sourceDesc>
```

5.5.1.2 Encoding Description

<encodingDesc> ist ein optionales aber empfohlenes Element und beinhaltet die Codierungsbeschreibung. Innerhalb dieses Tags wird also die Verbindung zwischen dem elektronischen Text und seiner Quelle/Quellen dokumentiert. Mögliche Kind-Elemente sind:

<projectDesc> dient der Beschreibung des Projekts. Dort werden das Ziel und die Absichtder Codierung sowie weitere Informationen zur Datenbeschaffung festgehalten.

```
<projectDesc>

 <p>Texts collected for use in the Claremont Shakespeare
                      Clinic, June 1990</p>
</projectDesc>
```

<samplingDecl> beinhaltet die Beschreibung des Auswahlverfahrens und enthält einen Abriss der Kriterien und Methoden, nach denen die codierten Textsamples ausgewählt wurden.

```
<samplingDecl>

  <p>Samples of up to 2000 words taken at random from the
  beginning, middle, or end of each text identified as
  relevant by respondents.</p>

</samplingDecl>
```

<editorialDecl> beschreibt die Editions-Prinzipien und -Verfahren.

```
<editorialDecl>
  <normalization>
     All words converted to Modern American spelling using
     Websters 9th Collegiate dictionary.
  </normalization>

  <quotation marks="all">
     All opening quotation marks converted to " all closing
     quotation marks converted to &amp;cdq;.
  </quotation>
</editorialDecl>
```

<tagsDecl>erläutert die Verwendung der Tags.

```
<tagsDecl>

  <rendition xml:id="rend-it">
     to be rendered in italic font
  </rendition>

  <namespace name="http://www.tei-c.org/ns/1.0">
     <tagUsage gi="hi" occurs="467" render="#rend-it"/>
     <tagUsage gi="title" occurs="45" render="#rend-it"/>
  </namespace>

  <namespace name="http://docbook.org/ns/docbook">
     <tagUsage gi="para" occurs="10"/>
  </namespace>

</tagsDecl>
```

<styleDefDecl> steht für „style definition language declaration“ und spezifiziert die verwendete Darstellungssprache.

```
<styleDefDecl scheme="css" schemeVersion="2.1"/>

  <tagsDecl>
     <rendition xml:id="boldface">
        font-weight:bold;
     </rendition>

     <rendition xml:id="italicstyle">
        font-style:italic;
     </rendition>

  </tagsDecl>
```

<refsDecl> ist für die Beschreibung der Referenzstruktur reserviert.

```
<refsDecl>

  References are made up by concatenating the value for the
  <att>n</att>attribute  on  the  highest  level  <gi>div</gi>
  element, followed by a space, followed by the sequential
  number of the next level <gi>div</gi> followed by a colon
  followed by the sequential number of the next (and
  lowest)level <gi>div</gi>.

</refsDecl>
```

<classDecl> enthält eine oder mehrere Klassifikation(en) bzw. Taxonomien, die im Text Verwendung finden.

```
<classDecl>

  <taxonomy xml:id="LCSH">
    <bibl>Library of Congress Subject Headings</bibl>
  </taxonomy>

</classDecl>

<!-- ... -->

<textClass>
  <keywords scheme="#LCSH">
    <term>Political science</term>
    <term>United States -- Politics and government -
    Revolution, 1775-1783</term>
  </keywords>
</textClass>
```

<geoDecl> beinhaltet notwendige Informationen zu den verwendeten Geo-Daten wie Koordinatenbezugssysteme u. ä.

```
<geoDecl datum="WGS84"/>
```

<schemaSpec> erfasst alle Komponenten, die notwendig sind, um ein TEI-konformes Schema zu generieren.

```
<schemaSpec prefix="TEI_" ident="testsvg" start="TEI svg">

  <moduleRef source="tei:current" key="header"/>
  <moduleRef key="core"/>
  <moduleRef key="drama"/>
  <moduleRef url="svg11.rng"/>

</schemaSpec>
```

5.5.1.3 Profile Description

<profileDesc> ist ein optionales Element und umschließt die Beschreibung des Textprofils. Es stellt eine Beschreibung der nichtbibliografischen Merkmale des Textes, z. B. der verwendeten Sprachen, der Entstehungsbedingungen der Teilnehmer und ihres Umfelds dar. Mögliche Kind-Elemente sind:

<creation> beinhaltet Informationen über die Entstehung des Textes.

```
<creation>
  <date>Before 1987</date>
</creation>

<creation>
  <date when="1988-07-10">10 July 1988</date>
</creation>
```

<langUsage> umfasst die Sprachen, Dialekte usw., die in dem Text vorkommen.

```
<langUsage>

  <language ident="fr-CA" usage="60">Québecois</language>
  <language ident="en-CA" usage="20">
          Canadian business English </language>
  <language ident="en-GB" usage="20">
          British English</language>

</langUsage>
```

<textClass> enthält Informationen über Art oder Thematik eines Textes.

```
<taxonomy>
  <category xml:id="acprose">
    <catDesc>Academic prose</catDesc>
  </category>
  <!-- other categories here -->
</taxonomy>

<textClass>

  <catRef target="#acprose"/>

  <classCode scheme="http://www.udcc.org">001.9</classCode>
    <keywords scheme="http://authorities.loc.gov">
      <list>
        <item>End of the world</item>
        <item>History - philosophy</item>
      </list>
    </keywords>

  </textClass>
```

<calendarDesc> enthält Beschreibungen zu den unterschiedlichen Kalendern, zu denen Daten im Text vorkommen.

```
<calendarDesc>

  <calendar xml:id="cal_Gregorian">
    Gregorian calendar
  </calendar>

  <calendar xml:id="cal_Julian">
    <p>Julian calendar</p>
  </calendar>

  <calendar xml:id="cal_Islamic">
    <p>Islamic or Muslim (hijri) lunar calendar</p>
  </calendar>

  <calendar xml:id="cal_Hebrew">
    <p>Hebrew or Jewish lunisolar calendar</p>
  </calendar>

  <calendar xml:id="cal_Revolutionary">
    <p>French Revolutionary calendar</p>
  </calendar>

  <calendar xml:id="cal_Iranian">
    <p>Iranian or Persian (Jalaali) solar calendar</p>
  </calendar>

  <calendar xml:id="cal_Coptic">
    <p>Coptic or Alexandrian calendar</p>
  </calendar>

  <calendar xml:id="cal_Chinese">
    <p>Chinese lunisolar calendar</p>
  </calendar>

</calendarDesc>
```

5.5.1.4 Revision Description

<revisionDesc> ist ein optionales Element und umschließt die Beschreibung der Textrevision. Es beinhaltet alle vorgenommen Revisionsschritte und kann folgende Kind-Elemente enthalten:

<listChange> gruppiert die Änderungen, die an dem Text vorgenommen wurden.

```
<revisionDesc>

  <listChange>

    <change when="1991-11-11" who="#LB">
      deleted chapter 10
    </change>

    <change when="1991-11-02" who="#MSM">
      completed first draft
    </change>

  </listChange>

</revisionDesc>
```

<change> gibt eine bestimmte Veränderung oder Korrektur an einer bestimmten Version eines elektronischen Textes an, an der verschiedene Bearbeiter beteiligt sind.

```
<revisionDesc>

  <change n="RCS:1.39" when="2007-08-08"who="#jwernimo.lrv">
   Changed
     <val>drama.verse</val>
     <gi>lg</gi>
   s to
     <gi>p</gi>
   s.

   <note>we have opened a discussion about the need for a
         new value for <att>type</att> of <gi>lg</gi>,
        <val>drama.free.verse</val>, in order to address
         the verse of Behn which is not in regular iambic
         pentameter. For the time being these instances are
         marked with a comment note until we are able to
         fully consider the best way to encode these
         instances.
   </note>

  </change>

  <change n="RCS:1.33" when="2007-06-28" who="#pcaton.xzc">
   Added <att>key</att>  and  <att>reg</att> to <gi>name</gi>
   s.
  </change>

  <change n="RCS:1.31" when="2006-12-04" who="#wgui.ner">
   Completed renovation. Validated.
  </change>

</revisionDesc>
```

5.5.1.5 Headerbeispiele

Die Spielräume zur Gestaltung eines Headers sind maximal und Beispiele sind somit grundsätzlich problematisch. Im Folgenden findet sich ein minimaler und ein umfangreicher Header als Orientierungsbeispiel.

5.5.1.5.1 Header minimal

```
<teiHeader>

  <fileDesc>

    <titleStmt>
      <title>Thomas  Paine:  Common  sense,  a   machine-readable
      transcript</title>

      <respStmt>
        <resp>compiled by</resp>
        <name>Jon K Adams</name>
      </respStmt>

    </titleStmt>

    <publicationStmt>
      <distributor>Oxford Text Archive</distributor>
    </publicationStmt>

    <sourceDesc>
      <bibl>The  complete  writings  of  Thomas  Paine,  collected
      and edited by Phillip S. Foner (New York, Citadel Press,
      1945)</bibl>
    </sourceDesc>

  </fileDesc>
</teiHeader>
```

5.5.1.5.2 Header extensiv und empfohlen

```
<teiHeader>

 <fileDesc>

   <titleStmt>
     <title>Common    sense,    a    machine-readable    transcript
     </title>
     <author>Paine, Thomas (1737-1809)</author>
     <respStmt>
       <resp>compiled by</resp>
       <name>Jon K Adams</name>
     </respStmt>
   </titleStmt>

   <editionStmt>
     <edition>
       <date>1986</date>
     </edition>
   </editionStmt>

   <publicationStmt>
     <distributor>Oxford Text Archive.</distributor>
     <address>
       <addrLine>Oxford    University    Computing        Services,
       </addrLine>
       <addrLine>13 Banbury Road,</addrLine>
       <addrLine>Oxford OX2 6RB,</addrLine>
       <addrLine>UK</addrLine>
     </address>
   </publicationStmt>

   <notesStmt>
     <note>Brief  notes  on  the  text  are  in  a  supplementary
     file.</note>
   </notesStmt>

   <sourceDesc>
     <biblStruct>
       <monogr>
         <editor>Foner, Philip S.</editor>
         <title>The collected writings of Thomas Paine</title>
         <imprint>
           <pubPlace>New York</pubPlace>
```

```
      <publisher>Citadel Press</publisher>
      <date>1945</date>
     </imprint>
    </monogr>
   </biblStruct>
  </sourceDesc>

</fileDesc>

<encodingDesc>

  <samplingDecl>
   <p>Editorial notes in the Foner edition have not been
   reproduced. </p>
   <p>Blank lines and multiple blank spaces, including
   paragraph indents, have not been preserved.</p>
  </samplingDecl>

  <editorialDecl>
   <correction status="high"method="silent">
    <p>The following errors in the Foner edition have been
    corrected:
     <list>
      <item>p. 13 l. 7 cotemporaries contemporaries
      </item>
      <item>p. 28 l. 26 [comma] [period] </item>
      <item>p. 84 l. 4 kin kind </item>
      <item>p. 95 l. 1 stuggle struggle </item>
      <item>p. 101 l. 4 certainy certainty </item>
      <item>p. 167 l. 6 than that </item>
      <item>p. 209 l. 24 publshed published </item>
     </list>
    </p>
   </correction>

  <normalization>
   <p>No normalization beyond that performed by Foner, if
   any. </p>
  </normalization>

  <quotation marks="all">
   <p>All double quotation marks rendered with ", all
   single quotation marks with apostrophe. </p>
  </quotation>

  <hyphenation eol="none">
   <p>Hyphenated words that appear at the end of the line
   in the Foner edition have been reformed.</p>
  </hyphenation>

  <stdVals>
   <p>The values of <att>when-iso</att> on the
   <gi>time</gi> element always end in the format
   <val>HH:MM</val> or <val>HH</val>; i.e., seconds,
   fractions thereof, and time zone designators are not
   present.</p>
  </stdVals>

  <interpretation>
   <p>Compound proper names are marked. </p>
   <p>Dates are marked. </p>
   <p>Italics are recorded without interpretation. </p>
```

```
   </interpretation>

  </editorialDecl>

  <classDecl>
   <taxonomy xml:id="lcsh">
    <bibl>Library of Congress Subject Headings</bibl>
   </taxonomy>

   <taxonomy xml:id="lc">
    <bibl>Library of Congress Classification</bibl>
   </taxonomy>

  </classDecl>

 </encodingDesc>

 <profileDesc>

  <creation>
   <date>1774</date>
  </creation>

  <langUsage>
   <language ident="en" usage="100">English.</language>
  </langUsage>

  <textClass>
   <keywords scheme="#lcsh">
    <term>Political science</term>
    <term>United   States   --   Politics   and   government   --
    Revolution, 1775-1783</term>
   </keywords>
   <classCode scheme="#lc">JC 177</classCode>
  </textClass>

 </profileDesc>

 <revisionDesc>

   <change when="1996-01-22"who="#MSM">
   finished proofreading </change>

   <change when="1995-10-30"who="#LB">
   finished proofreading </change>

   <change notBefore="1995-07-04"who="#RG">
   finished data entry at end of term </change>

   <change notAfter="1995-01-01"who="#RG">
   began data entry before New Year 1995 </change>

 </revisionDesc>

</teiHeader>
```

5.5.2 Textdaten

Der Kerntext, also die eigentlichen Textdaten, zum Beispiel ein Gedicht oder Drama, eine Sammlung von Aufsätzen, ein Roman, ein Wörterbuch oder eine Auswahl aus einem Korpus, werden zusammen mit ihren Metadaten dem Header nachfolgend im Bereich „text“ angegeben, der mit dem Element <text> umschlossen ist. <text> wird untergliedert in den Vorspann, den Kerntext oder Textkörper und den Nachspann.

```
<TEI xmlns="http://www.tei-c.org/ns/1.0">

  <teiHeader>
    <!-- .... -->
  </teiHeader>

  <text>

    <front>
      <!-- front matter -->
    </front>

    <body>
      <!-- body of copy text goes here -->
    </body>

    <back>
      <!-- back matter -->
    </back>

  </text>
</TEI>
```

Besteht ein Text aus mehreren Einzeltexten, die zusammen eine Gesamtheit bilden, können diese mit dem Element <group> zusammengefasst werden. Sowohl die vollständige Einheit wie auch jeder unitäre Text verfügen über die Möglichkeit, einen Vor- und einen Nachspann zu kodieren.

```
<TEI xmlns="http://www.tei-c.org/ns/1.0">

  <teiHeader>
    <!-- .... -->
  </teiHeader>

   <text>

     <front>
       <!-- front matter for composite text -->
     </front>

     <group>

       <text>

         <front>
           <!-- front matter of first unitary text, if any -->
         </front>

         <body>
           <!-- body of first unitary text -->
         </body>

         <back>
           <!-- back matter of first unitary text, if any -->
         </back>

       </text>

       <text>

         <body>
           <!-- body of second unitary text -->
         </body>

       </text>

     </group>

   <back>
     <!-- back matter for composite text, if any -->
   </back>

  </text>
</TEI>
```

5.5.2.1 Vorspann <front>

Das Element <front> ist optional und ermöglicht das Erfassen aller Textbestandteile, die vor dem eigentlichen Textkörper aufgeführt sind. Dies können Titelseiten, Widmungen, Klappentexte, Prologe, Inhaltsverzeichnisse, Einleitungen und Ähnliches sein. Grundsätzlich erfolgt die Unterteilung innerhalb des Vorspanns mittels des Strukturelements <div>[13] und der Wertzuweisung im Attribut @type. Diese bestimmt die Art des zu codierenden

[13] Siehe Kap. 2.5 „Allgemeine Formatierung".

Abschnitts, der sowohl bezifferten <div1> bis <div7> wie auch der unbezifferten Divisionen.

```
<front>

  <div type="dedication">
    <p>To our three selves</p>
  </div>

  <div type="preface">
    <head>Author's Note</head>
    <p>All the characters in this book are purely imaginary,
    and if the author has used names that may suggest a
    reference to living persons she has done so
    inadvertently....</p>
  </div>

</front>
```

<titlePage>

Eine Ausnahme stellt die Titelseite dar. Diese wird nicht über das type-Attribut, sondern mit dem Element <titlePage> ausgezeichnet und beinhaltet alle Bestandteile, die auf der Titelseite zu finden sind.

Mögliche Kind-Elemente sind:

<docTitle> enthält alle Bestandteile des auf dem Titelblatt angegebenen Titels.

```
<docTitle>

  <titlePart type="main">The DUNCIAD, VARIOURVM.</titlePart>
  <titlePart type="sub">WITH THE PROLEGOMENA of
  SCRIBLERUS.</titlePart>

</docTitle>
```

<titlePart> nimmt auf dem Titelblatt angegebene Sub-Titel auf, die über die Wertzuweisung des @type-Attributes näher spezifiziert werden können (Beispiel siehe oben).

<argument> beinhaltet Beschreibungen zu Themen des Textes.

```
<argument>
  <p>
    Monte Video – Maldonado – Excursion to R Polanco – Lazo
    and Bolas – Partridges – Absence of Trees – Deer –
    Capybara, or River Hog - Tucutuco – Molothrus, cuckoo-
    like habits – Tyrant Flycatcher – Mocking-bird – Carrion
    Hawks – Tubes formed by Lightning – House struck
  </p>
</argument>
```

<byline> umschließt besondere Angaben zum Autor.

```
<byline>
 Written  by  a  CITIZEN  who  continued  all  the while  in
 London. Never made public before.
</byline>
```

Oder

```
<byline>Written from her own MEMORANDUMS</byline>
```

<docAuthor> gibt den Namen des Verfassers in der Form an, wie sie auf dem Titelblatt angegeben ist.

```
<byline>
 By
 <docAuthor>Lemuel Gulliver</docAuthor>
 ,First a Surgeon, and then a Captain of several Ships
</byline>
```

<epigraph> enthält ein auf der Titelseite stehendes Zitat.

```
<epigraph xml:lang="la">
  <cit>
   <bibl>Lucret.</bibl>
   <quote>
    <l part="F">petere inde coronam,</l>
    <l>Vnde prius nulli velarint tempora Musae.</l>
   </quote>
  </cit>
</epigraph>
```

<imprimatur> umschließt die auf der Titelseite stehende Druckerlaubnis.

```
<imprimatur>
 Licensed and entered according to Order.
</imprimatur>
```

<docEdition> enthält die auf der Titelseite stehende Angabe zur Ausgabe.

```
<docEdition>The Third edition Corrected</docEdition>
```

<docImprint> beinhaltet die auf der Titelseite stehende Angaben des Impressums.

```
<docImprint>Oxford, Clarendon Press, 1987</docImprint>
```

<docDate> nimmt die auf der Titelseite angegebene Datierung auf.

```
<docImprint>
Oxford, Clarendon Press,
  <docDate>1987</docDate>
</docImprint>
```

<graphic> codiert die Quelle der auf der Titelseite sichtbaren Grafik.

```
<graphic url="fig1.png"/>
```

5.5.2.2 Nachspann <back>

Grundsätzlich ist der Nachspann in gleicher Weise wie der Vorspann strukturiert und nimmt Anhänge jeder Art auf. Über die frei zu gestaltenden Wertzuweisungen in den @type-Attributen zu den <div>-Tags wird die Art des Nachspannsegments bestimmt.

- Epilog
- Appendix
- Glossar
- Index
- Bibliographie
- Anmerkungen
- Kolophon/Subskription
- …

```
<back>

 <div1 type="appendix">
  <head>The Golden Dream or, the Ingenuous Confession</head>
  <p>To shew the Depravity of human Nature </p>
 </div1>

 <div1 type="epistle">
   <head>A letter from the Printer, which he desires may be
   inserted</head>
   <salute>Sir.</salute>
   <p>I have done with your Copy, so you may return it to
   the Vatican, if you please </p>
 </div1>

 <div1 type="advert">

   <head>The Books usually read by the Scholars of Mrs Two-
   Shoes are these and are sold at Mr. Newbery's at the
   Bible and Sun in St Paul's Church-yard.</head>

   <list>
     <item n="1">The Christmas Box, Price 1d.</item>
     <item n="2">The History of Giles Gingerbread, 1d.</item>
     <item n="42">A Curious Collection of Travels, selected
     from the Writers of all Nations, 10 Vol, Pr. bound
     1l.</item>
   </list>

 </div1>

 <div1 type="advert">

   <head>
     <hi rend="center">By the KING's Royal Patent,</hi> Are
     sold by J. NEWBERY, at the Bible and Sun in St. Paul's
     Church-Yard.
   </head>

   <list>
     <item n="1">Dr. James's Powders for Fevers, the Small-
     Pox, Measles, Colds, &amp;c. 2s. 6d</item>
     <item n="2">Dr. Hooper's Female Pills, 1s.</item>
   </list>

 </div1>
</back>
```

5.5.2.3 Textkörper <body>

Bevor die einzelnen Segmente des Textkörpers innerhalb des Elements <body> beschrieben werden, folgt zunächst ein Beispiel über die Positionierung von <body> innerhalb des TEI-Baums, der bisher besprochen wurde. Im Weiteren finden sich der Übersichtlichkeit wegen die Beispiele ausschließlich innerhalb von <body>.

```
<TEI>

  <teiHeader>

    <fileDesc>

      <titleStmt>
        <title>Titel</title>
      </titleStmt>

      <publicationStmt>
        <p>Informationen zur Publikation</p>
      </publicationStmt>

      <sourceDesc>
        <p>Informationen zur Quelle</p>
      </sourceDesc>

    </fileDesc>
  </teiHeader>

  <text>

    <front>
      <div type="dedication">
        <p>Für Lucie</p>
      </div>
    </front>

    <body>
      .....
    </body>

    <back>
      <div type="appendix">
        <head>The     Golden     Dream     or,     the     Ingenuous
        Confession</head>
        <p>To shew the Depravity of human Nature </p>
      </div>
    </back>

  </text>
</TEI>
```

5.6 TEI-Corpus

Da nur in wenigen Fällen ein einzelnes Dokument für sich stehend kodiert wird, sind mehrere TEI-Instanzen häufig in einem TEI-Corpus zusammengefasst. Das umschließende Tag ist dann <teiCorpus> gefolgt von einem Header für diesen Corpus <teiHeader type="corpus">, der über das Attribut @type mit der Wertzuweisung corpus direkt auf diesen bezogen wird und beschreibende Metadaten für den gesamten Corpus enthält. Im Anschluss befinden sich die dem Corpus zugehörigen Dokumente, jeweils umschlossen mit dem Element <TEI>.

```
<teiCorpus xmlns=http://www.tei-c.org/ns/1.0>
 <teiHeader type="corpus">
  corpusbeschreibende Metadaten
 </teiHeader>

 <TEI>
  <teiHeader type="text">
   dokumentbeschreibende Metadaten 1
  </teiHeader>

  <text>
   alle Informationen des Textes 1
  </text>

 </TEI>
 <TEI>

  <teiHeader type="text">
   dokumentbeschreibende Metadaten 2
  </teiHeader>

  <text>
   alle Informationen des Textes 2
  </text>

 </TEI>
</teiCorpus>
```

5.7 Textcharakteristika

Der Textkörper innerhalb von <body> kann jenseits der strukturellen Information auch Informationen zum äußeren Erscheinungsbild sowie zum semantischen Gehalt und den daraus resultierenden analytischen Inhalten aufnehmen. Während das äußere Erscheinungsbild und meist auch die Struktur unmittelbar erkannt werden können, bedarf es sowohl zur Bestimmung der Semantik, insbesondere aber zur Codierung der analytischen Inhalte ein großes Maß an Textverständnis.

Bereits in dem Absatz „Vorspann <front>“ wurde offenkundig, wie variantenreich Textauszeichnung sein kann, denn in diesem umfänglich vergleichsweise geringen Textsegment sind bereits viele Eventualitäten zu berücksichtigen. Der Textkörper gestaltet sich zweifellos deutlich vielgestaltiger als der Vorspann und so erhöht sich sowohl die Komplexität als auch die Palette des Markups für diesen Bereich.

5.7.1 Textstrukturierung

Jeder Text enthält eine mehr oder weniger umfangreiche Struktur, die mittels Markup abgebildet werden kann und soll.

5.7.1.1 Absätze

In seiner einfachsten Form wird innerhalb von <text> der Textkörper mit dem Element <body> gekennzeichnet, der seinerseits mittels des Elements <p> strukturiert und damit in Absätze eingeteilt werden kann.

```
<text>
  <body>
    <p>
     I  fully  appreciate  Gen.  Pope's  splendid  achievements
     with their invaluable results; but you must know that
    Major Generalships in the Regular Army, are not as
    plenty as blackberries.
    </p>
  </body>
</text>
```

5.7.1.2 Divisionen

Zur Gliederung können nummerierte oder nicht nummerierte Abschnitte mit den Tags <div> bzw. <div1>-<div7> verwendet werden. Ist nicht von Beginn an klar ersichtlich, wie viele Textabschnitte untergliedert werden müssen, sollte auf nicht nummerierte Divisionen zurückgegriffen werden.

Die Wertzuweisung des @type-Attributes zu <div> ermöglicht die Auszeichnung eines bestimmten Abschnitt-Typs.

```
<body>

  <div type="entry" n="1">

    <div type="morning" n="1.1">
      <p>....</p>
    </div>

    <div type="afternoon" n="1.2">
      <p>....</p>
    </div>

  </div>

  <div type="entry" n="2">

    <div type="morning" n="2.1">
      <p>....</p>
    </div>

    <div type="afternoon" n="2.2">
      <p>....</p>
    </div>

  </div>
</body>
```

Jeder Abschnitt kann einen eigenen Vor- und Abspann mit entsprechenden Informationen beinhalten und es existieren Einheiten von Elementen, die eine Auszeichnung solcher Informationen ermöglichen.

5.7.1.2.1 <model.divTopPart>

<model.divTopPart> ist die Einheit für Elemente, die nur als Vorspann verwendet werden können.

<model.headLike> gruppiert Head-Informationen, derzeit ist nur <head> in dieser Gruppe verfügbar.

```
<div1 n="I" type="book">

  <head>In the name of Christ here begins the first book of
  the ecclesiastical history of Georgius Florentinus, known
  as Gregory, Bishop of Tours</head>

  <div2 type="section">

    <head>In the name of Christ here begins Book I of the
    history.</head>

    <p>Proposing as I do ...</p>
    <p>From the Passion of our Lord until the death of Saint
    Martin four hundred and twelve years passed.</p>
    <trailer>Here ends the first Book, which covers five
    thousand, five hundred and ninety-six years from the
    beginning of the world down to the death of Saint
    Martin.</trailer>

  </div2>
</div1>
```

<opener> fasst Datumszeile, Verfasserangabe, Anredeformeln und ähnliche Angaben zusammen, die einleitend zu Beginn eines Abschnitts stehen, vor allem bei Briefen.

```
<opener>

  <dateline>
    <name type="place">Great Marlborough Street</name>
    <date>November 11, 1848</date>
  </dateline>

  <salute>My dear Sir,</salute>

</opener>

<p>I am sorry to say that absence from town and other
circumstances have prevented me from earlier enquiring...</p>
```

5.7.1.2.2 <model.divBottomPart>

<model.divBottomPart> ist die Einheit für Elemente, die nur als Nachspann verwendet werden können.

<closer> fasst Datumszeile, Verfasserangabe, Grußformeln und ähnliche Angaben zusammen, die abschließend am Ende eines Abschnitts stehen, vor allem bei Briefen.

```
<div type="letter">

 <p> perhaps you will favour me with a sight of it when
 convenient.</p>

 <closer>
  <salute>I remain, &amp;c. &amp;c.</salute>
  <signed>H. Colburn</signed>
 </closer>

</div>
```

<postscript> umfasst die Information des P.S., vor allem bei Briefen.

```
<div type="letter">

 <opener>
  <dateline>
   <placeName>Rimaone</placeName>
   <date when="2006-11-21">21 Nov 06</date>
  </dateline>
  <salute>Dear Susan,</salute>
 </opener>

 <p>Thank you very much for ...</p>

 <closer>
  <salute>Sincerely yours,</salute>
  <signed>Seymour</signed>
 </closer>

 <postscript>
  <label>P.S.</label>
  <p>The collision occured on <date when="2001-07-06">06
  Jul 01</date>.</p>
 </postscript>
</div>
```

<signed> enthält die abschließende Grußformel.

```
<signed>
 Thine to command
 <name>Humph. Moseley</name>
</signed>
```

<trailer> enthält Schlusstitel oder Fußzeile.

```
<trailer>Explicit pars tertia</trailer>
```

5.7.1.2.3 <model.divWrapper>

<model.divWrapper> ist die Einheit für Elemente, die sowohl als Vor- wie auch als Nachspann verwendet werden können.

<argument>: Themenbeschreibungen der Unterabschnitte.

<byline>: Angaben zum Autor.

<dateline>: Entstehungsort, -datum, -zeit, usw.

<docAuthor>: Verfasser des Abschnitts.

<docDate>: Datierung des Abschnitts.

<epigraph>: Zitat, das am Beginn eines Abschnitts steht.

Beispiele zu diesen Elementen sind in Kap. 5.5.2.1 „Vorspann <front>" zu finden.

<meeting> Titel einer Konferenz/Meetings.

```
<meeting>
 Ninth International Conference on Middle High German
 Textual Criticism, Aachen, June 1998.
</meeting>
```

<salute> Anrede-/Grußformel.

```
<salute>Sincerely yours,</salute>

<salute>Dear Susan,</salute>
```

5.7.2 Typografische Textformatierung

Typografische Textformatierung meint in diesem Kontext das, was die TEI Guidelines unter Highlighting definieren: „The use of any combination of typographic features (font, size, hue, etc.) in a printed or written text in order to distinguish some passage of a text from its surroundings."[14]

Mit dem Element <hi> können hervorgehobene Textpassagen ausgezeichnet und über die Wertzuweisung zu den Attributen @rend oder @rendition spezifiziert werden.

```
<hi rend="gothic"> And this Indenture further witnesseth </hi>
that the said <hi rend="italic"> Walter Shandy </hi>, merchant,
in consideration of the said intended
marriage ...
```

[14] http://www.tei-c.org/release/doc/tei-p5-doc/en/html/CO.html#COHQ.

5.7.3 Semantische Textformatierung

Unter semantischer und logischer Textformatierung wird hier Markup verstanden, der über das allgemeine <hi> hinausgeht und zusätzliche Informationen beinhaltet, die auf kontextuellem Textverständnis basieren.

<emph> beinhaltet Betonungen emphatischer Natur.

```
You took the car and did <emph>what</emph>?!!
```

<foreign> umschließt Textteile, die in einer anderen Form, meist anderer Sprache wie der Hauptteil des Textes formuliert sind und spezifiziert diese über enthaltene Attribute.

```
John eats a <foreign xml:lang="fr">croissant</foreign>
every morning.
```

<distinct> grenzt Textbereiche ein, die sich in der Ausdrucksform von dem übrigen Text unterscheiden, z. B. veraltete oder technische Ausdrücke sowie Dialekt oder Slang.

```
Next morning a boy in that dormitory confided to his bosom
friend, a <distinct type="ps_slang">fag</distinct> of Macrea's,
that there was trouble in their midst which King <distinct
type="archaic">would fain</distinct> keep secret.
```

5.7.3.1 Anführungszeichen

Anführungszeichen stellen Besonderheiten im Text dar, deren Informationsgehalt über reine Interpunktion hinausgeht. Der semantische Gehalt dieses Satzzeichens kann sehr verschieden sein und so stehen verschiedenen Tags zur Codierung zur Verfügung.

<q> in der Bedeutung quoted, umschließt ein in Anführungszeichen gesetztes Textfragment ohne Berücksichtigung der Bedeutung. Es kann sich beispielsweise um (in)direkte Rede/Gedanken, technische Ausdrücke oder Jargon handeln oder als Zeichen für Zitate, Distanzierung oder Stellungnahmen, also in modalisierender Funktion, verwendet werden.

```
It is spelled <q>Tübingen</q> — to enter the letter <q>u</q>
with an umlaut hold down the <q>option</q> key and press <q>0 0
f c</q>
```

<said> wird für die Anführungszeichen in der (in)direkten Rede verwendet und kann mit den Werten true und false zu den Attributen @direct und @aloud spezifiziert werden, um direkte von indirekter Rede zu unterscheiden bzw. laut Ausgesprochenes von Gedachtem.

```
<p> Celia thought privately, <said aloud="false">Dorothea quite
despises Sir James Chettam; I believe she would not accept
him.</said> Celia felt that this was a pity. ...
</p>
<p>
 Tantripp had brought a card, and said that there was a
 gentleman waiting in the lobby. The courier had told him
 that <said direct="false">only Mrs. Casaubon was at
home</said>, but he said <said direct="false">he was a relation
of Mr. Casaubon's: would she see him?</said>
</p>
```

<quote> umschließt Belegstellen und Bezugnahmen. Diese können über die Wertzuweisung im Attribut @source eine Quellenangabe beinhalten.

```
Lexicography has shown little sign of being affected by the
work of followers of J.R. Firth, probably best summarized in
his slogan, <quote>You shall know a word by the company it
keeps</quote> <ref>(Firth, 1957)</ref>
```

<cit> markiert Zitate und ihre bibliographische Referenz zur Quelle.

```
<cit>
 <quote>and the breath of the whale is frequently attended
 with such an insupportable smell, as to bring on disorder
 of the brain.</quote>
 <bibl>Ulloa's South America</bibl>
</cit>
```

<mentioned> verzeichnet Wörter oder Phrasen, die angemerkt, nicht jedoch verwendet wurden.

```
There is thus a striking accentual difference between a verbal
form like <mentioned xml:id="X234" xml:lang="el"> eluthemen
</mentioned> <gloss target="#X234"> we were released,</gloss>
accented on the second syllable of the word, and its
participial derivative <mentioned xml:id="X235"
xml:lang="el">lutheis</mentioned> <gloss
target="#X235">released,</gloss> accented on the last.
```

<soCalled> wird verwendet, wenn der Autor die Verantwortlichkeit für den Inhalt ablehnt.

```
To edge his way along the crowded paths of life, warning all
human sympathy to keep its distance, was what the knowing ones
call <soCalled>nuts</soCalled> to Scrooge.
```

5.7.3.2 Erläuterungen, Anmerkungen und Indexeinträge

Anmerkungen zu Textteilen können mit <note> markiert werden und stellen dann für Anmerkungen und Hinweise eine allgemeine Auszeichnung dar. Anmerkungen in Form von

Fußnoten können gezielt auch mit dem Element <gloss> und (technische) Ausdrücke mit <term> ausgezeichnet werden.

<note> beinhaltet Anmerkungen und Hinweise, die über die Wertzuweisung im @type-Attribut spezifiziert werden können.

```
And yet it is not only in the great line of Italian renaissance
art, but even in the painterly <note place="bottom"
type="gloss" resp="#MDMH"> <term
xml:lang="de">Malerisch</term>. This word has, in the German,
two distinct meanings, one objective, a quality residing in the
object, the other subjective, a mode of apprehension and
creation. To avoid confusion, they have been distinguished in
English as<mentioned> picturesque </mentioned> and <mentioned>
painterly </mentioned> respectively. </note> style of the Dutch
genre painters of the seventeenth century that drapery has this
psychological significance.
```

<term> umschließt Textbestandteile, die häufig technische Ausdrücke darstellen.

```
A computational device that infers structure from grammatical
strings of words is known as a <term>parser</term>, and much of
the history of NLP over the last 20 years has been occupied
with the design of parsers.
```

<gloss> enthält Textbestandteile in Form einer Fußnote.

```
We may define <term xml:id="TDPv" rend="sc">discoursal point of
view </term> as <gloss target="#TDPv">the relationship,
expressed through discourse structure, between the implied
author or some other addresser, and the fiction. </gloss>
```

<index> markiert eine Information, die für die Bildung von Indices zur Verfügung stehen soll.

```
David's other principal backer, Josiah ha-Kohen <index
indexName="NAMES"><term>Josiah ha-Kohen b. Azarya</term>
</index> b. Azarya, son of one of the last gaons of Sura<index
indexName="PLACES"><term>Sura</term></index> was David's own
first cousin.
```

5.7.3.3 Namen/Daten/Zahlen/Abk.

Die Metainformationen zu Namen, Daten, Personen, Orten und Zahlen mit Einheiten ist häufig von besonderem Interesse und so können diese detailliert ausgezeichnet werden. Im Folgenden findet sich ein erster Einstieg in diese Thematik.

<rs> beinhaltet eine Bezugnahme auf Personen oder Orte und kann mit der Wertzuweisung im @type-Attribut spezifiziert werden.

```
<q>My dear <rs type="person">Mr. Bennet</rs>,</q> said
<rs type="person">his lady</rs> to him one day, <q>have you
heard that <rs type="place">Netherfield Park</rs> is let at
last?</q>
```

<name> codiert die Bezeichnung zu Orten, Organisationen Personen, usw.

```
<name type="person">Thomas Hoccleve</name>
<name type="place">Villingaholt</name>
<name type="org">Vetus Latina Institut</name>
<name type="person" ref="#HOC001">Occleve</name>
```

<address> nimmt postalische Adressen auf und kann spezifische [<name>, <street>, <postCode> und <postBox>] und unspezifische [<addrLine>] Kind-Elemente enthalten.

```
<address>
  <name type="org">Università di Bologna</name>
  <name type="country">Italy</name>
  <postCode>40126</postCode>
  <name type="city">Bologna</name>
  <street>via Marsala 24</street>
</address>

<address>
  <addrLine>Computing Center, MC 135</addrLine>
  <addrLine>P.O. Box 6998</addrLine>
  <addrLine>Chicago, IL 60680</addrLine>
  <addrLine>USA</addrLine>
</address>
```

<email> beinhaltet E-Mail-Adressen.

```
<email>membership@tei-c.org</email>
```

<date> enthält eine Datumsangabe und kann aufgrund der Fülle der möglichen Eigenschaften mit einer Vielzahl von Attributen versehen werden.

```
<date when="1980-02">early February 1980</date>Given on the
<date when="1977-06-12">Twelfth Day of June in theYear of Our
Lord One Thousand Nine Hundred and Seventy-seven of the
Republic the Two Hundredth and first and of the University the
Eighty-Sixth.</date>
<date when="1990-09">September 1990</date>
```

<time> beinhaltet eine Zeitangabe und kann aufgrund der Fülle der möglichen Eigenschaften mit einer Vielzahl von Attributen versehen werden.

```
As he sat smiling, the quarter struck — <time when="11:45:00">
the quarter to twelve</time>.
```

<num> markiert eine Zahl, die mit den Wertzuweisungen zu den Attributen @type und @value spezifiziert werden kann.

```
<num value="33">xxxiii</num>
<num type="cardinal" value="21">twenty-one</num>
<num type="percentage" value="10">10%</num>
<num type="ordinal" value="5">5th</num>
<num type="fraction" value="0.5">one half</num>
<num type="fraction" value="0.5">1/2</num>

<p>I reached <num type="cardinal" value="21">twenty-one
 </num> on my
<num type="ordinal" value="21">twenty-first</num>birthday
</p>

<p>Light travels at <num value="3E10">3x10 <hi rend="sup"> 10
</hi> </num> cm per second.
</p>
```

<measure> enthält Mengen bzw. Maßeinheiten, die über die Wertzuweisung im @type-Attribut spezifiziert werden.

```
<measure type="weight"> <num>2</num> pounds of flesh </measure>

<measure type="currency">£10-11-6d</measure>

<measure type="area">2 merks of old extent</measure>

<measure quantity="40" unit="hogshead" commodity="rum">2 score
hh rum</measure>

<measure quantity="12" unit="count" commodity="roses">
1 doz. roses</measure>

<measure quantity="1" unit="count" commodity="tulips">
a yellow tulip</measure>
```

<abbr> und <expan> wird verwendet, um Abkürzungen und ihre Langformen zu kodieren.

```
<choice>

  <abbr>SPQR</abbr>
  <expan>senatus populusque romanorum</expan>

</choice>
```

5.7.3.4 Verlinkungen

<ptr> und <ref> (pointer/reference) nehmen Verlinkungen auf, um Querverweise oder externe Referenzierungen zu kodieren. Sie können das Verlinkungsziel in der Wertzuweisung des @target-Attributes enthalten.

```
<ptr target="#p143 #p144"/>

<ptr target="http://www.tei-c.org"/>See
<ref>section 12 on page 34</ref>. See especially
<ref target="#SEC12">section 12 on page 34</ref>.
See especially
<ref
target="http://www.natcorp.ox.ac.uk/Texts/A02.xml#s2">
the second sentence</ref>
```

5.7.3.5 Bibliografische Bezüge

Der Tag <bibl> beinhaltet bibliografische Angaben in einer beliebigen Form.

```
<bibl>Blain, Clements and Grundy: Feminist Companion to
Literature in English (Yale, 1990)</bibl>
```

oder

```
<bibl>
  <title level="a">The Interesting story of the Children in
  the Wood</title>. In <author>Victor E Neuberg</author>,
  <title>The Penny Histories</title>.
  <publisher>OUP</publisher>
  <date>1968</date>.
</bibl>
```

Im Gegensatz dazu markiert das Element <biblStruct> eine strukturierte bibliografische Angabe bestimmter bibliografischer Kind-Elemente in festgelegter Reihenfolge.

```
<biblStruct>

  <monogr>
    <author>Blain, Virginia</author>
    <author>Clements, Patricia</author>
    <author>Grundy, Isobel</author>

    <title>The Feminist Companion to Literature in English:
    women writers from the middle ages to the
    present</title>

    <edition>first edition</edition>

    <imprint>
      <publisher>Yale University Press</publisher>
      <pubPlace>New Haven and London</pubPlace>
      <date>1990</date>
    </imprint>

  </monogr>
</biblStruct>
```

5.7.3.6 Listen

Auflistungen oder Aufzählungen können mittels des Elementes <list> und dessen Kind-Element <item> für einen Listeneintrag kodiert werden. Der Wert des @type-Attributes legt fest, ob es sich um eine Auflistung oder Aufzählung handelt.

```
<list type="ordered">

  <item>a butcher</item>
  <item>a baker</item>
  <item>a candlestick maker, with

    <list type="bullets">
      <item>rings on his fingers</item>
      <item>bells on his toes</item>
    </list>

  </item>

</list>
```

5.7.3.7 Nichttextuelle Inhalte

Illustrationen, Grafiken, Diagramme sowie Audio- und Video-Sequenzen reichern Texte an und können mit <figure> ausgezeichnet werden. Folgende Kind-Elemente spezifizieren das Element:

<graphic> ist dasjenige Element, das Bilder, Illustrationen, Grafiken, Diagramme, Schemata usw. markiert. Über Geschwister-Elemente und Attribute können detaillierte Informationen kodiert werden.

```
<figure>
  <graphic url="fig1.png"/>
  <head>Figure One: The View from the Bridge</head>
  <figDesc>A Whistleresque view showing four or five sailing
  boats in the foreground, and a series of boys strung out
  between them.</figDesc>
</figure>
```

<media> enthält einen beliebigen Medientyp, der über die Wertzuweisung des @mimeType-Attributes definiert wird. Über Geschwister-Elemente und Attribute können detaillierte Informationen kodiert werden.

```
<figure>

  <media mimeType="image/png" url="fig1.png"/>

  <head>Figure One: The View from the Bridge</head>

  <figDesc>A Whistleresque view showing four or five sailing
  boats in the foreground, and a series of buoys strung out
  between them.</figDesc>

</figure>

<figure>

 <media mimeType="audio/wav" url="dingDong.wav" dur="PT10S">
   <desc>Ten seconds of bellringing sound</desc>
  </media>

</figure>

<figure>

  <media   mimeType="video/mp4"   url="clip45.mp4"   dur="PT45M"
         width="500px">
   <desc>A 45 minutes video clip to be displayed in a window
   500 px wide </desc>
  </media>

<figure>
```

<binaryObject> beinhaltet direkt Binärcode.

```
<binaryObject mimeType="image/gif">

  R0lGODdhMAAwAPAAAAAAAAP///ywAAAAAMAAwAAAC8IyPqcvt3wCcDkiLc7
  C0qwyGHhSWpjQu5yqmCYsapyuvUUlvONmOZtfzgFzByTB10QgxOR0TqBQe
  jhRNzOfkVJ+5YiUqrXF5Y5lKh/DeuNcP5yLWGsEbtLiOSpa/TPg7JpJHxy
  endzWTBfX0cxOnKPjgBzi4diinWGdkF8kjdfnycQZXZeYGejmJlZeGl9i2
  icVqaNVailT6F5iJ90m6mvuTS4OK05M0vDk0Q4XUtwvKOzrcd3iq9uisF8
  1M1OIcR7lEewwcLp7tuNNkM3uNna3F2JQFo97Vriy/Xl4/f1cf5VWzXyym
  7PH hhx4dbgYKAAA7

</binaryObject>
```

5.7.3.8 Offensichtliche Fehler

Offensichtliche (Tipp-)Fehler können durch denjenigen, der die Codierung vornimmt gekennzeichnet und verbessert werden. Dazu stehen die Elemente <sic> und <corr> zur Verfügung.

<sic> markiert den Text mit Fehler, <corr> den korrigierten Text. Der dies umschließende <choice>-Tag gibt für eine Textstelle mögliche Alternativen an.

```
I don't know, Juan. It's so far in the past now – how

  <choice>
    <sic>we can</sic>
    <corr>can we</corr>
  </choice>

prove or disprove anyone's theories?
```

5.7.4 Globale Attribute

Grundsätzlich sind globale Attribute in allen Elementen der TEI verwendbar. Im Gegensatz dazu stehen die speziellen Attribute, die nur in ausgewählten Elementen zur Codierung zusätzlicher Informationen verwendet werden können. Eine Auswahl wichtiger globaler Attribute sind:

@xml:id: Ein eindeutiger Identifier, der den XML-Namensregeln[15] entsprechen muss.

```
<p xml:id="p1">
  For the first time in twenty-five years, Dr Burt
  Diddledygook decided not to turn up to the annual meeting
  of the Royal Academy of Whoopledywhaa.
</p>

<p xml:id="p2">
  It was a sunny day in late September 1960 bang on noontime
  and Dr Burt was looking forward to a stroll in the park
  instead.
</p>

<p xml:id="p3">
  He hoped his fellow members of the Royal Academy weren't
  even going to notice his absence.
</p>
```

@n Die Wertzuweisung ist eine beliebige Benennung, die nicht unbedingt eindeutig und kein XML-konformer Name sein muss.

```
<p n="1">
  For the first time in twenty-five years, Dr Burt
  Diddledygook decided not to turn up to the annual meeting
  of the Royal Academy of Whoopledywhaa.</p>

<p n="p2">
  It was a sunny day in late September 1960 bang on noontime
  and Dr Burt was looking forward to a stroll in the park
  instead.</p>

<p n="paraghraph 3">
  He hoped his fellow members of the Royal Academy weren't
  even going to notice his absence.</p>
```

[15] Siehe Kap. 4.1.1.3 „XML-Daten“.

@rend ist eine Eigenschaft, die sich auf die Formatierung bezieht. Die Wertzuweisung ist die mit Buchstaben, Symbolen und Interpunktionszeichen beschriebene Formatierung des Textes. Mehrere Wertzuweisungen können durch Leerzeichen getrennt angegeben werden.

```
<head rend="align(center) case(allcaps)">
  <lb/>To The
  <lb/>Duchesse
  <lb/>
  of <lb/>Newcastle,
  <lb/>On Her
  <lb/>
  <hi rend="case(mixed)">New Blazing-World</hi>.
</head>
```

@xml:lang ist die vorliegende Sprache. Die Wertzuweisung ist die verwendete Sprache in der Sprachenkodierung nach ISO 639.

```
<p xml:lang="en">
  The constitution declares <q>that no bill of attainder or
  <term  xml:lang="la">ex  post  facto</term>  law  shall  be
  passed.</q>
</p>
```

5.8 Zusammenfassung

Die Strukturen, Elemente und Attribute, die bis zu diesem Kapitel beschrieben wurden, können in allen TEI-Instanzen genutzt werden und sind im Core-Modul zusammengefasst. Sie stellen gleichzeitig eine Auswahl der am häufigsten vorkommenden Bestandteile einer TEI-Instanz dar und an einem nachfolgenden umfangreichen Beispiel[16] wird deren Einsatz noch einmal in einer Einheit aufgezeigt.

[16] Aus http://www.teibyexample.org/TBE.htm Module 1 Kap. 6 „Summary".

```
<TEI>
 <teiHeader>
  <fileDesc>
   <titleStmt>
    <title>The Strange Adventures of Dr. Burt
    Diddledygook: a machine-readable transcription</title>
    <respStmt>
     <resp>editor</resp>
     <name xml:id="EV">Edward Vanhoutte</name>
    </respStmt>
   </titleStmt>
   <publicationStmt>
    <p>Not for distribution.</p>
   </publicationStmt>
   <sourceDesc>
    <p>Transcribed from the diaries of the late Dr. Roy
    Offire.</p>
   </sourceDesc>
  </fileDesc>
  <encodingDesc>
   <tagsDecl>
    <rendition xml:id="IT">Italic</rendition>
    <namespace name="http://www.tei-c.org/ns/1.0">
     <tagUsage gi="hi" render="#IT"/>
    </namespace>
   </tagsDecl>
  </encodingDesc>
 </teiHeader>
 <text>
  <front>
   <div type="dedication">
    <p>In memory of Lisa Wheeman.</p>
   </div>
```

```
<titlePage>
  <docAuthor>Roy Offire</docAuthor>
  <docTitle>
    <titlePart type="main">The Strange Adventures of Dr.
    Burt Diddledygook</titlePart>
    <titlePart type="sub">Wanderings in the life of a
    buoyant academic</titlePart>
  </docTitle>
  <byline>Transcribed from the diaries.</byline>
  <docEdition>First Edition</docEdition>
  <docImprint>
    <pubPlace>Kirkcaldy</pubPlace>,
    <publisher>Bucket Books</publisher>,
    <docDate>1972</docDate>
  </docImprint>
</titlePage>
<div type="contents">
  <head>Table of Contents</head>
    <list>
      <item>I. The Decision</item>
      <item>II. The Fuss</item>
      <item>III. The Celebration</item>
    </list>
  </div>
</front>
<body>
  <p n="1">
  For the first time in
    <date from="1935" to="1960">twenty-five years</date>,
    <choice>
      <abbr type="title">Dr</abbr>
      <expan>Doctor</expan>
    </choice>
    Burt Diddledygook decided not to turn up to the
    annual meeting of the Royal Academy of
    Whoopledywhaa
    <index>
      <term>Academy, Royal</term>
    </index>
    (
    <abbr type="acronym">RAW</abbr>
    ).
    <gap reason="irrelevant" unit="words" extent="32">
      <desc>Commentary on the founding charter of the
      RAW</desc>
    </gap>
    It was a sunny day in
      <date notBefore="1960-09-15" notAfter="1960-09-30">
        <add place="supralinear">late</add>
        September 1960
      </date>
      bang on
      <time when="12:00:00">noontime</time>
      and
      <abbr type="title">Dr</abbr>
      Burt was looking forward to a
      <subst>
        <del rend="overstrike">walk</del>
        <add place="infralinear">stroll</add>
      </subst>
      in the park instead. He hoped his fellow members of
      the
```

```
      <abbr type="acronym">RAW</abbr>
      weren't even going to notice his absence.
    </p>
    <p n="2">Or worse, what would happen when another
    Academy member had decided to go for a stroll in the
    park instead? He quickly thought up several possible
    plans:</p>
   <list>
    <item>hide behind a tree and duck</item>
    <item>catch the duck as subject material for a speech
    on the annual meeting</item>
    <item>be frank, meet his colleague, and <list>
    <item>1. pat him on the shoulder</item>
    <item>2. tell a joke</item>
    <item>3. hand him the duck</item>
    <item>4. offer him a sip from his
      <measure type="volume" quantity="2.5" unit="litre"
      commodity="coca- cola">2.5 l bottle of coke
      </measure>
    </item>
    <item>5. pull his beard</item>
   </list>
  </item>
</list>
<p n="3">Or maybe he could still announce his absence
from the meeting by sending an antedated letter of
apology to
  <address>
   <name type="person">Professor M. Orkelidius</name>
   <name type="organisation">Royal Academy of
   Whoopledywhaa</name>
   <street>Queenstreet 81</street>
   <postCode>TB90 00E</postCode>
   <name type="city">Whoopledywhaa</name>
  </address>
</p>
<p n="4" xml:lang="en">'Plenty of options', he thought,
sat on a bench and opened the book he had taken from the
Whoopledywhaaian National Library
  <index>
  <term>Library, National</term>
  </index>
  <note n="1" place="foot" type="authorial">The National
  Library of Whoopledywhaa was found in 1886 with the
  acquisition of the library of the late King
  Anthony.</note>.
It was titled
  <title type="m" rend="italics">
  While
   <choice>
    <orig>thou</orig>
    <reg resp="#EV">you</reg>
   </choice>
   <choice>
    <orig>art</orig>
    <reg resp="#EV">are</reg>
   </choice>
  here
  </title>
  , by Sir Edmund
  <choice>
   <corr>Peckwood</corr>
```

```
      <sic>Petwood</sic>
    </choice>
    <note type="editorial" resp="EV">
    The manuscript reads 'Petwood'.</note>
    .
    <figure n="2">
      <figure n="2a">
      <graphic url="wtatcoverfront.jpg"/>
      <head>Front</head>
    </figure>
    <figure n="2b">
      <graphic url="wtatcoverback.jpg"/>
      <head>Back</head>
    </figure>
      <head>Figure 2:</head>
      <p>Front and back cover of the first print edition of
      "While thou art here" by Sir Edmund Peckwood from the
      rare books collection of the National Library of
      Whoopledywhaa.</p>
    </figure>
    While reading the first sentence, his placid expression
    turned to a certain
      <hi xml:lang="fr" rend="italics">je ne sais quoi</hi>
      : 'For the first time in twenty-five years,
      <choice>
        <abbr type="title">Dr</abbr>
        <expan>Doctor</expan>
      </choice>
      Burt Diddledygook decided not to turn up to the annual
      meeting of the
        <name     type="organisation"     rend="italics">Royal
        Academy of Whoopledywhaa</name>
        <index>
          <term>Academy, Royal</term>
        </index>.'
      </p>
    </body>
    <back>
      <div type="colophon">
        <p>Typeset in Haselfoot 37 and Henry 8. Printed and
        bound by Whistleshout, South Africa.</p>
      </div>
    </back>
  </text>
</TEI>
```

5.9 Weitere Module

Die bis zu diesem Kapitel besprochenen Elemente sind in dem Core-Modul angesiedelt und können in allen TEI-Instanzen Verwendung finden. Spezielle Elemente für differenzierte Textsorten und Einsatzbereiche sind in zusätzlichen Modulen zusammengefasst, die gezielt angegeben werden müssen, damit die Tags benutzt werden dürfen. Im Folgenden werden beispielhaft nur zwei dieser Module (gesprochener Text und Dichtung) detaillierter betrachtet. Da es sich bei dem Kap. 5 „TEI“ nicht um eine Referenz, sondern um eine Einführung handelt, werden folgende Module nicht näher erläutert:

- Nonstandard characters and glyphs,
- Performance Texts,
- Dictionaries,
- Manuscript Description,
- Representation of Primary Sources,
- Critical Apparatus,
- Names, Dates, People and Places,
- Tables, Formulæ, Graphics and Notated Music,
- Language Corpora,
- Linking, Segmentation, and Alignment,
- Simple Analytic Mechanisms,
- Feature Structures,
- Graphs, Networks, and Trees,
- Non-hierarchical Structures,
- Certainty, Precision, and Responsibility und
- Documentation Elements.

Diese sind aber im Detail auf der Webseite des TEI-C unter http://www.tei-c.org/release/doc/tei-p5-doc/en/html/index.html abrufbar.

5.9.1 Gesprochener Text

Im Kontext der TEI-Codierung bedeutet das Taggen von gesprochenem Text immer das Auszeichnen von transkribierter Sprache. In diesen Fällen gibt es viele zusätzliche Merkmale, die mittels Markup erfasst werden können.

5.9.1.1 Ursprüngliche Quelle

Zur Codierung von Informationen, die sich auf die ursprüngliche Quelle beziehen, stehen nachfolgende Elemente (Attribute) zur Verfügung.

<scriptStmt> enthält Angaben zum Skript, das für die Aufnahme eines gesprochenen Textes genutzt wurde.

```
<scriptStmt>
  <bibl>
    <author>Craig Warner</author>
    <title>Strangers on a Train</title>
    <title  type="sub">Based   on   the   novel   by   Patricia
        Highsmith</title>
    <edition>French's acting edition</edition>
    <idno type="ISBN">978 0 573 01972 2</idno>
    <publisher>Samuel French Ltd</publisher>
  </bibl>
</scriptStmt>
```

<recordingStmt> umschließt einen Satz von Aufnahmen, die für die Transkription verwendet wurden.

```
<recordingStmt>
  <p>Three distinct recordings made by hidden microphone in
  early February 2001.</p>
</recordingStmt>
```

oder

```
<recordingStmt>
  <recording type="audio" dur="P30M">

    <respStmt>
      <resp>Location recording by</resp>
      <name>Sound Services Ltd.</name>
    </respStmt>

    <equipment>
      <p>Multiple close microphones mixed down to stereo
      Digital Audio Tape, standard play, 44.1 KHz sampling
      frequency</p>
    </equipment>

    <date>12 Jan 1987</date>

  </recording>
</recordingStmt>
```

<recording> ist ein Kind-Element von <recordingStmt> und beinhaltet Angaben zu den Ton- oder Videoaufnahmen, die Quelle des gesprochenen Textes sind.

```
<recording type="audio" dur="P30M">

  <equipment>
    <p>Recorded on a Sony TR444 walkman by unknown
    participants; remastered to digital tape at
    <placeName>Borehamwood Studios</placeName> by <orgName>
    Transcription Services Inc </orgName>.</p>
  </equipment>

</recording>
```

Zusätzliche Informationen können mit den Attributen @type, das über seine Wertzuweisung die Art der Aufnahme bestimmt, und @dur, das die Zeitdauer der Aufnahme aufnimmt, festgehalten werden. Detailliertere Informationen liefern die Kind-Elemente:

<date> (Datum),
<time> (Zeitangabe),
<respStmt> (Angabe zur Verantwortlichkeit),
<equipment> (Angabe zu Geräteausstattung und verwendeter Medien) sowie
<broadcast> (Angabe zur Übertragung).

```
<recording type="audio" dur="P10M">

  <equipment>
    <p>Recorded from FM Radio to digital tape</p>
  </equipment>

  <broadcast>

    <bibl>
      <title>Interview on foreign policy</title>
      <author>BBC Radio 5</author>

      <respStmt>
        <resp>interviewer</resp>
        <name>Robin Day</name>
      </respStmt>

      <respStmt>
        <resp>interviewee</resp>
        <name>Margaret Thatcher</name>
      </respStmt>

      <series>
        <title>The World Tonight</title>
      </series>

      <note>First broadcast on
        <date when="1989-11-27">27 Nov 1989</date>
      </note>

    </bibl>
  </broadcast>
</recording>
```

5.9.1.2 Textcharakteristika für gesprochenen Text

Über folgende Elemente ist das Erfassen von Informationen möglich, die ausschließlich bei gesprochenem Text vorkommen.

<u> Äußerung eines Sprechers.

```
  <u who="#spkr1">if did you set</u>

  <u trans="latching" who="#spkr2"> well Joe and I set it
  between us</u>

  <list type="speakers">
  <item xml:id="spkr1"/>
  <item xml:id="spkr2"/>

</list>
```

<pause/> Kennzeichnung einer Pause, die durch die Attribute @dur und @type näher spezifiziert werden kann.

```
<pause dur="PT42S" type="pregnant"/>
```

<vocal> beinhaltet beschreibende Informationen zu einer nicht leeren Unterbrechung des gesprochenen Textes.

```
<vocal dur="PT12S">
  <desc>whistles</desc>
</vocal>

<vocal iterated="true">
  <desc>whistles intermittently</desc>
</vocal>
```

<kinesic> enthält beschreibende Informationen zur Körpersprache, Gestik usw.

```
<kinesic dur="PT1.5S" iterated="true" type="reinforcing">
  <desc>nodding head vigorously</desc>
</kinesic>
```

<incident> umschließt Vorkommnisse, die den gesprochenen Text begleiten.

```
<incident>
  <desc>ceiling collapses</desc>
</incident>
```

<writing> enthält Informationen zu einem Vorkommen von geschriebenem Text innerhalb von gesprochenem. Beispielsweise zeigt ein Gesprächspartner einem anderen einen beschriebenen Zettel.

```
<l>man in a coonskin cap</l><writing>coonskin</writing>
<l>in a pig pen</l><writing>pig pen</writing>
<l>wants eleven dollar bills</l>
<writing>20 dollar bills</writing>
<l>you only got ten</l><writing>10</writing>...
```

<shift/> gibt an, wenn paralinguistische Phänomene, wie Änderungen im Sprechtempo oder der Lautstärke, auftreten. Im nachfolgenden Beispiel wird das Wort „Elizabeth" laut gesprochen, „Yes" und „Come and try this" in normaler Lautstärke und „come on" sehr laut ausgerufen.

```
 <u who="#LB">
   <shift feature="loud" new="f"/> Elizabeth
 </u>

 <u who="#EB">Yes</u>

 <u who="#LB">
   <shift feature="loud"/> Come and try this

   <pause/>

   <shift feature="loud" new="ff"/> come on
 </u>
...

 <listPerson type="speakers">
   <person xml:id="LB"/>
   <person xml:id="EB"/>
 </listPerson>
```

5.9.2 Dichtung

Da Dichtung eine spezielle Textsorte darstellt, aber durchaus unterschiedlich interpretiert wird, ist eine allgemeingültige und klare Abtrennung zur Prosa nur schwer möglich. Dennoch verfügt sie unbestritten über diverse Besonderheiten, die in anderen Textsorten so nicht vorkommen und es gibt einige Core-Tags, die speziell für Gedichte vorgesehen sind.

Das <l>-Tag enthält eine Zeile eines Gedichtes, während <lb/> die Position des Zeilenumbruchs markiert.

Hier eine Umsetzung basierend auf „PARADISE LOST by John Milton" mit Zeilenumbrüchen, die je nach Edition unterschiedlich sind:

```
<l>Of Mans First Disobedience,<lb ed="1674"/> and
<lb ed="1667"/> the Fruit</l>

<l>Of that Forbidden Tree, whose<lb ed="1667 1674"/>
mortal tast</l>

<l>Brought Death into the World,<lb ed="1667"/> and all
<lb ed="1674"/> our woe,</l>
```

Zeilen können mittels des <lg>-Elementes zusätzlich gruppiert werden und bilden dann eine Strophe, einen Refrain oder eine andere formale Einheit, die über die Wertzuweisung des @type-Attributes spezifiziert werden kann.

```
<lg>
  <l>Let me be my own fool</l>
  <l>of my own making, the sum of it</l>
</lg>

<lg>
  <l>is equivocal.</l>
  <l>One says of the drunken farmer:</l>
</lg>

<lg>
  <l>leave him lay off it. And this is</l>
  <l>the explanation.</l>
</lg>
```

Darüber hinaus findet sich in den Guidelines ein eigenes Modul namens Verse, das speziell auf diese Textsorte ausgerichtet ist und Möglichkeiten aufzeigt, wie die besonderen Charakteristika mittels Markup erfasst werden können.

Um einen Teilbereich in einer Gedichtzeile zu markieren, kann das Element <seg> verwendet werden, das auch ineinander verschachtelt werden kann.

```
<l>
  <seg>In a somer seson,</seg>
  <seg>whan softe was the sonne,</seg>
</l>

<l>
  <seg>I shoop me into shroudes</seg>
  <seg>as I a sheep were,</seg>
</l>

<l>
  <seg>In habite as an heremite </seg>
  <seg>unholy of werkes,</seg>
</l>

<l>
  <seg>Went wide in this world </seg>
  <seg>wondres to here.</seg>
</l>
```

Analysen von Reimen und Metriken können durchgeführt werden, wenn die Attributgruppe @metrical in dem Element <div> mit entsprechenden Werten versehen wird. Zur Verfügung stehen dort für Versfüße und Versformen bzw. Taktreihen drei Attribute:

1. @met,
2. @real und
3. @rhyme.

Die Attribute @met und @real können als Wertzuweisung einen entsprechenden Begriff, z. B. Hexameter, enthalten. Alternativ dazu kann das Minuszeichen (–) für eine unbetonte, das Pluszeichen (+) für eine betonte Silbe, der vertikale Strich (|) für eine untere Begrenzung und der Schrägstrich (/) für ein Zeilenende verwendet werden.

Die Reimfolgen werden durch Wertzuweisungen mit dem üblichen Schema aa bb cc im Attribut @rhyme beschrieben.

```
<lg type="chevy-chase-stanza"

  met="-+-+-+-+/-+-+-+"

  rhyme="ababcdcd">

  <l n="1"> Und frische Nahrung, neues Blut</l>
  <l n="2" real="+--+-+">Saug' ich aus freier Welt;</l>
  <l n="3" real="+--+-+-+">Wie ist Natur so hold und gut</l>
  <l n="4" real="---+-+">Die mich am Busen hält!</l>
  <l n="5"> Die Welle wieget unsern Kahn</l>
  <l n="6"> Im Rudertakt hinauf,</l>
  <l n="7"> Und Berge, wolkig himmelan,</l>
  <l n="8"> Begegnen unserm Lauf.</l>

</lg>
```

Das Attribut @rhyme darf nicht mit dem Element <rhyme> verwechselt werden, das die sich reimenden Worte beinhaltet.

```
<lg type="couplet" rhyme="aa">

  <l>Outside in the distance a wildcat did
    <rhyme>growl</rhyme></l>

  <l>Two riders were approaching and the wind began to
    <rhyme>howl</rhyme></l>

</lg>
```

5.10 Customising TEI

Die aktuellen Guidelines haben in hohem Maße berücksichtigt, dass die Sicht auf einen Text sehr unterschiedlich sein kann und mit deutlich über 500 verschiedenen Elementen wird versucht, alle nur denkbaren Eventualitäten abzudecken. Dass dies nicht vollständig gelingen kann, liegt in der Natur der Sache selbst und so wird auch nur eine hohe Annäherung an diesen Idealfall erreicht.

Um jedoch trotzdem die Möglichkeit zu schaffen, jede Sicht und jede Information eines beliebig manifestierten Textes gezielt zu codieren, können weitere eigene Elemente hinzugefügt und bestehende modifiziert werden.

Die Validierungsschemata[17] stehen nicht unmittelbar zur Verfügung, sondern werden nach Auswahl der notwendigen Module und dem Hinzufügen und Anpassen von Elementen in der gewünschten Validierungssprache (Relax NG Schema, W3 C Schemata, DTD, …) generiert und stehen anschließend zur Validierung der TEI-Instanzen zur Verfügung. Da diese Validierungsschemata weder einfach zu lesen noch übersichtlich sind, es aber für eine gute Textkodierung unbedingt nötig ist, die zur Verfügung stehenden Elemente in ihrer Gesamtheit und im Kontext im Blick zu haben, stellt die TEI eine Art Bauplan zur Verfügung, der dies gewährleisten soll. Unter der Bezeichnung ODD (One Document Does it all) steht dieser sogenannte „blueprint" zur Verfügung, der selbst ein TEI-Dokument und damit eine XML-Instanz darstellt.

Inhalt dieses Kapitels ist der Sinn und Zweck sowie die Realisation des TEI-Customisings.

5.10.1 Erste Schritte

Der Beginn jeder Textauszeichnung muss eine umfangreiche Analyse des/r vorliegenden Texte/s sein, um die konkret existierenden und relevanten (Struktur-)Merkmale zu identifizieren. Bei dieser Analyse werden in der Regel auch Schwerpunkte für die Auszeichnung klar, denn eine vollständige Auszeichnung aller nur denkbaren Strukturen und Merkmale eines Textes ist in aller Regel nicht realisierbar. Beachtung finden sollte unbedingt, dass eine der Ideen hinter der Gründung der TEI die Interoperabilität ist. „Mit Hilfe der TEI kann man Texte in so unterschiedlichen Formen auszeichnen, dass der Aufwand, sie interoperabel zu machen, nur geringfügig, wenn überhaupt geringer ist, als dies der Fall wäre, wenn sie mit völlig unterschiedlichen XML Schemata umgesetzt worden wären."[18]

5.10.2 Basale Customization

Liegt die Auflistung der relevanten (Struktur-)Merkmale vollständig vor, muss diese mit den Elementen und Attributen, die von der TEI in den verschiedenen Modulen vorliegen, abgeglichen werden. Das Ergebnis ist eine Zusammenstellung von TEI-Modulen, die benötigt werden, um die richtigen Elemente zur Auszeichnung verwenden zu können. Basale Customizations sind bereits von dem TEI-C zusammengestellt worden und können unmit-

[17] Siehe Kap. 4.3 „Validierung".

[18] Thaller, Manfred (2015): Perspektiven der Digital Humanities: Ein Interview mit Manfred Thaller. In: DHdBlog, vom 19.05.2015. Abrufbar unter URL: http://dhd-blog.org/?p=5062, vom 22.05.2015.

telbar genutzt werden. Unter http://www.tei-c.org/Guidelines/Customization/ finden sich eine Liste und die Downloadoption für die verschiedenen Schemata.

Die am häufigsten verwendete Variante stellt die TEI Lite dar, die zur Basiskodierung bestens geeignet ist. Weiterhin werden verschiedene Basis-Customizations als Modulpakete mit spezieller Ausrichtung zur Verfügung gestellt.

- Bare,
- All,
- Corpus,
- MS,
- Drama und
- Speech.

Sollten diese Pakete aber nicht der Auflistung der relevanten (Struktur-)Merkmale genügen, ist es auch möglich, ein individuelles Schema zu erstellen.

5.10.3 Fortgeschrittene Customization

Für die meisten Projekte, in denen Text mit TEI-Markup versehen werden soll, sind die vorhandenen Modulzusammenstellungen umfangreich genug, um alle gewünschten Textmerkmale mit entsprechenden Elementen, die in diesen Modulen enthalten sind, auszuzeichnen. Jedoch ist kaum etwas so heterogen wie Text in seinen gesamten Manifestionsvariationen. In konkreten Fällen ist die Situation, dass ein vorliegendes Textmerkmal in seinem speziellen Kontext nicht über die vorgegebenen Elemente mit vollem Informationsgehalt codiert werden kann, durchaus denkbar. Aus diesem Grund sind sowohl die Expansion wie auch die Restriktion von verfügbaren Elementen und Attributen für ein Projekt möglich, um über solche Konfigurationsmaßnahmen eine optimale Grundlage zu schaffen, die real vorliegenden Texte zu codieren.

Zur Unterstützung eines solchen Vorhabens stellt das TEI-C ein Webtool zur Verfügung, das unter dem Namen ROMA über die Webseiten der TEI erreichbar ist.[19] Dieses Tool stellt die Möglichkeit des automatischen Generierens einer ODD-Spezifikation zur Verfügung, sodass seitens des Users kein Schreiben von XML-Code notwendig wird. Ebenfalls möglich ist die Modifikation einer bestehenden Spezifikation, indem ein vorhandenes ODD-File importiert wird. Tab. 5.2 zeigt die von Roma angebotenen Funktionen.

5.10.3.1 Erzeugen einer neuen Spezifikation

Der New-Dialog (Abb. 5.2), der zum Erzeugen einer neuen Spezifikation verwendet wird, stellt die in Tab. 5.3 aufgeführten Optionen zur Verfügung.

[19] http://www.tei-c.org/Guidelines/Customization/use_roma.xml.

Tab. 5.2 Funktionsumfang Roma

Funktion	Kurzbeschreibung
New	Erzeugen einer neuen Spezifikation
Save	Speichern der aktuellen Spezifikation
Customize	Konfigurationsoptionen
Modules	Auswahl der gewünschten Module
Add Elements	Hinzufügen neuer Elemente
Change Classes	Anpassen der Attributsklassen und Hinzufügen neuer Attribute.
Language	Sprachauswahl für Elemente, Attribute und Dokumentation
Schema	Generation des Schemas in gewünschter Validierungssprache
Documentation	Generation der Dokumentation

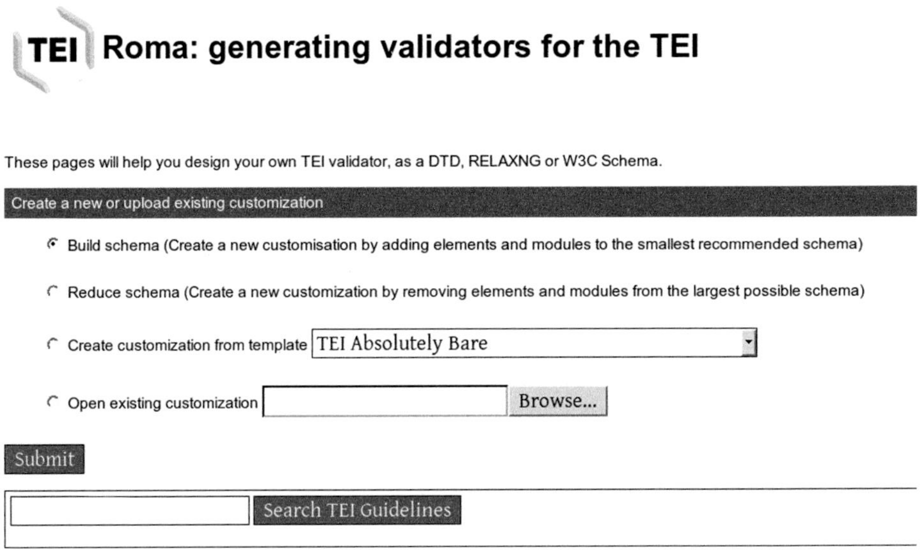

TEI Roma: generating validators for the TEI

These pages will help you design your own TEI validator, as a DTD, RELAXNG or W3C Schema.

Create a new or upload existing customization

Build schema (Create a new customisation by adding elements and modules to the smallest recommended schema)

Reduce schema (Create a new customization by removing elements and modules from the largest possible schema)

Create customization from template TEI Absolutely Bare

Open existing customization Browse...

Submit

Search TEI Guidelines

Abb. 5.2 TEI-Roma Start

Tab. 5.3 Optionen des New-Dialogs

Funktion	Kurzbeschreibung
Build schema	Auf Basis eines minimalen Schemas werden benötigte Module hinzugefügt
Reduce schema	Basierend auf einem umfangreichen Modulpaket werden einzelne nicht benötigte Bestandteile entfernt
Create customization from template	Mit Hilfe der basalen Modulpakete (siehe Kap. 5.10.2 „Basale Customization") werden angepasste Schemata erzeugt
Open existing customization	Modifikation eines bereits vorhandenen Schemas

Tab. 5.4 Metadaten zum Schema

Funktion	Kurzbeschreibung
Title	Benennung des individuellen Schemas
Filename	Benennung der Datei
Prefix	Präfix, das verwendet wird um TEI pattern names zu kennzeichnen. Bsp.: tei_
Language	Verwendete Sprache innerhalb des Roma-Tools.
Author name	Name des Autors der Schema-Customization
Description	Kurzbeschreibung des individuellen Schemas, sinnvollerweise mit Erläuterungen zur Intention

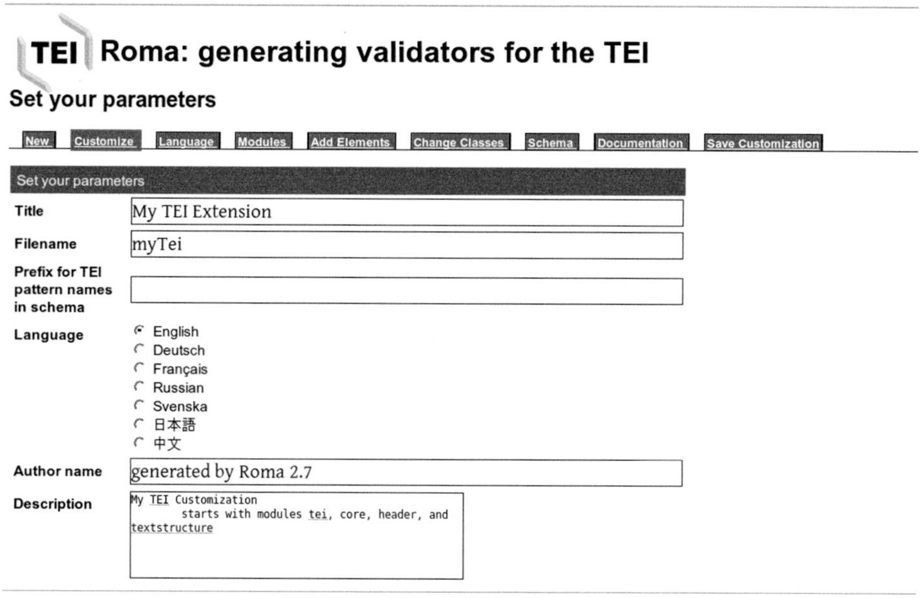

TEI Roma: generating validators for the TEI
Set your parameters
New | Customize | Language | Modules | Add Elements | Change Classes | Schema | Documentation | Save Customization
Set your parameters
Title: My TEI Extension
Filename: myTei
Prefix for TEI pattern names in schema:
Language: English, Deutsch, Français, Russian, Svenska, 日本語, 中文
Author name: generated by Roma 2.7
Description: My TEI Customization starts with modules tei, core, header, and textstructure

Abb. 5.3 TEI-Roma – Customize

Durch Klicken des „Submit"-Buttons ist der erste Schritt abgeschlossen und es folgt eine Abfrage der Metadaten, siehe Tab. 5.4, zu der Schema-Spezifikation (Abb. 5.3).

Customize, siehe Abb. 5.3, ist der zweite von zehn Tabs, die über den Hauptdialog des Roma-Tools wählbar sind. Es folgt ein Reiter namens Language, mittels dem eine Sprachauswahl für die Element- und Attributnamen sowie für die Dokumentation getroffen werden kann. Anschließend kann über den Tab Modules ausgewählt werden, welche Module zum Customizing-Vorgang zur Verfügung stehen sollen, siehe Abb. 5.4. Zwei Strategien können hier unterschieden werden: Entweder die Auswahl der minimalen Module und

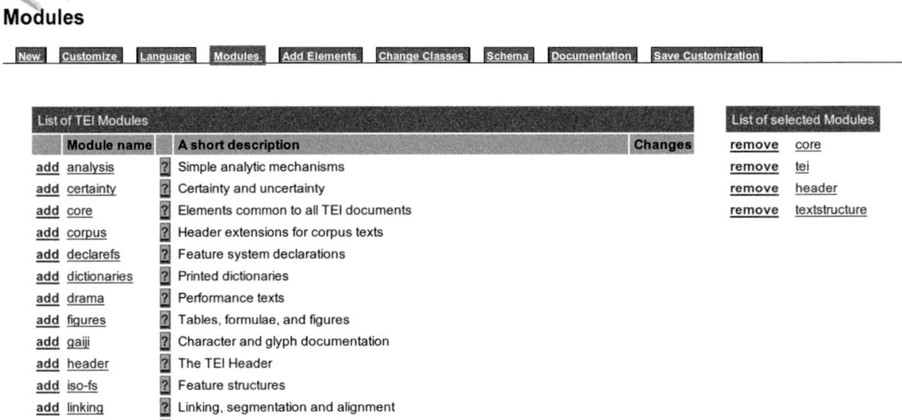

Abb. 5.4 TEI-Roma – Anpassung Elemente und Attribute

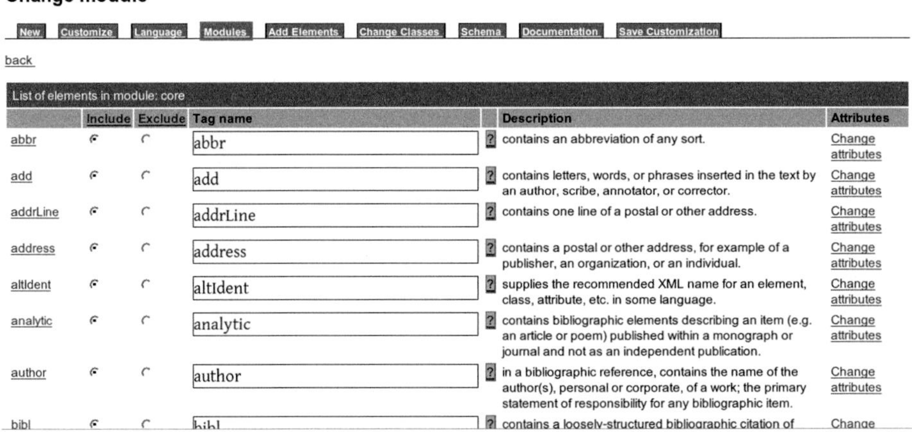

Abb. 5.5 TEI-Roma – Anpassung Elemente und Attribute

damit eines eher geringen Elementumfangs, der spezifisch erweitert wird oder die Auswahl eines maximalen Umfangs und damit sehr großen Elementumfangs, der individuell reduziert wird.

Die Option „add“ fügt ein Modul hinzu und durch Anwahl eines Moduls kann dieses angepasst werden, indem Elemente und Attribute verändert werden, siehe Abb. 5.5.

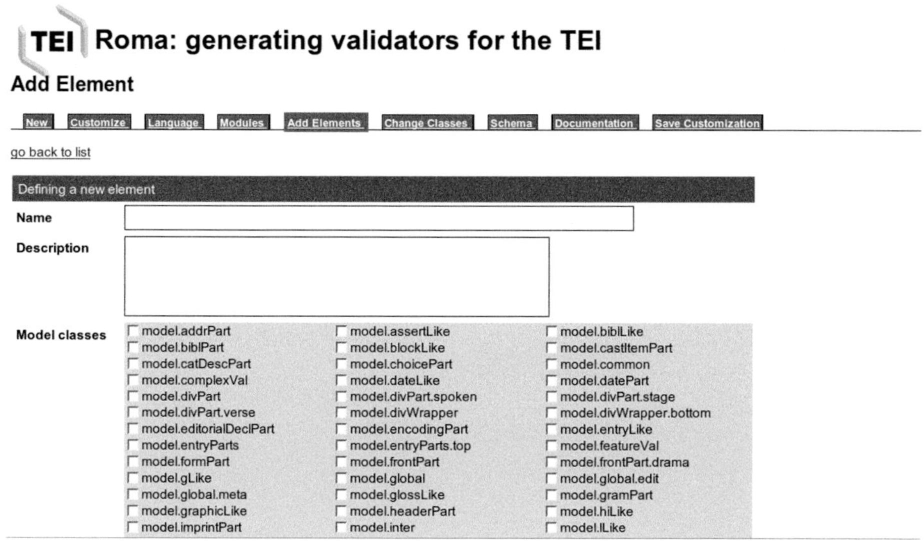

TEI Roma: generating validators for the TEI

Add Element

New | Customize | Language | Modules | Add Elements | Change Classes | Schema | Documentation | Save Customization

go back to list

Defining a new element

Name

Description

Model classes

model.addrPart	model.assertLike	model.biblLike
model.biblPart	model.blockLike	model.castItemPart
model.catDescPart	model.choicePart	model.common
model.complexVal	model.dateLike	model.datePart
model.divPart	model.divPart.spoken	model.divPart.stage
model.divPart.verse	model.divWrapper	model.divWrapper.bottom
model.editorialDeclPart	model.encodingPart	model.entryLike
model.entryParts	model.entryParts.top	model.featureVal
model.formPart	model.frontPart	model.frontPart.drama
model.gLike	model.global	model.global.edit
model.global.meta	model.glossLike	model.gramPart
model.graphicLike	model.headerPart	model.hiLike
model.imprintPart	model.inter	model.lLike

Abb. 5.6 TEI-Roma – Elemente hinzufügen

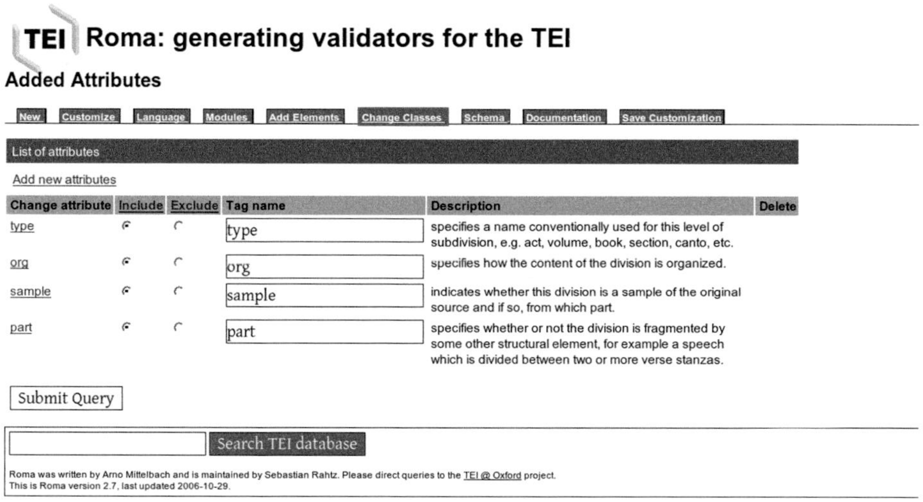

TEI Roma: generating validators for the TEI

Added Attributes

New | Customize | Language | Modules | Add Elements | Change Classes | Schema | Documentation | Save Customization

List of attributes

Add new attributes

Change attribute	Include	Exclude	Tag name	Description	Delete
type	◉	○	type	specifies a name conventionally used for this level of subdivision, e.g. act, volume, book, section, canto, etc.	
org	◉	○	org	specifies how the content of the division is organized.	
sample	◉	○	sample	indicates whether this division is a sample of the original source and if so, from which part.	
part	◉	○	part	specifies whether or not the division is fragmented by some other structural element, for example a speech which is divided between two or more verse stanzas.	

Submit Query

Search TEI database

Roma was written by Arno Mittelbach and is maintained by Sebastian Rahtz. Please direct queries to the TEI @ Oxford project.
This is Roma version 2.7, last updated 2006-10-29.

Abb. 5.7 TEI-Roma – Anpassung Elemente und Attribute

Es ist immer ratsam, die bereits geleistete Arbeit nicht nur am Ende, sondern auch zwischendurch zu sichern. Dies erfolgt über den Tab „Save Customization" unter Angabe eines Dateinamens.

Über den Reiter „Add Elements" können eigene Elemente hinzugefügt werden und über „Change Classes" werden die Attribute modifiziert, siehe Abb. 5.6 und Abb. 5.7.

Nach Abschluss aller gezielten Veränderungen für den eigenen Bedarf darf ein erneutes Speichern nicht vergessen werden, bevor über den Tab „Schema" das gewünschte Validierungsschema generiert wird, siehe

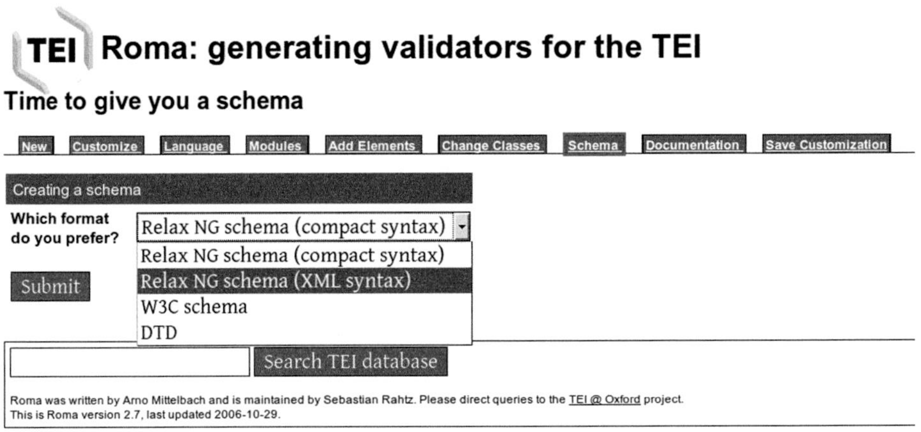

TEI Roma: generating validators for the TEI

Time to give you a schema

New | Customize | Language | Modules | Add Elements | Change Classes | Schema | Documentation | Save Customization

Creating a schema

Which format do you prefer? Relax NG schema (compact syntax)

Relax NG schema (compact syntax)
Relax NG schema (XML syntax)
W3C schema
DTD

Submit

Search TEI database

Roma was written by Arno Mittelbach and is maintained by Sebastian Rahtz. Please direct queries to the TEI @ Oxford project.
This is Roma version 2.7, last updated 2006-10-29.

Abb. 5.8 TEI-Roma – Schema-Generierung

Abb. 5.8. Derzeit stehen Relax NG compact, Relax NG XML, W3C Schema oder DTD zur Verfügung.

Nach Abschluss dieses Dialogs durch Klicken auf den Submit-Button muss eine Datei unter dem zuvor gewählten Namen (filename) mit der entsprechenden Endung (.rnc für Relax NG compact, .rng für Relax NG XML, .xsd für W3C schema, oder.dtd für DTD) verfügbar sein.

Abschließend ist es noch dringend erforderlich, dass die Dokumentation zum erstellten Validierungsschema generiert wird. Dies erfolgt durch Wahl des Reiters „Documentation", dessen Dialog die Auswahl des Formates für die Dokumentation zur Verfügung stellt. Ausgewählt werden kann zwischen den Formaten HTML, PDF, TEI, oder TEI Lite. Durch Klicken des Submit-Buttons ist jetzt auch der letzte Schritt der Customization abgeschlossen und Sie verfügen über eine weitere Datei, die unter dem zuvor gewählten Namen (filename) und dem Zusatz _doc sowie der entsprechenden Endung.html, .pdf usw. nutzbar ist.

Um die so erzeugte Customization wieder verwenden zu können, ist es unbedingt notwendig, eine ODD-Datei zu erzeugen, die einen Upload und damit weitere Anpassungen ermöglicht. Dazu wird erneut im Tab „Save Customization" die Customization als ODD-file abgespeichert und nun steht eine weitere Datei unter dem zuvor gewählten Namen (filename) mit der Endung.xml zur Verfügung.

5.10.3.2 Modifikation einer bestehenden Customization

Wurde bereits eine Customization durchgeführt und eine ODD-Datei erzeugt, kann diese im Start-Dialog[20] zum Upload ausgewählt und über die verschiedenen Reiter angepasst werden, die im vorhergehenden Kapitel beschrieben sind.

[20] Siehe auf Kap. 5.10.3.1 „Erzeugen einer neuen Spezifikation".

5.11 Übungsaufgaben

Um diese unglaublich umfangreichen Möglichkeiten in praktischen Beispielen sinnvoll auszuprobieren und anzuwenden, verweise ich an dieser Stelle auf ein Internetangebot namens TEI by Example, das von „The Centre for Scholarly Editing and Document Studies“ of the Royal Academy of Dutch Language and Literature, dem „Centre for Computing in the Humanities“ of King's College London und dem „Department of Information Studies of University College London“ bereitgestellt wird und unter folgender URL erreichbar ist:

http://www.teibyexample.org/TBE.htm?page=exercise

Projekt 6

Abschließend zu den ersten Kapiteln können Sie hier ein Projekt realisieren, das in vergleichbarer Form als reale Aufgabenstellung im beruflichen Alltag vorkommen könnte. Die Umsetzung erfordert sowohl Kenntnisse wie auch Verständnis aller vorangegangenen Themen sowie eine gewisse Transferleistung, um das Gelernte zielorientiert in ein reales Projekt zu überführen.

6.1 AJAX-Realisation

Zu einem von Ihnen frei gewählten Thema[1] erstellen Sie bitte eine AJAX-Anwendung, die folgende Voraussetzungen erfüllt:

- Die Datenbasis ist eine valide, wohlgeformte und sinnvoll konzipierte XML-Instanz oder eine MySQL-Datenbank.
- Die Webseite ist ein valides HTML5-Dokument, das mittels CSS als externe Ressource optisch ansprechend und zeitgemäß gestaltet ist.
- Mit einem JavaScript-Programm als externe Ressource wird die Kommunikation mit dem Server über das XMLHttpRequest-Objekt ausgeführt. Die Darstellung der vom php-Programm oder über das DOM extrahierten Daten auf der HTML5-Seite, die über das XMLHttpRequest-Objekt bereitgestellt werden, erfolgt ebenfalls mit JavaScript.
- Bei Verwendung von php ermöglicht ein in die Webseite und auf dem Server eingebundenes php-Programm die

[1] Vorschläge bei akuter Ratlosigkeit: Audio-/Video-/Bildverwaltung, Adressen-/Rezept-/Notizverwaltung, spezielle Informationsangebote zu ausgewählten Themen von A wie Abrüstung bis Z wie Zölibat.

S. Kurz, *Digital Humanities,* DOI 10.1007/978-3-658-11213-4_6

- Datenextraktion aus der XML-Instanz/MySQL-Datenbank und Rückgabe an das XMLHttpRequest-Objekt.
- Erweiterung der XML-Instanz/MySQL-Datenbank und Rückgabe an das XMLHttpRequest-Objekt.
- Änderung eines Eintrags der XML-Instanz/MySQL-Datenbank (fortgeschrittener Aufgabenzusatz).

So entsteht ein Webangebot, das zum einen die Suche und Sortierung in einem XML-basierten oder relationalen Datenbestand ermöglicht, zum anderen kann aber auch der Datenbestand über das Webinterface erweitert oder verändert werden. Die XML-Instanz oder die MySQL-Datenbank wird also durch den User über die HTML-Seite manipuliert.

Das Projekt soll auf einem Apache-Webserver[2] lauffähig sein und es bietet sich eine Entwicklung auf einem lokalen XAMPP-Server an.

Ein JavaScript-Framework wie beispielsweise jQuery kann hier sinnvoll eingesetzt werden, muss aber keine Verwendung finden.

6.2 Fortgeschrittener Aufgabenzusatz

Bitte erweitern Sie Ihr Webangebot um eine Sicherheitskomponente in Form einer Userverwaltung:

Während der nicht authentifizierte User das Angebot ausschließlich zur Suche und Sortierung nutzen kann, ist es für den registrierten und authentifizierten User möglich, den Datenbestand, also die XML-Instanz, zu verändern. Dies bedeutet, dass Sie die ordnungsgemäß registrierten User verwalten und gegen Login-Daten, die auf der Webseite eingegeben werden müssen, abgleichen müssen.

Hier ist es natürlich möglich, ein eigenes Programm zu schreiben, das die gewünschte Funktionalität aufweist. Es stellt sich jedoch die Frage nach der Sinnhaftigkeit dieses Tuns, denn es handelt sich bei dieser Funktionalität um eine Standardroutine, die sehr häufig eingesetzt wird. Bitte recherchieren Sie im WWW nach fertigen Lösungsbausteinen und überlegen Sie, welche Lösung für Sie sinnvoller ist.

Implementieren Sie eine rollenbasierte Userverwaltung, indem Sie die Möglichkeit schaffen, zunächst verschiedene Rollen zu definieren, die die potentiellen User repräsentieren. Anschließend können Sie einem konkreten User eine solche Rolle zuweisen. Durch die Rollenzuweisung bekommt der User automatisch nur bestimmte Rechte eingeräumt. Achten Sie darauf, dass die Rechte und die Rollen so eng wie möglich definiert werden.

Berücksichtigen Sie auch die weiteren Sicherheitsaspekte, die in Kap. 1 angesprochen werden.

---

[2] Siehe Kap. 2.1.2 „Client – Server – System“.

Einführung in die Bildbearbeitung 7

Ganz allgemein formuliert umfasst die digitale Bildbearbeitung jede Art der Veränderung, die an einem digitalen Bild mittels einer entsprechenden Software vorgenommen werden kann. Diese Technologie findet ihren Einsatz in sehr vielen Bereichen und ist aus der Welt der Digital- wie Printmedien nicht mehr wegzudenken. Dieses Kapitel führt in die Bildbearbeitung ein, ohne eine Software-Einführung zu beinhalten, denn es geht um ein Allgemeinverständnis darüber, wie digitale Bilder aufgebaut sind.

7.1 Grundbegriffe

Die drei nachfolgenden Begriffe sind von elementarer Bedeutung und es ist entscheidend, nicht nur über ungefähre, sondern exakte Kenntnis der dahinter liegenden Konzepte zu verfügen.

7.1.1 Pixel

Pixel ist ein Kunstwort, das von dem englischen Ausdruck „picture element" abgeleitet ist. Ein Pixel ist ein Licht- bzw. Druckpunkt und damit die kleinste Bildeinheit, die mittels eines Ausgabegerätes wie Bildschirm oder Drucker ausgegeben werden kann. Allgemein ist ein Pixel das kleinste Bildelement einer digitalen Rastergrafik, ohne dass seine Größe allgemein bestimmbar wäre.

Den rasterförmig angeordneten Pixeln werden Daten zugeordnet, welche die eigentlichen Bildinformationen in Form von Farbinformationen enthalten, deren Codierung sich an dem verwendeten Farbraum und der zur Verfügung stehenden Farbtiefe orientiert. Somit ist zu jedem Pixel die Position und der Farbwert gespeichert.

S. Kurz, *Digital Humanities*, DOI 10.1007/978-3-658-11213-4_7

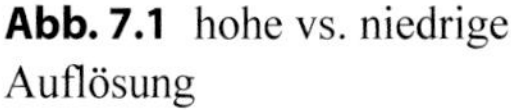

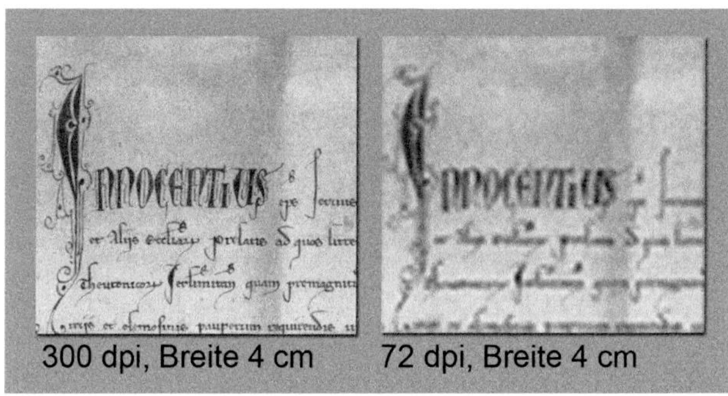

Abb. 7.1 hohe vs. niedrige Auflösung

7.1.2 Auflösung

Unter Bildauflösung versteht man die Anzahl der Pixel, aus denen das dargestellte Bild (wiedergabebezogen!) besteht. Die Auflösung ist neben der Farbtiefe eine der bestimmenden Größe für die Qualität von Rastergrafiken und bezeichnet die Punktdichte der Wiedergabe von Rastergrafiken. Es gibt zwei verschiedene Varianten zur Angabe:

1. Die Anzahl der Bildpunkte. Typischer Einsatz: Digitalfotografie; Einheit: Megapixel oder
2. die Anzahl der Bildpunkte pro Zeile (horizontal) und Spalte (vertikal). Da hier ein Produkt angegeben wird, beinhaltet dies auch die Information des Seitenverhältnisses, z. B. Bildschirmauflösung: 1680 × 1050.

Die Menge der vorhandenen Pixel für einen Längenabschnitt, häufig angegeben in Inch (1 Inch ~ 2,5 cm), bestimmt somit den Wert der Auflösung. Je höher dieser ist, umso größer kann das Bild scharf dargestellt werden. Ab einer bestimmten Pixelgröße erscheint das Bild unscharf und der sogenannte Treppeneffekt oder Aliasing[1] stellt sich ein, siehe Abb. 7.1.

7.1.2.1 dpi versus ppi

Die Einheit der Auflösung ist entweder

- ppi = pixel per inch und bezieht sich auf Lichtpunkte (Bildschirm) oder
- dpi = dots per inch und bezieht sich auf Bildpunkte (Drucker).

[1] Der Treppeneffekt oder Aliasing beschreibt ein sichtbare Stufengebilde und damit ein treppenartiges Erscheinungsbild eines Rasterbildes, das besonders an den Kanten an eine Treppe erinnert.

Abb. 7.2 Aufbau einer Rastergrafik

7.2 Grafiktypen

Computergrafiken lassen sich grundsätzlich in zwei Kategorien einteilen:

1. Bitmaps (Rastergrafik) und
2. Vektorgrafiken.

Diese beiden Basistypen werden durch den Hybridtyp Metagrafik ergänzt.

7.2.1 Bitmap

Bitmaps oder auch Rasterbilder verwenden für die Darstellung von Bildern ein Farbraster, das aus einzelnen Pixeln besteht und an die lange Tradition der Mosaike anknüpft. Jedem Pixel wird eine bestimmte Position und ein Farbwert zugewiesen, siehe Abb. 7.2.

Bitmap ist der gängigste Grafiktyp für Halbtonbilder wie Fotos oder digitale Zeichnungen, da Schattierungen und Farben in feinen Abstufungen sehr gut wiedergegeben werden können. Bitmaps sind auflösungsabhängig, d. h. sie enthalten eine feste Anzahl an Pixeln, die eine definierte Position aufweisen. Beim Skalieren auf dem Bildschirm oder beim Ausdrucken mit einer zu niedrigen Auflösung können daher Details verlorengehen oder Inhomogenitäten auftreten.

Es folgt eine Auswahl der gängigsten Bitmap-Datei-Formate[2] zur Übersicht:

- TIFF
- JPEG
- GIF
- PNG
- BMP
- PSD

[2] Siehe auch Kap. 7.3 „Bildformate“.

Abb. 7.3 Vektorgrafik

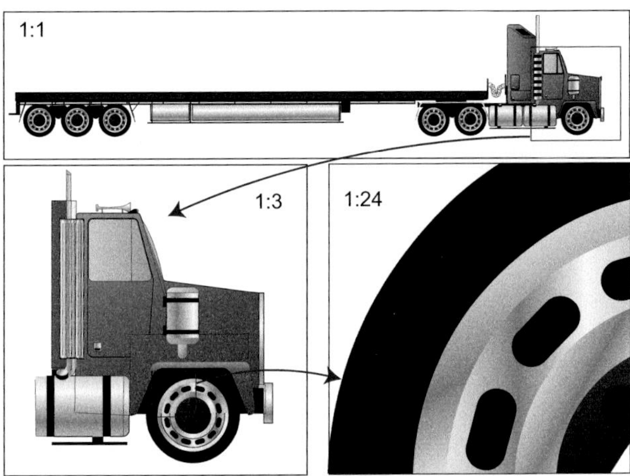

7.2.2 Vektorgrafik

Vektorgrafiken definieren sich aus Linien und Kurven, die durch mathematische Funktionen (Vektoren) definiert werden. Vektoren beschreiben also Bilder anhand ihrer geometrischen Eigenschaften. Diese werden formatspezifisch festgelegt und in Form von mathematischen Funktionen zur Berechnung für eine bestimmte Bildgröße bereitgestellt.

Ein Fahrradreifen beispielsweise besteht in einer Vektorgrafik, vereinfacht ausgedrückt, aus der mathematischen Definition eines Kreises. Dieser kann durch die Bestimmung des Radius und des Kreismittelpunktes gezeichnet werden. Die Position des Mittelpunktes und die Größe des Radius ist abhängig von der gewählten Bildgröße und so werden diese Werte erst zum Zeitpunkt der Bilderstellung berechnet.

Festgelegt wird nur ein Farbwert und die geometrische Form selbst, sowie die Relation zu anderen geometrischen Elementen. Der Kreismittelpunkt stellt in diesem Beispiel die Nabe dar. Verschiebungen, Größen- oder Farbänderungen am Fahrrad führen bei dieser Art der Grafik nicht zu Einbußen der Bildqualität, siehe Abb. 7.3. Vektorgrafiken sind damit auflösungsunabhängig und sie eignen sich insbesondere für Grafiken, die auch bei unterschiedlichen Bildgrößen gestochen scharf sein müssen, was häufig bei Logos oder Illustrationen vorkommt.

Schlechte Ergebnisse werden von Vektorgrafiken bei Farbverläufen, Schattierungen und Farben in feinen Abstufungen erzielt und somit ist dieser Grafiktyp nicht oder nur selten für Fotografien geeignet.

Beachtenswert ist jedoch, dass, außer bei Verwendung eines Plotters[3], bei der Ausgabe der Grafik über einen Bildschirm, Beamer oder Drucker die als Vektorgrafik berechnete Datei unmittelbar in eine Rastergrafik umgewandelt werden muss, um angezeigt werden

[3] Siehe http://de.wikipedia.org/wiki/Plotter.

zu können. Das beruht auf der Tatsache, dass alle gängigen Ausgabegeräte ausschließlich Rastergrafiken darstellen können. Auswahl einiger Vektorgrafik-Formate:

- EPS (Adobe)
- CDR (Corel)
- DXF (Drawing Exchange Format)

7.2.3 Metagrafik

Eine Metagrafik steht als hybrider Formattyp zwischen Vektor- und Rastergrafiken. Sie kann jeweils beide Typen enthalten und wird vielfach für Beschriftungen innerhalb von Bitmaps genutzt. Beispielsweise können Pfeile oder Texte in ein Rasterbild integriert werden. Dabei spielt aufgrund der Integration von Bitmaps die Skalierung eine entscheidende Rolle. Während sich die Vektorgrafiken spezifisch anpassen, erscheinen die Rasterformate bei Skalierungen stark verpixelt. Auswahl der gängigsten Metagrafik-Formate:

- CGM (Computer Graphics Metafile)
- WMF (Windows Meta File)
- WPG (WordPerfect Graphics Metafile)
- Macintosh PICT (Austauschformat für QuickDraw)

7.3 Bildformate

Jede Art von digitaler Datei ist eine Codierung von Informationen mittels der Unterscheidung zweier Zustände, logisch 0 und 1. Damit aus diesen reinen Daten eine Information wird, bedarf es der Interpretation von Sequenzen aus 0 und 1. Diese Sequenzen können unterschiedlich lang sein und verschiedenste Bedeutungen haben. Eine Interpretation kann nur gelingen, wenn bekannt ist, welche Sequenz welche Information abbildet. Diese Kenntnis ist in einem Regelwerk festgehalten und wird als Dateiformat bezeichnet.

Ein Softwaresystem, das ein bestimmtes Format verarbeiten und anzeigen kann, ist also in der Lage, jede sinnvolle Sequenz einer Datei zu separieren und gemäß ihrer Bedeutung zu interpretieren. Aus diesen Informationen werden durch die Softwareapplikationen Umsetzungen erzeugt, die für uns Menschen sinnvoll erfassbar sind, z. B. die Darstellung einer Bilddatei als digitales Foto. Um (Bild-)Dateien zu interpretieren, muss also das Dateiformat bekannt sein.

Bei Datenformaten für Bilder, sogenannten Bildformaten, können zwei Informationsarten unterschieden werden:

1. Informationen zu den einzelnen Pixeln, welche die eigentliche Bildinformation (meist durch einen Farbwert) enthalten und
2. Informationen, die zur Verarbeitung des Bildes überdies notwendig bzw. sinnvoll sind, z. B. Breite und Höhe des Bildes, die Farbtiefe[4] oder Metainformationen, z. B. Name des Photographen, benutztes Equipment usw.

Der Aufbau der einzelnen Sequenzen der Bilddaten, die diese Informationen repräsentieren, kann nach verschiedenen Regelwerken für digitale Bilder konzipiert werden. Diese Regeln werden im Falle von Bilddateien als Bildformate bezeichnet und haben meist eine gewisse Zielorientierung neben der reinen Funktion der Bilddarstellung. Die Absicht kann ein maximaler Datenumfang für umfangreiche Informationen oder ein minimaler Datenumfang für geringen Speicherbedarf oder Vergleichbares sein.

Der Dateianfang, also der Beginn der Sequenzen aus 0 und 1, ist in der Regel für Daten wie Bildgröße und Farbtiefe reserviert. Anschließend folgen die Farbinformationen pro Pixel.

Die nachfolgenden Format-Beispiele zählen derzeit zu den wichtigsten eingesetzten Bildformaten.

7.3.1 TIFF

Das Tagged Image File Format (TIFF) ist das derzeit vollständigste und flexibelste Bildformat und von Adobe[5] mit der Intention eines universellen und leicht erweiterbaren Formats entwickelt worden. Es ist unkomprimiert oder mit unterschiedlichen Kompressionsarten (LZW, CCITT, JPEG …) verfügbar. Wenn es um die langfristige Speicherung von Bildern geht, sollte vorzugsweise TIFF ohne oder mit verlustfreier Kompression genutzt

[4] Siehe Kap. 7.4 „Farbinformationen".

[5] Adobe Systems Software Ireland Ltd., http://www.adobe.com.

werden, da es maximalen Informationsgehalt bietet und vollständig bekannt, also nicht proprietär ist.[6]

Der größte Nachteil von TIFF ist, dass es nicht standardmäßig im WWW einsetzbar ist. Dies ist der hohen Flexibilität geschuldet. Einige moderne Browser wie Safari können inzwischen standardmäßig auch TIFF interpretieren, andere benötigen ein Plug-in. Nur wenige Browser sind grundsätzlich nicht in der Lage, dieses Format anzuzeigen. Die Dateigröße ist bei diesem Format allerdings auch beträchtlich und für den ausgedehnten Datenverkehr nur bedingt sinnvoll.

7.3.2 PNG

Das Portable Network Graphic Format (PNG) ist gezielt als Nachfolger für das Bildformat GIF entwickelt worden, um die unten aufgeführten Probleme zu umgehen. Obwohl PNG einen recht großen Informationsumfang aufweist, ist es weit weniger komplex als das TIFF-Format (jedoch komplexer als GIF). Nicht zuletzt weil es das CMYK-Farbmodell nicht unterstützt, kann PNG nicht als vollständiger Ersatz für TIFF gelten.

PNG kann verlustfrei Daten komprimieren und unterstützt verschiedene Farbtiefen sowie Transparenz mittels des Alphakanals, aber keine Animation. Interlacing[7], das nur bei geringen (Netz) Bandbreiten von besonderem Interesse ist, wird ebenso unterstützt wie die Codierung von eingebetteten Metadaten und optionalen Datenblöcken, sogenannten „chunks".

Nach anfänglich geringer Verbreitung fand PNG in jüngerer Vergangenheit immer mehr Anhänger und ist inzwischen das meistverwendete verlustfreie Grafikformat im Internet.[8] Es wird standardmäßig nach dem Deflate-Algorithmus[9], der mit dem ZIP-Format verglichen werden kann, komprimiert. Jedoch wurde das Format so angelegt, dass verschiedene Kompressions-Typen nachträglich implementiert werden können, um auf zukünftige Standards reagieren zu können.

Im Vergleich zu GIF kann festgestellt werden, dass PNG mehr Eigenschaften bietet, meist eine bessere Kompression vorweist und mehr Farben pro Einzelbild darstellen kann.

Das Portable Network Graphic Format hat eine offene Spezifikation, die unter http://www.libpng.org/pub/png/verfügbar ist.

[6] Spezifikation siehe http://www.remotesensing.org/libtiff/.

[7] Speicherverfahren, das beim Laden der Grafik sehr schnell ein Übersicht- oder Vorschaubild in der vollen Bildgröße produziert.

[8] Vgl. http://w3techs.com/technologies/overview/image_format/all.

[9] Spezifikation siehe http://tools.ietf.org/html/rfc1951.

7.3.3 GIF

Wie die lange Form der Abkürzung GIF, Graphics Interchange Format, schon besagt, ist das Ziel dieses Formats die gute Austauschbarkeit zwischen verschiedenen Softwaresystemen. Somit ist das Hauptziel der Einsatz im Internet, das ein vergleichsweise geringes Datenvolumen bedingt. Bei GIF kommt eine verlustfreie Kompression, das LZW[10]-Kompressionsverfahren, zum Einsatz. Die aufgrund dieses Kompressionsverfahrens aufgekommenen Copyrightstreitigkeiten und Lizenzgebühren haben der Verbreitung sehr geschadet, auch wenn diese inzwischen längst beigelegt sind. Wie PNG unterstützt GIF Interlacing und stellt zusätzlich die Möglichkeit der Animation von Grafiken durch die zeitversetzte Aneinanderreihung von Einzelbildern zur Verfügung. Diese – zunächst als veraltet geltende –Technologie erlebt gerade ein Comeback.

Bei der Verwendung dieses Kompressionsverfahrens für Bilder, die relativ große homogene Flächen enthalten, z. B. für Cartoons, können besonders hohe Kompressionsraten und damit vergleichsweise geringe Dateigrößen erzielt werden. Dies ist aber motivabhängig und die tatsächlich mögliche Kompressionsrate ist nur im konkreten Einzelfall bestimmbar. Der Grund dafür ist die verwendete Technologie einer eigenen Farbtabelle[11] (auch Farbpalette, Look-Up Table oder Local Color Table genannt). Sie stellt aus einem Vorrat von ca. 16,7 Mio. Farben[12] 256 zur Auswahl und diese sind anschließend im Bild verwendbar. Diese Farbinformation ist in der formatinternen Farbtabelle mit einem Code verknüpft. Einem bestimmten Pixel wird anstelle des speicherintensiven Farbwertes der Code zugewiesen.

Eine solche Reduzierung der Farbauswahl kann zu sehr guten Kompressionsergebnissen führen, vor allem bei eingeschränkt komplexen Zeichnungen oder bei Schwarz-Weiß-Fotografien, die im Kontext der digitalen Bilder Graustufenbilder darstellen. Komplexere Bilder, wie beispielsweise detaillierte Farbfotos oder Zeichnungen mit umfangreichen Farbverläufen, basieren häufig auf mehr als 256 Farben. Sie müssen nun auf diesen Wert reduziert werden, was nicht selten mit einer Qualitätsreduzierung durch einen realen Informationsverlust einhergeht. Solch ein Qualitätsverlust ist gerade bei großen Bildern störend sichtbar.

Um diesen Nachteil auszugleichen, kann eine schachbrettartige Aufteilung eines Bildes in einzelne Kacheln vorgenommen werden, die jede für sich genommen 256 verschiedene Farben in einer eigenen Palette beinhalten kann. So entsteht ein sogenanntes Echtfarben-GIF, das aber häufig nur noch geringe Kompressionsraten aufweist und in der Praxis kaum eine Bedeutung hat.

Das GIF-Format berücksichtigt des Weiteren Angaben zur Transparenz, die aber im Vergleich zum Alphakanal bei PNG eine geringere Komplexität aufweisen. So kann ein Pixel als transparent definiert werden, enthält dann aber keinerlei Farbwerte mehr. Damit

[10] Siehe Kap. 7.6.1 „Verlustfreie Verfahren".

[11] Siehe Kap. 7.4.5 „Indizierte Bilder".

[12] Siehe Kap. 7.4 „Farbinformationen".

Tab. 7.1 JPEG Standards

JPEG-Kategorie	ISO-Nummer
JPEG – verlustbehaftet/-frei –	ITU-T T.81 ISO/IEC IS 10918-1
JPEG – Erweiterungen –	ITU-T T.84
JPEG-LS (verlustfrei, verbessert)	ITU-T T.87, ISO/IEC IS 14495-1

ist es möglich, Bilder zu generieren, die nicht rechteckig erscheinen und den Hintergrund sichtbar machen. Teiltransparenzen können jedoch nicht umgesetzt werden.

Das Format gehört Compuserve/AOL und hat eine offene Spezifikation, die unter http://www.w3.org/Graphics/GIF/spec-gif89a.txt eingesehen werden kann.

7.3.4 JPEG

Der Name dieses Formates bezeichnet weniger das Regelwerk als das Gremium, das dieses entwickelt hat. Dieses Gremium, die Joint Photographic Expert Group[13], hat Anweisungen entwickelt, die sich streng genommen auf das Abspeichern von Daten mit bestimmten Kompressionsverfahren beziehen. Dabei beschreibt JFIF (JPEG File Interchange Format) das Abspeichern der Daten und JPEG die Kompression. Allgemein durchgesetzt hat sich der Name JPEG und die Dateiendung jpg. Darunter wird JFIF mit JPEG Kompression verstanden. JFIF ist aber nicht die einzige Art des Abspeicherns, SPIFF und JNG sind weitere Möglichkeiten, die aber real kaum eine Rolle spielen.

JPEG ist im WWW problemlos einsetzbar, da alle Browser es verarbeiten und darstellen können. Zusätzlich werden meist durch die Kompression sehr kleine Datenvolumen erreicht. JPEG ist in ISO/IEC 10918-1 normiert und in den in Tab. 7.1 aufgeführten Standards definiert.

Der Kern dieser Standards ist die Zusammenstellung von unterschiedlichen Kompressionsarten, die mit und ohne Informationsverlust die Datenmenge einer Datei reduzieren:

- Verlustbehaftete Farbraumumrechnung, in der Regel von RGB in das YCbCr-Farbmodell und verlustbehaftete Tiefpassfilterung[14] mit Unterabtastung von Cb und Cr.
- Aufteilung in 8 × 8 große Pixelblöcke zur Diskreten Cosinus-Transformation pro Block, die grundsätzlich verlustfrei ist, real durch Rundungsfehler dennoch Verluste aufweist.
- Verlustbehaftete Quantisierung[15].
- Zick-Zack-Umsortierung, um anschließend eine verbesserte verlustfreie Lauflängencodierung durchzuführen.
- Verlustfreie Entropiekodierung in Form einer Huffman-Codierung[16].

[13] Siehe http://www.jpeg.org.

[14] Siehe: http://de.wikipedia.org/wiki/Tiefpassfilterung.

[15] Siehe: http://de.wikipedia.org/wiki/Quantisierung_(Messtechnik).

[16] Siehe: http://xlinux.nist.gov/dads//HTML/huffmanCoding.html.

Abb. 7.4 Kompressionsartefakte bei JPEG

Das JPEG-Formt erreicht die Datenreduktion also durch die Kombination von verlustbehafteten Verarbeitungsschritten mit der Entropiekodierung. Dabei ist der Grad der Komprimierung wählbar und bis zu einer bestimmten Ausprägung für den Menschen nicht sichtbar, siehe Abb. 7.4. Der Informationsverlust durch die Kompression ist allerdings nicht reversibel und die weitere Verarbeitung eines Bildes im JPEG-Format nur eingeschränkt möglich.

Die Einheit für den Grad einer JPEG-Komprimierung ist nicht allgemein festgelegt. Adobe verwendet in seinem Programm Photoshop eine Skala von 0 bis 12, andere Programme benutzen eine Skala bis 100 und Softwaresysteme, die in Kameras verwendet werden, weisen häufig nur zwei oder drei benannte Stufen ganz ohne Zahlenwerte auf, die für hohe, mittlere und niedrige Qualität der Kompressionsrate stehen. Als Durchschnittswerte für den Wert einer JPEG-Kompression auf einer 100er-Skala gelten die in Tab. 7.2 aufgeführte Dateigrößen für eine Bilddatei.

Neben der gewählten Kompressionsrate hängt die Bildqualität aber auch immer von dem Bildmotiv ab. So verringern sehr feine Strukturen im Bild (Blätterdickicht) die maximal mögliche Kompressionsrate gegenüber flächigen Abbildungen deutlich, beispielsweise von Himmel und Wolken.

Neben dem schon erwähnten Nachteil der verlustbehafteten Kompression sind weitere Nachteile des JPEG-Formats, dass Transparenzen nicht unterstützt werden und es sich grundsätzlich wenig geeignet, um Schwarz-Weiß-Bilder oder Strichzeichnungen digital zu repräsentieren. Für Fotografien und computergenerierte Bilder hingegen ist es durchaus für viele Einsatzbereiche brauchbar, sollte aber nicht zur Langzeitspeicherung von Bildern, die modifizierbar bleiben sollen, verwendet werden.

Tab. 7.2 Durchschnittswerte für JPEG-Kompression

Qualität	Skalenwert	Dateigröße (MB)
unkomprimiert		~30
höchste JPEG-Qualität	100	~17
gute JPEG-Qualität	80	~2,5
mittlere JEPG-Qualität	50	~1,5
niedrige JEPG-Qualität	20	~0,9

7.3.5 RAW

Bei dieser Formatbezeichnung handelt es sich nicht um eine Abkürzung, sondern um den englischen Begriff „raw", der im Deutschen „roh" im Sinne von „nicht bearbeitet" bedeutet.

RAW wird vorwiegend bei der Speicherung in Digitalkameras eingesetzt, um die bei der Digitalisierung erzeugten Daten weitestgehend ohne Bearbeitung abzuspeichern. Wie genau das umgesetzt wird, spezifiziert jeder Hersteller für sich. Grafiken dieses Formats lassen sich am ehesten mit einem belichteten, aber noch nicht entwickelten Negativfilm der analogen Fotografie vergleichen. Ein RAW-Bild wird im Original-Aufnahmezustand ohne automatische Zwischenbearbeitungen der Kamera oder einer Bearbeitungssoftware gespeichert. Mit einem RAW-Konverter können die „Rohdaten" weiter verarbeitet und in TIFF oder JPEG-Formate umgewandelt werden. Der Vorteil liegt in der verlustfreien und unveränderten Aufbewahrung des Bildes als „digitales Negativ". Große Nachteile ergeben sich jedoch aus der Dateigröße der unkomprimierten Daten und den unterschiedlich spezifizierten RAW-Formaten der Kamerahersteller, die ausgeprägte Kompatibilitätskonflikte auslösen.

7.4 Farbinformationen

Zur Darstellung eines Bildes wird immer die Angabe der zu verwendenden Farbe für bestimmte Bereiche eines Bildes benötigt. Bei Rastergrafiken werden diese Daten zu den einzelnen Pixeln festgehalten und durch die Bildanzeigesoftware interpretiert. So entsteht die notwendige Farbinformation.

7.4.1 Farbtiefe

Die Farbtiefe, auch Farbauflösung oder Bit-Tiefe genannt, ist die Maßeinheit für die Anzahl der verfügbaren Bits pro Pixel. Die reservierten Bits können Daten aufnehmen, aus denen die Farbinformation erzeugt wird. Jedem Pixel steht eine willkürlich gewählte Anzahl von Bits zur Verfügung. Diese legt fest, wie viele unterschiedliche Farbinformationen pro Pixel für eine Datei zur Verfügung stehen. Eine größere Farbtiefe bedeutet demnach, dass potentiell mehr Farben im digitalen Bild dargestellt werden können, aber nicht, dass tatsächlich mehr Farben enthalten sind.

Ein Bild mit der Farbtiefe 1 bit kann pro Pixel zwei mögliche Werte unterscheiden und diesen zwei beliebige Farben zuweisen: Eins oder null ergibt schwarz oder weiß/grün oder gelb/lila oder rot usw.

Ein Bild mit einer Farbtiefe von 8 bit kann pro Pixel 256 mögliche Werte unterscheiden und jedem dieser Werte eine beliebige Farbe zuweisen. Somit kann pro Pixel bei einem

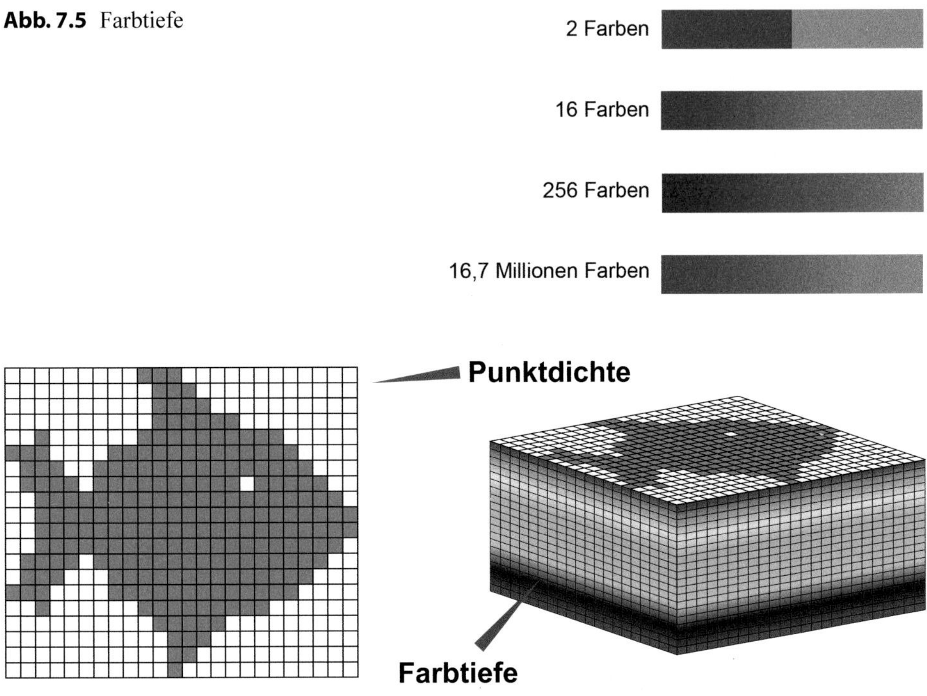

Abb. 7.5 Farbtiefe

Abb. 7.6 Punktdichte vs. Farbtiefe

Bild mit einer Farbtiefe von 24 bit auf 16,7 Mio. unterschiedliche Werte und den entsprechend zugeordneten Farben zurückgegriffen werden. Abb. 7.5 mit vergleichbaren Abstufungen und einer Zuordnung zu der Farbe Grün verdeutlicht dieses Konzept.

WICHTIG: Die Auflösung des Bildes und damit die Punktdichte darf nicht mit der Farbtiefe verwechselt werden. Dies wird in Abb. 7.6 veranschaulicht.

7.4.2 Bitonales Bild

Bei bitonalen oder monochromen Bildern (echten Schwarz-Weiß-Bildern) können pro Pixel zwei Zustände unterschieden werden. Dabei steht die logische 1 für die Farbe schwarz, die logische 0 für die Farbe weiß. Die Farbtiefe beträgt 1 bit.

7.4.3 Graustufenbild

Graustufenbilder enthalten per Definition keine Farben, sind aber auch keine echten Schwarz-Weiß-Bilder. Die aus der Farbtiefe des Bildes resultierenden, möglicherweise unterschiedlichen bit-Werte werden einer Farbskala zugewiesen, die ausschließlich Grauabstufungen zwischen schwarz und weiß enthält. Meist liegen Graustufenbilder mit einer Farbtiefe von 8 bit vor, sodass 256 unterschiedliche Schwarzanteile/Grauwerte unterschieden werden können. Hierbei steht 0 als kleinster Wert für schwarz und 255 als größter Wert für weiß. Alle Zwischenwerte liegen linear verteilt in diesem Wertebereich, sodass eine doppelt so helle Farbe durch eine doppelt so hohe Zahl ausgedrückt wird. Die Farbtiefe beträgt in der Regel 8 bit.

7.4.4 True Color Image

Die Bezeichnung True Color Image oder Echtfarbbild ist ein Begriff, der für Bilder mit einer Farbtiefe von 24 bit verwendet wird. Es besteht demnach die Möglichkeit der Darstellung von 16,7 Mio. verschiedenen Farben pro Pixel. Die Benennung dieser Bilder führt häufig zu der irrigen Annahme, es würden in einem digitalen Bild reale Farben dargestellt. Welche Farbe welchem gespeicherten Datum zugewiesen wird, hat jedoch nur bedingt mit der Herkunftsfarbe des Ursprungsobjektes zu tun. Die unterschiedlichen Farben, die beim Öffnen eines True Color Images mit unterschiedlichen Softwaresystemen angezeigt werden, verdeutlicht diesen Sachverhalt eindrucksvoll. Beispiel: Darstellung eines Bildes auf dem Kameradisplay, auf einem hochwertigen Monitor eines Desktop-Rechners, auf dem Bildschirm eines Fotodirektdruck-Automaten oder auf dem Smartphone.

Eine Erweiterung zu True Color Image stellt True Color mit 8 bit-Alphakanal dar. Es handelt sich um 24 bit Farbe ergänzt um 8 bit Transparenz. Farbtiefen von 36 oder 48 bit sind im Bereich der hochwertigen Fotografie immer häufiger anzutreffen.

7.4.5 Indizierte Bilder

Bilder werden dann indizierte Bilder oder Color Coded Image genannt, wenn die Farbwerte, die in dem Bild dargestellt werden, in einer Farbpalette bzw. in einem Index aufgeführt und mit einem Code verknüpft sind. Eine solche Zuordnung wird auch als Lookup Table bezeichnet. Diese ist im Header der jeweiligen Bilddatei hinterlegt und bietet die Möglichkeit, Daten zu reduzieren, indem einem Pixel nicht mehr Speicherplatz in voller Farbtiefe zugewiesen wird, sondern nur in der Größe, die der in der Tabelle hinterlegte Code benötigt.

Die Verwendung einer Lookup Table bewirkt also, dass Farbinformationen weniger Speicherplatz benötigen, weil nicht für jeden Bildpunkt die Farbwerte abgespeichert werden müssen. Es werden alle verwendeten Farben nur einmal mit ihren Farbwerten und Codes in der Lookup Table definiert. Den Pixeln wird der deutlich kleinere Code zugewiesen und damit auf die Lookup Table verwiesen, siehe Abb. 7.7. Beim Öffnen der Datei setzt die Software den Code in den realen Farbwert um und das Bild kann angezeigt werden. Bei Verwendung einer optimierten Farbtabelle kann dies ein sehr effizientes Verfahren sein.

In der Regel können indizierte Bilder 256 verschiedene Farben unterscheiden und diese in dem Index hinterlegen. Problematisch wird dies Verfahren, wenn ein Bild mehr als 256 verschiedene Farben aufweist und es zu einem Informationsverlust kommt, wenn in diesem Fall ähnliche Farben zusammengefasst werden.

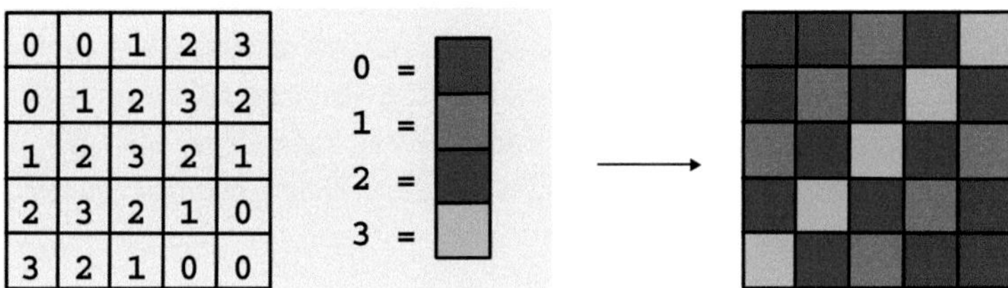

Abb. 7.7 Schematische Darstellung einer Lookup Table

7.5 Farben und Farbräume

Was sind Farben? Diese auf den ersten Blick sehr einfach zu beantwortende Frage entpuppt sich schnell als Problemkiste ohne Boden, insbesondere im digitalen Kontext. Letztlich ist Farbe eine individuelle Sinneswahrnehmung basierend auf einem Reiz, der durch das Auge wahrgenommen und zur Interpretation an das Gehirn weitergeleitet wird. So ist ein Farbeindruck oder eine Farbempfindung mitnichten ein rein physikalischer Vorgang, sondern eine Kombination aus vielen physikalischen, physiologischen und psychologischen Ereignissen.

Die für ein Individuum übereinstimmende Darstellung von Farben in digitalen Systemen identisch zu einer Vorlage (Faksimile, Reproduktionen, ...) gehört zu den hochproblematischen Sektionen in der Bildverarbeitung. Naturgetreue Umsetzungen gelten als nahezu unmöglich, insbesondere wenn Dateien zwischen unterschiedlichen Soft- und Hardwaresystemen ausgetauscht werden sollen. Sowohl die Art der Ausgabe über verschiedene Bildschirme, Beamer oder Drucker wie auch unterschiedliche Technologien bei den Eingabegeräten, wie Digitalkamera oder Scanner, erhöhen die Problematik massiv.

Aus diesem breiten Forschungsgebiet wird im folgenden Kapitel ein kleiner Teilbereich aufgegriffen: die Farbkonzepte/Farbräume.

Das Generieren von Farbe in verschiedenen Farbtönen kann gemäß verschiedenen Theorien nach diversen Farbkonzepten erfolgen.

7.5.1 RGB

Basierend auf der Beobachtung, dass aus farbigem Licht dreier Primärfarben jede andere Farbe mischbar ist, wurde ein additives Farbsystem mit den Primärfarben Rot, Grün und Blau entwickelt, das als RGB bekannt ist, siehe Abb. 7.8. Durch Mischung von rotem, grünem und blauem Licht in verschiedenen Anteilen und Intensitäten kann jede andere Farbe dargestellt werden. Dabei ergeben alle drei Primärfarben zu gleichen Teilen mit maximaler Intensität zusammen weißes Licht, da bei der Farbe Weiß das gesamte Licht an das Auge reflektiert wird. Die Farbe Schwarz wird durch die Abwesenheit jeglicher Primärfarbe erreicht und Grauabstufungen können entsprechend durch gleiche Primärfarbanteile unterschiedlicher Intensität erreicht werden. Die Farbinformation pro Pixel wird also in drei Farbkanälen festgehalten, die jeweils 8 bit Speicherplatz zur Verfügung stellen. Dies er-

Abb. 7.8 RGB-Modell

Abb. 7.9 Navy Blue/Light Sky Blue

Abb. 7.10 Firebrick/Hotpink

Abb. 7.11 Lime Green/Dark Olive Green

zeugt Bilder mit einer Farbtiefe von 24 bit[17] und einen maximalen Farbvorrat von ca. 16,7 Mio. möglichen Farben. Es stehen also 256 verschiedene Rottöne im roten Farbkanal, 256 verschiedene Grüntöne im grünen Farbkanal und 256 verschieden Blautöne im blauen Farbkanal zur Verfügung, die untereinander beliebig mischbar sind. Angegeben wird diese Farbinformation mittels eines Tripels aus Zahlen zwischen 0 und 255, durch Kommata getrennt, in der Reihenfolge Rot, Grün, Blau, wobei ein höherer Wert für eine höhere Farbintensität steht.

So ergibt sich beispielsweise im Blaubereich für den Farbton Navy Blue der Farbwert (0, 0, 128) und für Light Sky Blue der Farbwert (135, 206, 250), siehe Abb. 7.9, im Rotbereich für den Farbton Firebrick der Farbwert (178, 34, 34) und für Hotpink der Farbwert (255, 105, 180), siehe Abb. 7.10., und im Grünbereich für den Farbton Lime Green der Farbwert (255, 105, 180) und für Dark Olive Green der Farbwert (85, 107, 47), siehe Abb. 7.11.

7.5.2 CMYK

Das CMYK-Farbmodell ist im Gegensatz zu dem RGB-Farbmodell ein subtraktives Farbmodell, auf dessen Basis der aktuelle Vierfarbdruck realisiert wird. Die Abkürzung steht

[17] Siehe auch Kap. 7.4.1 „Farbtiefe".

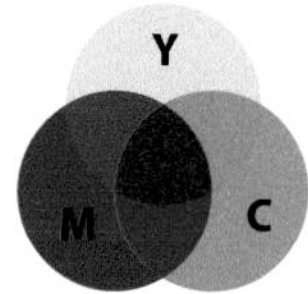

Abb. 7.12 CMYK-Farbmodell

für die Farbbestandteile Cyan, Magenta, Gelb (Yellow) und Schwarz (Key). Die drei farbigen Komponenten CMY ermöglichen die Darstellung von Farben durch subtraktive Farbmischung, bei der durch Mischen der drei Primärfarben viele andere Farben erzeugt werden können. Weiß wird in diesem Modell durch das Fehlen von Farbe erreicht[18], Schwarz durch das Übereinanderdrucken der drei Primärfarben, siehe Abb. 7.12. Jedoch wird dadurch ein reines Schwarz nur in der Theorie, aber nicht in der Praxis erreicht. Abhilfe schafft die zusätzliche vierte Druckfarbe Schwarz, die als Key bezeichnet wird.

Die Mischung erfolgt über die Angabe des Anteils jeder Grundfarbe in Prozent und so kann jede dieser Farben mit einem Wert zwischen 0 und 100 % an einem Farbton beteiligt sein.

Die Farbe mit der Bezeichnung Lime Green, die im Abschnitt RGB bereits angesprochen wurde, ist im CMYK-Farbmodell unter der Codierung 76, 0, 76, 20 verfügbar. Dies bedeutet einen Farbanteil von 76 % des maximalen Cyan-Wertes, 0 % des maximalen Magenta-Wertes, 76 % des maximalen Yellow-Wertes und 20 % des maximalen Schwarz Wertes.

Daraus ergibt sich ein generatives Farbmodell, das die technischen Mischverhältnisse seiner vier Grundfarben beschreibt und grundsätzlich unabhängig von den tatsächlichen Farbvalenzen ist. Annähernd farbtreue Resultate werden nur dann erreicht, wenn eine zusätzliche Normierung hinzukommt, die Farbe und Transparenz der Druckfarben beschreibt. Unter ISO 2846 ist eine solche Norm vorhanden, die im europäischen Raum sehr verbreitet ist und umgangssprachlich als Euroskala bezeichnet wird. Wie eingangs schon erwähnt, ist es für Drucke mit Faksimile-Charakter zusätzlich notwendig, dass jede einzelne beteiligte Komponente wie Digitalkamera, Scanner, Kabel, Monitor, Druckertreiber, Drucker, Tinte und Papier darauf abgestimmt ist.

7.5.3 HSV

HSV ist die Abkürzung für einen Farbraum, der auf ein Farbmodell zurückgreift, bei dem unterschiedliche Farben auf der Basis des Farbtons (englisch: hue), der Farbsättigung (englisch: saturation) und der Dunkelstufe in Form eines Grauwertes (englisch: value) oder Helligkeitgehaltes (englisch: brightness) erzeugt werden. Weitere Farbräume zu diesem Modell wären HSL, HSB und HSI, die grundsätzlich vergleichbar mit dem hier vorgestellten HSV sind. Wie schon bei den beiden vorangegangenen Farbmodellen RGB und CMYK wird die Farbinformation aus der Angabe von Daten in Form von aufeinanderfolgenden Zahlen generiert. Die erste Angabe ist der Wert einer Winkelangabe und bezieht sich auf einen Farbkreis, in dem die zur Verfügung stehenden Farbtöne abgebildet sind,

[18] Da sich dieses Modell auf den Druck bezieht, wird von einem weißen Druckmedium ausgegangen und die Farbdarstellung ist auf weißes Papier ausgerichtet.

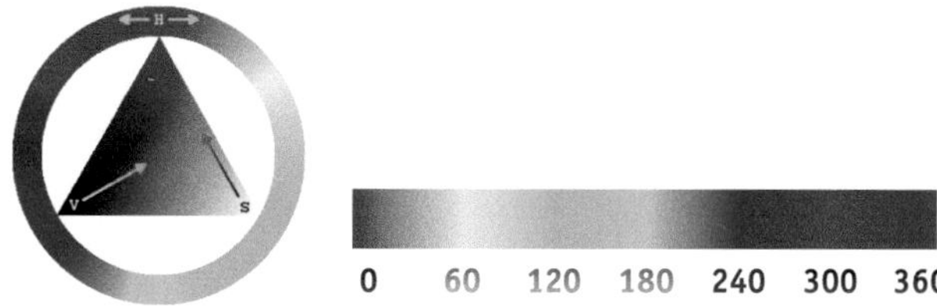

Abb. 7.13 HSV-Farbkreis

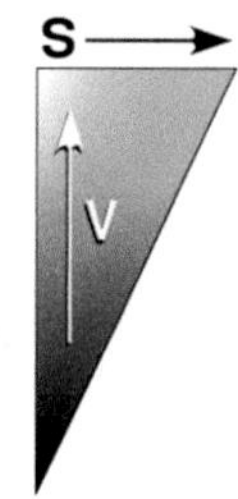

Abb. 7.14 HSV-Einzelfarbe

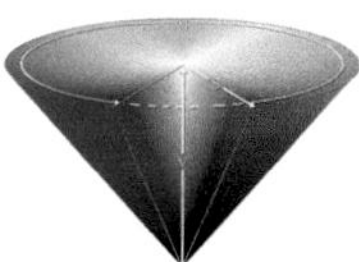

Abb. 7.15 HSV-Kegel

siehe Abb. 7.13. Es folgt die Angabe zur Farbsättigung, die einen Prozentwert darstellt. Zur Orientierung dienen folgende Angaben:

0 % steht für keine Farbe, 50 % für ungesättigte Farbe und 100 % für gesättigte, reine Farbe, siehe S in Abb. 7.14. Auch der dritte Wert ist eine Prozentangabe, die sich aber auf die Helligkeit bezieht, mit 0 % für fehlende Helligkeit und 100 % für volle Helligkeit, siehe V in Abb. 7.14. Daraus ergibt sich ein Modell, das sich gut als Kegel visualisieren lässt, siehe Abb. 7.15. Die Spitze repräsentiert reines Schwarz (0 % Helligkeit) und der Kreismittelpunkt der Bodenfläche Weiß (100 % Helligkeit).

Die Farbe mit der Bezeichnung Lime Green, die in den Abschnitten RGB und CMYK bereits angesprochen wurde, ist im HSV-Farbmodell unter der Codierung 120, 76, 80 verfügbar. Dies bedeutet einen Farbton von 120 auf dem Farbkreis, einen Farbsättigungswert von 76 % und einen Helligkeitswert von 80 %.

7.5.4 Lab

Auf der Grundlage der Gegenfarbtheorie[19] wird der Farbraum Lab konstruiert, der den gesamten Bereich der potentiell wahrnehmbaren Farben umfasst. Die Farbwerte L*a*b

[19] Theorie, die auf E. Hering zurückgeht und drei perzeptuelle Gegenfarbpaare definiert: Gelb (positiv) und Blau (negativ), Rot (positiv) und Grün (negativ) und der achromatische Anteil Schwarz und Weiß. Die Komplementärfarben bilden die Grundfarben für alle anderen Farben.

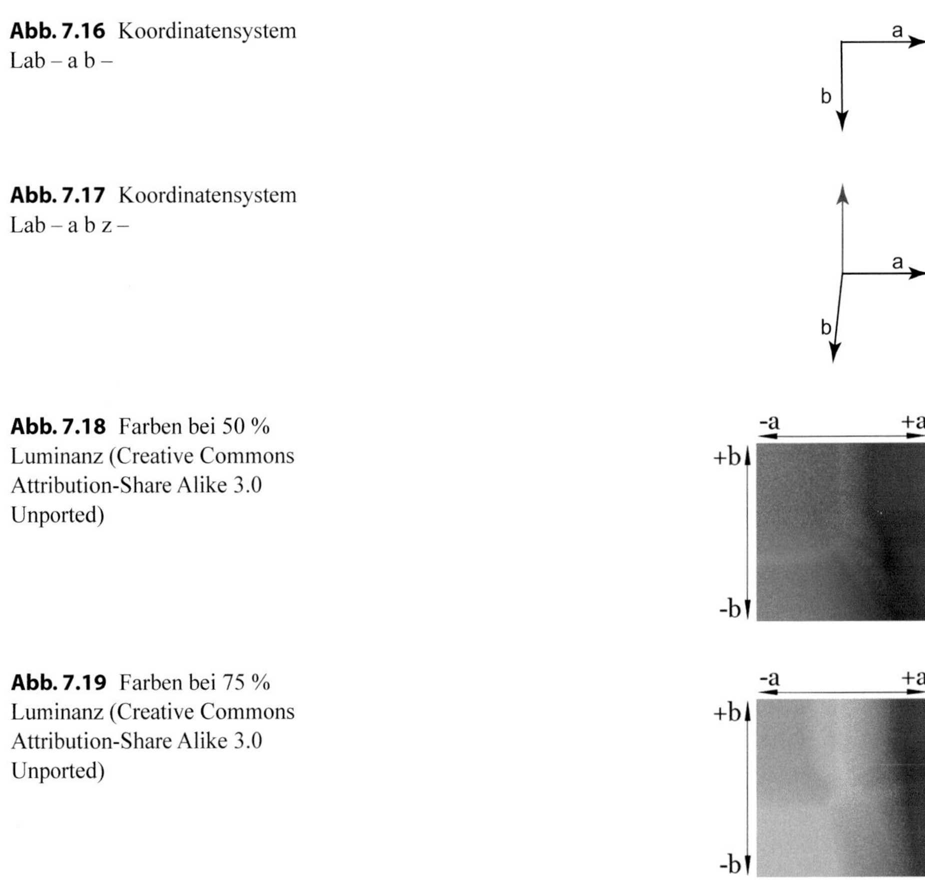

Abb. 7.16 Koordinatensystem Lab – a b –

Abb. 7.17 Koordinatensystem Lab – a b z –

Abb. 7.18 Farben bei 50 % Luminanz (Creative Commons Attribution-Share Alike 3.0 Unported)

Abb. 7.19 Farben bei 75 % Luminanz (Creative Commons Attribution-Share Alike 3.0 Unported)

entstammen einem dreidimensionalen Koordinatensystem mit dem Nullpunkt in der linken oberen Ecke, wobei die a-Werte auf der horizontalen Achse und die b-Werte auf der vertikalen Achse abgetragen werden, siehe Abb. 7.16.

Dazu kommt eine z-Achse, sodass ein dreidimensionaler Raum entsteht, siehe Abb. 7.17.

Auf dieser Achse werden die Luminanzwerte abgetragen. Traditionell wird die Achse, die hier die a-Werte aufnimmt, als x-Achse, die der b-Werte als y-Achse bezeichnet. Aus diesem Grund gehört Lab zu den xyz-Farbsystemen.

Bei diesem System werden die Farbtöne und die Helligkeit getrennt voneinander auf eigenen Achsen abgetragen. Die a- und die b-Achse bilden eine Ebene, wobei die Skala beider Achsen einen Bereich von −128 bis + 127 umfasst. Auf der a-Achse liegen alle Grün- und Rottöne, wobei die negativen a-Werte die grünen, die positiven a-Werte die roten Farben repräsentieren. Auf der b-Achse befinden sich im negativen Bereich alle Blau- und im positiven Bereich alle Gelbtöne. Die z-Achse verläuft vertikal zur Ebene a b und stellt die Helligkeit (L=Luminance) dar. Sie umfasst eine Skala von 0 bis 100 mit der Bedeutung 0 für fehlende Helligkeit, also Schwarz, und 100 für vollständige Helligkeit, also Weiß. Siehe Abb. 7.18 und Abb. 7.19.

Die Farbe mit der Bezeichnung Lime Green, die in den Abschnitten RGB, CMYK und im HSV-Farbmodell bereits angesprochen wurde, ist im Lab-Farbsystem unter der Codierung 66.762, −53.406, + 37.523 verfügbar. Dies bedeutet eine Luminanz von 66.762 %, einem a-Wert von −53.406 und einem b-Wert von + 37.523.

7.6 Komprimierungsverfahren

Eine Datenkomprimierung mit unterschiedlichen Komprimierungsverfahren wird immer aufgrund eines Ziels durchgeführt: Die angefallene Datenmenge soll reduziert werden, damit sowohl die Speicherung wie auch die Übertragung dieser Daten effizienter wird. Effizienter ist in diesem Kontext eine Herabsetzung der für die gewünschte Information vorhandenen Datenmenge. Überflüssige Daten sollen also entfernt werden. Dies wird durch Veränderung der Datenkodierung erreicht. Dabei kann zum einen versucht werden, vorhandene Redundanzen zu eliminieren, zum anderen kann eine Datenverminderung durch Entfernen einiger Daten, die für die Information nicht unbedingt notwendig sind, durchgeführt werden. Demgemäß ergeben sich zwei grundsätzlich verschiedene Prinzipien.

Zum einen die Kompression, die eine Redundanzbeseitigung zum Ziel hat und bei der das ursprüngliche Datenvolumen vollständig wiederherstellbar ist. Zum anderen die Reduktion, die unbedeutende Daten herausfiltert und löscht, sodass es keine Möglichkeit mehr gibt, auf alle ursprünglichen Daten zuzugreifen.

Bei allen Überlegungen zum Einsatz von Komprimierungsverfahren ist es sehr wichtig, nicht aus dem Auge zu verlieren, dass einer Datenkomprimierung im Speicherprozess eine Dekomprimierung im Anwendungsfall folgt. Die Folge ist dann einerseits eine vollständige Wiederherstellung aller ursprünglichen Daten bei Anwendung einer verlustfreien Komprimierung und eine lückenhafte Datenmenge bei Verwendung der verlustbehafteten Verfahren, also der Reduktion.

In Bezug auf Bitmap-Dateien bedeutet dies, dass entweder alle Farbinformationen zu allen Pixeln für den Anzeigeprozess und die weitere Bildbearbeitung uneingeschränkt verfügbar sind oder einzelne Daten verloren gehen. In diesem Fall bleibt je nach Reduktionsrate nur der visuelle Eindruck erhalten, das Datenvolumen ist aber destruktiv reduziert, sodass eine Bildbearbeitung nicht mehr im vollständigen Umfang möglich ist.

7.6.1 Verlustfreie Verfahren

Der entscheidende Aspekt bei diesen Verfahren ist die vollständige Verfügbarkeit aller Ausgangsdaten nach der Dekompression, sodass wirklich alle ursprünglichen Bildinformationen wieder verfügbar sind. Dies bedeutet, dass alle redundanten Daten, also Daten, die sich durch bereits vorhandene Daten ableiten lassen, mathematisch berechnet und entsprechend umcodiert werden.

Das optimierte Datenspeicher- bzw. Übertragungsvolumen muss aber mit einem deutlich erhöhten Rechenaufwand abgeglichen werden. Je komplexer die Redundanzberechnungen werden, desto kleiner wird einerseits das Datenvolumen und damit der benötigte Speicherplatz sowie die Übertragungszeit. Jedoch wird die Rechenzeit zur Dekomprimierung und damit der Zeit, die bis zur Verfügbarkeit der Datei nach Aufruf vergeht, umso größer. Dies kann gerade bei Daten, die in Echtzeitsystemen wie Audio- und Video-Streams verwendet werden sollen, zu unerwünschten Zeitverzögerungen führen.

Aufgrund des erhöhten Energieverbrauchs durch die umfangreiche Rechenleistung, die gerade bei komplexen Bild-, Audio- und Videodateien notwendig wird, kommt es zu reduzierten Gerätelaufzeiten, die vor allem bei der Verwendung mobiler Systeme deutlich wird.

Die Modalitäten für verlustfreie Verfahren sind durchaus zahlreich und lassen sich in drei Kategorien zusammenfassen: statistische, wörterbuchbasierende und kombinierte Ansätze. Im Folgenden werden beispielhaft zwei wichtige Verfahren aufgegriffen und kurz vorgestellt.

7.6.1.1 RLE

Zunächst das Run Length Encoding, kurz RLE, das vorwiegend die Lauflängencodierung nutzt. Dabei werden benachbarte, identische Farbcodierungen zusammengefasst, sodass nur einmal die entsprechende Farbe und die zugehörige Anzahl des Vorkommens abgespeichert werden muss. Deutlich wird dies an einem sehr vereinfachten Beispiel:

```
Ausgangsdatei:
{131,131,131,131,131,131,131,131,117,117,117,117,117,117,117}

Zieldatei:
{8,131,7,117}
```

und in Abb. 7.20 am Beispiel einer sehr vereinfachten Rastergrafik. Bei kleinen Bildern oder sehr feinen Details kann dieses Verfahren aber auch zu einer Erhöhung des Speicherbedarfs führen, da zu dem Farbwert die Häufigkeit der aufeinander folgenden Bildpunkte zusätzlich kodiert werden muss.

7.6.1.1.1 LZW

Ein weiteres Beispiel ist das Lempel-Ziv-Welch[20] oder kurz LZW-Kompressionsverfahren. Es wird auch als Wörterbuchalgorithmus bezeichnet und ist grundsätzlich für jede Art von Daten geeignet, nicht nur für Bilddaten. Wie bereits in Kap. 7.3.3 „GIF" vorgestellt,

[20] Siehe http://de.wikipedia.org/wiki/Lempel-Ziv-Welch-Algorithmus.

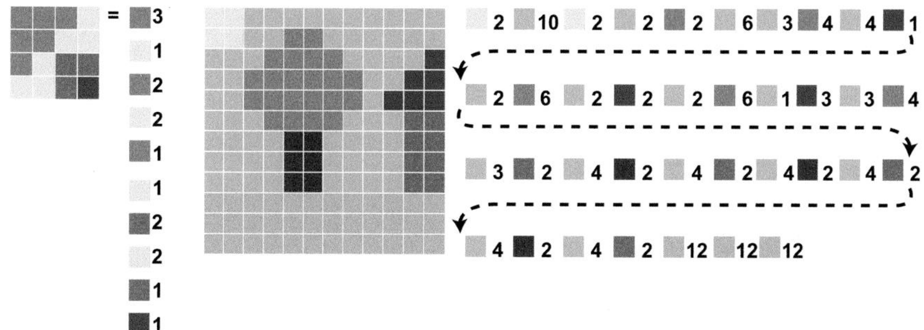

Abb. 7.20 Beispiel Run Length Encoding-Verfahren

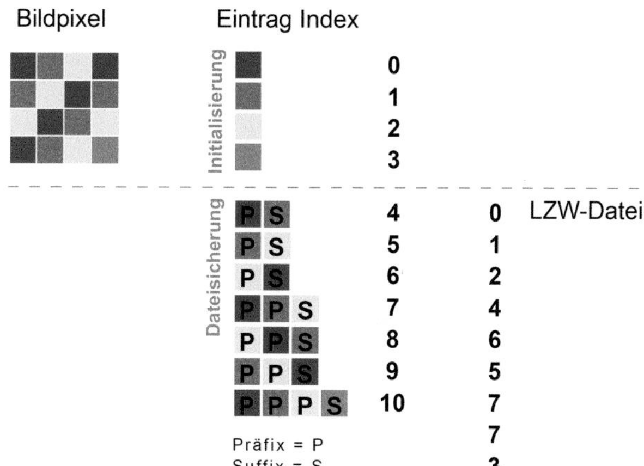

Abb. 7.21 Beispiel für Lempel-Ziv-Welch-Kompressionsverfahren

arbeitet dieses Verfahren mit Hilfe einer Lookup-Table, in der in der Datei vorkommende Kombinationen mit einem Index versehen werden, sodass in der anschließenden komprimierten Speicherung nur noch die in der Anzahl reduzierten Indexnummern benötigt werden, siehe Abb. 7.21. Durch Rückführung des Indexeintrags auf die ursprüngliche Kombination während der Dekompression kann die Originaldatei vollständig wiederhergestellt werden.

7.6.2 Verlustbehaftete Verfahren

Bei dieser Kategorie von Kompressionsmethoden werden vorhandene Daten entfernt, um den Umfang der zu speichernden Datei zu reduzieren. Diese Algorithmen können derzeit Kompressionsraten bis ca. 90 % erreichen, allerdings ist der Preis dafür ebenfalls sehr hoch, da nach der Dekompression nur der visuelle Eindruck und bisweilen nicht einmal dieser wiederhergestellt werden kann. Teile der Ausgangsinformationen gehen vollständig und unwiderruflich verloren. Ein sehr bekanntes Beispiel für eine verlustbehaftete Kompression ist JPEG[21]. Bei diesem und vergleichbaren Formaten lassen sich die Kompressionsraten einstellen und damit der Grad der Zerstörung. Bis zu einem gewissen Grad bleibt der visuelle Eindruck derselbe und ist vergleichbar mit dem Ursprungsbild. Früher oder später erscheinen unwillkürlich Kompressionsartefakte, die Teile oder auch das gesamte Bild zerstören können. Genutzt werden bei diesen Verfahren beispielsweise kleine Farbveränderungen, die das menschliche Auge kaum unterscheiden kann. Die Definition von „klein" ist hier sowohl individuell verschieden wie auch zielabhängig. Was für die eine Person für ein bestimmtes Ziel noch akzeptabel ist, kann für eine andere Situation untragbar sein.

Diese Verfahren haben in Grenzen ihre Berechtigung und können ausschließlich bei Bild- und Audiodaten angewandt werden, niemals aber bei Text oder Programmdateien. Insbesondere gilt der Leitsatz: Niemals verlustbehaftete Kompressionen bei der (langfristigen) Archivierung einsetzen.

[21] Siehe Kap. 7.3.4 „JPEG".

Informationssysteme

8

In einem Informationssystem werden Daten, die in der Regel strukturiert sind und meist in Datenbanken vorliegen, bereitgehalten und Werkzeuge zur Verfügung gestellt, um diese zu verarbeiten oder zu analysieren. Aufgrund einer Informationsnachfrage wird von einem Informationssystem eine Antwort generiert, die auf den gespeicherten Daten basiert und für den Anfragenden aufbereitet wird.[1,2]

Das Erfassen, die Identifikation, die Suche, die Verteilung und die Nutzung von Wissen, das in digitalen Systemen niemals als solches, sondern nur in Form eines ungeschliffenen Rohdiamanten als digitale Daten vorliegt, gehört heute zum Routinealltag sehr vieler Menschen. Jedoch sind die Verfahren zur Realisation nicht wirklich an den Menschen, sondern eher an die Systeme angepasst. Sie sind weder allgemeingütig noch ausgereift. Wenn wir unsere derzeitige Gesellschaftsrealität tatsächlich als Informations- und Wissensgesellschaft definieren, besteht hier ein dringender Handlungsbedarf.

8.1 Was ist Information?

Zunächst ist es unerlässlich, die Begrifflichkeiten dafür zu definieren und gegeneinander abzugrenzen. Ein Mangel an klarer Abgrenzung der Bedeutung der Begriffe Daten, Information und Wissen führt schnell zu Fehlinterpretationen von Ergebnissen.

Anhand der Abb. 8.1: Daten-Information-Wissen ist gut erkennbar, dass Daten immer nur Mittel zum Zweck sein können. Daten allein sind absolut unnütz und das wird sehr schnell klar, wenn wir Daten in einer Form vorliegen haben, die wir nicht interpretieren können. Die Datenspeichermedien Lochkarte oder Diskette halten unbestritten Daten vor,

[1] Endres, Albert; Fellner, Dieter W.: Digitale Bibliotheken. Informatik-Lösungen für globale Wissensmärkte; Heidelberg: dpunkt, 2000, S. 81.

[2] http://www.contentmanager.de/magazin/artikel_196_wissensmanagement.html, 21.3.2009.

S. Kurz, *Digital Humanities,* DOI 10.1007/978-3-658-11213-4_8

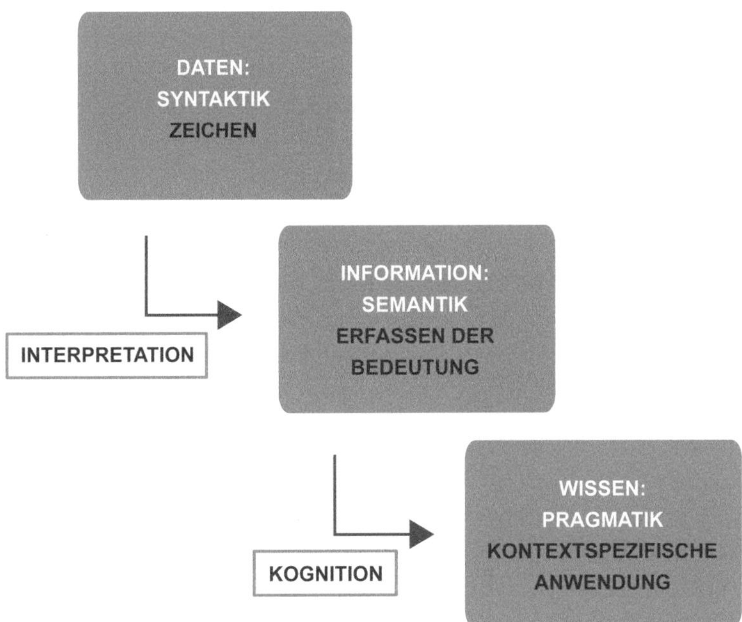

Abb. 8.1 Daten-Information-Wissen

aber mangels Interpretationsfähigkeit durch heutige Rechensysteme oder den Menschen selbst sind diese für die meisten von uns völlig wertlos und halten keinerlei Informationen für uns bereit. Dies ist ein extrem wichtiger Aspekt für die Frage der Archivierung, insbesondere der Langzeitarchivierung.

Dringend benötigt wird also eine Interpretation der Daten, sodass daraus Information entstehen kann. Den reinen Daten wird durch die Interpretation eine semantische Komponente hinzugefügt, damit eine Bedeutung erfasst werden kann. Die Daten 1100101100110100110010, 3329330, 32CD32 und (50, 205, 50) stehen für die meisten Menschen zunächst zusammenhanglos nebeneinander. Durch Analyse wird jedoch klar, dass es sich im ersten Fall um eine binäre, im zweiten um eine dezimale und im dritten um eine hexadezimale Darstellung der gleichen Zahl handelt. Eine weitere Interpretation führt dazu, dass es sich bei der hexadezimalen Darstellung um eine Farbkodierung handeln könnte, die wiederum identisch ist mit der vierten Darstellungsform der Farbe Lime Green im RGB-System, wie in Kap. 7.5 „Farben und Farbräume“ beschrieben.

Deutlich wird dies ebenfalls an dem einfachen Beispiel eines Datums, z. B. des 11.09.2001. Diese Folge aus Zahlen und Punkten ergibt durch Interpretation im Kontext des heute weltweit angewendeten gregorianischen Kalenders ein Datum, das sich auf einen ganz bestimmten Tag bezieht. Möglich wird nun auch eine Verknüpfung mit weiteren vorhandenen Informationen, die mit dieser im Zusammenhang stehen (könnten) und wir erhalten eine Bündelung von Informationen, die mit einer gewissen Wahrscheinlichkeit zusammengehören. Informationssysteme sind also in der Lage, Daten zu interpretieren und zu klassifizieren. Je exakter dabei der Kontext bekannt ist, umso präziser ist die Auswahl aus den möglichen Daten. Dieses Prinzip wird durch ein extremes Beispiel gut verständlich: Eine Frau, die am 11.09.2001 in Ladakh[3] ein Kind zur Welt gebracht hat, wird bei der Konfrontation mit diesem Datum einen völlig anderen Kontext aufbauen als ein Feuerwehrmann in New York.

Das individuell vorhandene Wissen kann aus Daten Informationen und aus Informationen Wissen entstehen lassen. Nur aus bereits vorhandenem Wissen kann durch Kognition durch das Individuum selbst mit Hilfe von Informationen weiteres Wissen sinnvoll abgeleitet werden, die semantische Komponente also ausgebaut werden. In welchem Umfang dies möglich ist, ist individuell abhängig von vorhandenem Wissen, das durch Sozialisation, Kultur und gesellschaftlichen Kontext bereits erworben wurde. Es ist absolut notwendig, dass ein Verständnisvorgang auf der Ebene des Bewusstseins durchlaufen wird, denn durch Reflexion des vorhandenen Wissens in Kombination mit einem bestimmten Informationsgehalt kann neues Wissen entstehen.

Die Grenzen zwischen Daten, Information und Wissen sind in Bezug auf den Menschen nicht immer scharf zu ziehen. Allerdings kann festgehalten werden, dass Wissen derzeit nicht in Rechnersystemen vorliegt, sondern bei dem Menschen zu finden ist, Informationen aber sehr wohl von Informationssystemen aufgrund vorliegender Daten generiert werden können.[4]

> Der Begriff Daten ist [...] [also] ein Abstraktum. Daten können als Merkmalswerte bzw. Attribute verstanden werden, die sich auf einen Raum, auf die Zeit oder eine Funktion eines oder mehrerer Prozesse beziehen. Das heißt, Daten können als Merkmalswerte einen Raum repräsentieren (z. B. Flächengröße einer Waldparzelle), einen Zeitpunkt oder Zeitabschnitt kennzeichnen (z. B. 14.00 Uhr - Temperatur) oder Prozesse, das heißt funktionale Abläufe, beschreiben (z. B. spektrale Veränderung eines Objektes durch Alterung).[5]

8.2 Informationsinfrastruktur

Durch die massive Etablierung der Webtechnologien und die fortschreitende Digitalisierung in allen Lebensbereichen sind die Anforderungen an die Informationsinfrastruktur deutlich gestiegen. Der Begriff „Informationsinfrastruktur“ umfasst:

- die Erwerbung, Aufbereitung, Erschließung, den Nachweis, die Bereitstellung und Archivierung von Informationen als klassische Aufgabe;
- die Sicherstellung von nachhaltiger Retrieval- und Analysefähigkeit von relevanter Information;

[3] Himalaya-Region des indischen Bundesstaates Jammu und Kashmir.

[4] Die hier fehlenden Begriffe von Weisheit und Wahrheit wurden nicht mit aufgenommen, um den Sachverhalt anschaulich und dem Kontext dieses Lehrbuches angemessen zu halten.

[5] Kappas, Martin: Geographische Informationssysteme; Braunschweig: Bildungshaus Schulbuchverlage Westermann Schroedel Diesterweg Schöningh Winklers GmbH, 2011, S. 13.

- das Management von Daten aller Art (textuelle und nichttextuelle Objekte, Medien) einschließlich der Bereitstellung von Werkzeugen zu deren Bearbeitung;
- die Sicherstellung des dauerhaften Zugriffs (Langzeitverfügbarkeit);
- die Gewährleistung von Sicherheit, Vertraulichkeit und Vertrauenswürdigkeit;
- die Bereitstellung von Möglichkeiten der kollaborativen Nutzung und der virtuellen Kommunikation sowie
- die Unterstützung dieser Prozesse und Arbeitsgebiete durch adäquate Methoden in der Lehre und Ausbildung.

Vor diesem Hintergrund definiert die KII[6] Informationsinfrastruktur als „nationales, disziplinübergreifendes Netz von Einrichtungen, die dezidiert in öffentlichem bzw. institutionellem Auftrag diese Aufgaben wahrnehmen. Kernaufgabe der Informationsinfrastruktur ist – im weitesten Sinne – die Versorgung[7] von Wissenschaft und Forschung mit Information und damit zusammenhängenden Dienstleistungen und Diensten."[8]

Seit 2007 wird in Deutschland eine Geodateninfrastruktur aufgebaut, die sich in das Konzept der Europäischen Gemeinschaft zur Schaffung einer europaweiten Geodateninfrastruktur (INSPIRE)[9] integriert. Der strukturelle Aufbau verfolgt folgende langfristige, abstrakte Ziele:

- Interoperabilität
- Erweiterbarkeit
- Übertragbarkeit
- Verfügbarkeit
- Performanz
- Skalierbarkeit

Der Aufbau erfolgt nach dem Konzept einer Service Oriented Archtecture (SOA)[10] auf der Grundlage des Publish-Find-Bind-Musters. Der Aufbau ist kein zeitlich begrenztes

[6] Kommission Zukunft der Informationsinfrastruktur berufen von der Leibniz-Gemeinschaft.

[7] „Hinter dem Begriff „Versorgung" verbirgt sich ein komplexes Spektrum an Tätigkeiten und Herausforderungen, deren Rahmenbedingungen z. T. vergleichbar sind mit denen der Energieversorger. Hier wie dort geht es sowohl um breite Grund- als auch um hochspezialisierte High-End-Versorgung, notwendig zur Aufrechterhaltung von Standards als auch zur Erreichung von Exzellenz; es geht um das Agieren im Spannungsfeld zwischen Markt und Staat ebenso wie im Spannungsfeld zwischen Kundenbedürfnissen oder Nutzerverhalten und entsprechenden Angeboten; last but not least geht es um den Umgang mit Ressourcen, d. h. die „Veredelung" von Rohstoffen und die Distribution. In diesem Sinne erzeugen und produzieren die Informationsversorger neues Wissen." Siehe Rahmenkonzept für die Fachinformationsinfrastruktur in Deutschland, September 2009, S. 5.

[8] Siehe Gesamtkonzept für die Informationsinfrastruktur in Deutschland, April 2011, S. 14 f. (http://www.allianzinitiative.de/fileadmin/user_upload/KII_Gesamtkonzept.pdf, 29.11.13)

[9] Infrastructure for Spatial Information in the European Community. http://inspire.ec.europa.eu (06.2015).

[10] Siehe http://de.wikipedia.org/wiki/Serviceorientierte_Architektur (06.2015).

Projekt, er wird kontinuierlich an aktuellen Erfordernisse und zur Verfügung stehenden Technologien angepasst und dauerhaft fortgeführt.

8.3 Was ist GIS?

Das Akronym GIS steht für Geo-Informationssystem. Es handelt sich hierbei um ein spezifisches Informationssystem, mit der wesentlichen Eigenschaft der raumbezogenen Daten als Grundlage für weitere Modellierungen und Visualisierung sowie Verwaltung und Analyse. Im Gegensatz zu den rechnerbasierten Kartographieprogrammen, die ebenfalls Modellieren, Visualisieren und Verwalten, besteht in einem GIS die Option der umfangreichen Datenanalyse in Form von Flächenverschneidungen, Selektionen, statistischen Berechnungen und vielen mehr.

Nach einer Definition von Franz-Josef Behr (1997) stellen Geo-Informationssysteme (auch GI-Systeme) ein Werkzeug zur Erfassung, Verwaltung, Bearbeitung, Analyse, Modellierung und Visualisierung raumbezogener Daten und ihrer Beziehungen dar. Sie sind somit eine spezielle Anwendung der Informationstechnologie, mit zunehmender Verbreitung in Anwendungsgebieten wie Verwaltung, Planung, Umwelt- und Ressourcenschutz, Landschaftsplanung, Vertrieb, Landwirtschaft, Geologie, Geografie, kurz: in jedem Fachgebiet, das Daten mit Raumbezug nutzt (siehe Abb. 8.2).

Erste Ideen zur Erstellung solcher Informationssysteme entstanden Ende der 1950er Jahre am MIT. Nach ‚Bartelme, N. (1995): Geoinformatik – Modelle, Strukturen, Funktionen. Springer Verlag' kann die nachfolgende Entwicklung von GIS in fünf teilweise überlappende Phasen eingeteilt werden:

- 1955–1975: Zeit der Pioniere; individuelle, isolierte Lösungswege der Entwickler. 1970–1985: Zeit der Behörden, Entwicklung von Konzepten (z. B. ALK – Automatisierte Liegenschaftskarte) und beginnende Umstellung von Basisdaten in digitale Form; GIS als Erfassungswerkzeug.
- 1979–1990: Die Zeit der Firmen. Es entsteht ein GIS-Markt, die Hardware wird leistungsfähig und eine Umstellung von Großrechnern auf Workstations findet statt.
- 1988–1998: Die Zeit der Nutzer. GIS entwickelten sich mehr und mehr weg von Universalwerkzeugen hin zu Systemen, die – modular aufgebaut – einen Werkzeugkasten darstellen, der, jeweils an Benutzerwünsche angepasst, zu sogenannten Fachschalen zusammengestellt werden kann.
- Ab ca. 1995: Zeit des offenen Marktes: Angebot und Nachfrage statt behördlicher Vorgaben und einiger Großprojekte bestimmen den Markt sowohl für GIS-Software als auch für Geodaten.

Ein GIS besteht aus weit mehr als der digitalen Visualisierung von Landkarten, auch wenn diese eine einfach dreidimensionale Geländeanimation oder eine Videoanimation beinhaltet. Es besteht ein breites gesellschaftliches Interesse an raumbezogener Information und

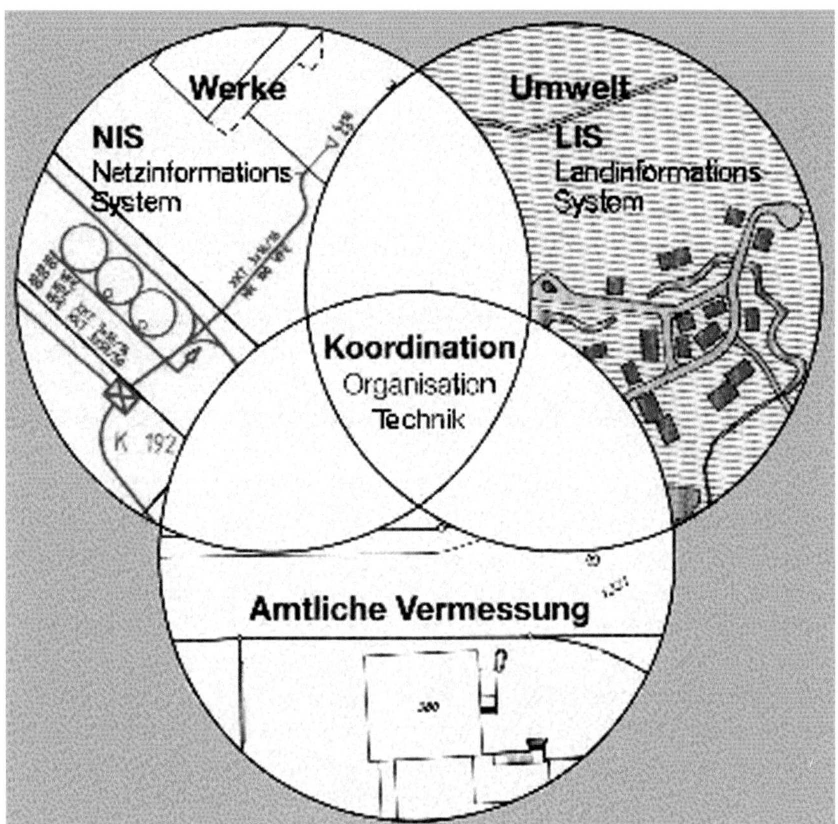

Abb. 8.2 GIS-Anwendungsgebiete. (Aus: http://www.gis-tutor.de/ (30.7.04))

die GIS-Applikationen haben sich als unverzichtbarer Bestandteil in vielen Bereichen der Wissenschaft, der Wirtschaft und der öffentlichen Verwaltung etabliert. Zudem kommen sie als webbasierte Massenprodukte speziell auch für die Privatanwendung z. B. in Form von Orts-, Wege- und Verkehrsinformationssystemen (Navigationssysteme, ...), Umweltüberwachung (Wettervorhersagen, Katastrophenschutz, ...), Immobilieninformationen, Finanzmarktanalysen und Visualisierungen von amtlichen Statistiken, wie territoriale Kriminalstatistiken, Bildungsniveau der Schulabgänger oder Naturschutzgebiete auf stationäre und mobile Endgeräte aller Art.

Grundlegend für ein GIS ist die Zusammenführung von Geodaten mit Sachdaten, sodass diese mit ihren logisch-inhaltlichen und räumlichen Zusammenhängen erfasst, verwaltet und analysiert werden können. Insbesondere sollen durch räumliche Analyse neue Informationen generiert werden und geographische Objekte, die Abbilder real existierender Objekte auf der Erdoberfläche darstellen, in einem Koordinatensystem verortet und weiterführend verarbeitet werden können. Anforderungen an GIS-Anwendungen[11]:

[11] Nach Brassel, K.: Geographische Informationssysteme, Veranstaltung am Geographischen Institut der Universität Zürich-Ürchel (unveröffentlicht), 1987.

1. Die Fähigkeit, große heterogene Mengen räumlich indizierter Daten zu verwalten.
2. Die Möglichkeit, solche Datenbanken hinsichtlich Existenz, Position und Eigenschaften eines großen Spektrums von raumbezogenen Objekten abzufragen.
3. Die Fähigkeit der Interaktion solcher Abfragen.
4. Die Flexibilität, ein System den vielfältigen Anforderungen verschiedenster Nutzer maßgeschneidert anzupassen.

8.3.1 Datenquellen

Benötigt werden in einem GIS also Sachdaten und Geometriedaten und beide müssen in das System eingegeben werden. Die Daten werden in einer Datenbank erfasst und diese sollte möglichst fehlerfrei sein, denn die gesamte Funktionalität und Qualität des fertigen GIS hängt von Beschaffenheit dieser Datenbank ab. Häufig können solche Daten direkt eingekauft werden und es ist sehr wichtig vor dem Kauf die Brauchbarkeit der Daten zu prüfen, denn auf deren Basis werden später Analysen durchgeführt und neue Erkenntnisse gewonnen. Es ist unmittelbar einsehbar, dass auf der Grundlage falscher oder schlechter Daten keine guten Resultate erzielt werden können.

Jedoch müssen Daten nicht notwendigerweise eingekauft werden. Geoinformationssysteme eignen sich für die unterschiedlichsten Einsatzzwecke und gerade bei innovativen Anwendungsfällen müssen die Sachdaten gezielt erhoben werden und analoge Karten, Luft- oder Satellitenbilder werden als Grundkarten herangezogen. So ist es durchaus denkbar, dass alle Informationen mit einem Raumbezug, die ein Autor/eine Autorin in einem Einzel- oder Gesamtwerk hinterlassen hat, mit einem GIS visualisiert und analysiert werden. Sehr interessant können Autoren übergreifende Analysen sowie die Berücksichtigung von Zeitangaben werden, die auf einen meist mittels XML ausgezeichneten Textkorpus angewendet werden. Hypothesen wie ‚Die Autorin XY beschreibt in dem Roman ABC im Gegensatz zu den Autoren ihrer Zeit eine Urlaubsreise an die See im zeitigen Frühjahr, ansonsten sind Reisen mit diesem Ziel nur für die Sommermonate in vergleichbarer Literatur zu finden.‘ oder ‚Liebesromane, die in Deutschland lokalisiert sind, spielen vorzugsweise im Frühjahr, während die Handlungen in Russland verorteter Romane überwiegend im Herbst stattfinden‘ können mit einem GIS auf einen beliebigen Text Corpus angewendet werden, um ihre Richtigkeit zu überprüfen. Handlungsorte in Filmen können ebenfalls auf der Basis unterschiedlichsten Fragestellungen analysiert werden. Visualisierungen der Resultate bringen nicht selten sehr gute Ergebnisse und neue Erkenntnisse mit sich.

8.3.2 Thematische vs. topografische Karte

Thematische Karten stellen einen Sachverhalt in einem bestimmten Gebiet dar und veranschaulichen diesen. Ein bestimmtes Thema soll möglichst genau dargestellt werden. Zu diesem Sachbezug ist ein zeitlicher Bezug, also ein Sachverhalt, in einem bestimmten

Zeitraum dargestellt, und ein räumlicher Bezug, also die Analyse eines Sachverhaltes, mit räumlicher Begrenzung. Topografische Karten werden in der Regel als Grundlage zur Erstellung thematischer Karten verwendet. Sie stellen die klassische Ausprägungsform einer (Land)Karte mit der genauen Abbildung der Geländeformen dar. Beispiele für verschiedenste Thematische Karten finden sich im Internet zum Beispiel auf den Seiten des Projektes maps of world.[12]

8.3.3 Darstellung der Inhalte

Die Inhalte einer thematischen Karte werden auf der topografischen Karte durch Punkte, Linien und Polygone visualisiert. Diese werden auf einzelnen Layern[13] positioniert und können so einzeln bearbeitet aber auch miteinander kombiniert werden. Methoden zur Darstellung sind:

- Positionssignaturen (bildhaft oder geometrisch),
- Liniensignaturen (variabel in Stärke, Farbe, Struktur),
- Flächensignaturen (Farbfläche, Flächenmuster, Schraffur),
- proportionale Signaturen (variabel in Form und Farbe, skalierbar),
- Diagramme,
- Punktstreuung,
- Bewegungssignaturen,
- Text und
- Bildelemente.

8.3.4 Klassifizierung

Thematische Karten können nach unterschiedlichen Gesichtspunkten klassifiziert werden:

- nach dem Sachgebiet, also dem Kartenthema;
- nach Maßstabsbereichen;
- in Grund- und Folgekarten;
- nach der verwendeten Darstellungsmethode (lokale Signaturen, Diagramme, Flächenmuster, Isolinien, Punktstreuungen, Kartogramme);
- nach dem Raumbezug des Themas. Bei Diskreta erstrecken sich Sachverhalte auf ein abgrenzbares Gebiet (z. B. Standorte von Unternehmen), Kontinua verändern sich im Raum (z. B. Luftdruck);
- Darstellung quantitativer oder qualitativer Inhalte;

[12] URL http://www.mapsofworld.com/deutsch/thematische-karten/ (06.2015).

[13] Layertechnologie siehe http://de.wikipedia.org/wiki/Layertechnik.

- Darstellung statischer oder dynamischer Inhalte. Veranschaulichen des Zustands eines Sachverhalts zu einem festen Zeitpunkt oder dessen zeitlich-räumlicher Veränderung;
- nach dem Verarbeitungsgrad der dargestellten Informationen (analytische, komplexe oder synthetische Karten).[14]

8.3.5 Geoobjektmodell

Geodaten sind ganz allgemein digitale Informationen, die eine bestimmte räumliche Lage beinhalten. Beziehen sich diese Daten auf einen konkreten Ort, der in der Realität eindeutig identifizierbar ist, bezeichnet man diese Zuordnung als Geokodierung oder Georeferenzierung.

Geoobjekte sind raumbezogene digitale Objekte, die ein Abbild eines Ausschnittes der Natur darstellen, der eine beliebige individuelle Identität aufweist (siehe Abb. 8.3). Sie beinhalten viele verschiedene Attribute, die beispielsweise folgende Komponenten aufnehmen:

- den Inhalt (Sachdaten),
- die Visualisierung (Symbol, Farbe, Schraffur),
- die Geometrie und
- die Topologie.

Geoobjekte werden einer Objektklasse zugeordnet und jedes Objekt lässt sich durch einen Primärschlüssel innerhalb einer Datenbank eindeutig identifizieren. Geometrisch werden sie durch die relative Lage von Punkten meist als Eintrag in Koordinatensystemen beschrieben. Die Verbindungen zwischen den Punkten ergeben Linien und Flächen und erzeugen somit geometrische Zusatzinformationen. Abbildung 8.4 zeigt Punkte, Linien und Polygone als Grundelemente der Wiedergabe geographischer Objekte. Topologisch sind sie durch die Beziehungen zwischen ihren Knoten und Linien zu erfassen. Die Topologie ermöglicht es Nachbarschaften zwischen den Geoobjekte zu beschreiben und so räumliche Beziehungen zwischen den Objekten zu berechnen. Für viele Arten der Analyse ist diese Information wesentlich, wie zum Beispiel für das bekannte Traveling Salesman Problem.

8.3.5.1 Thematisches Attribut

Geoobjekte besitzen immer thematische Attribute, die sogenannten Sachdaten. Es handelt sich um nichtgeometrische Elemente wie Nummern, Messwerte, Namen oder Eigenschaften. Durch dieses Attribut unterscheiden sich GIS wesentlich von traditionellen Kartier-/CAD-Systemen.

[14] Vgl. http://de.wikipedia.org/wiki/Thematische_Karte (15.10.2014).

GEOOBJEKT

GEOINFORMATION

PUNKT LINIE POLYGON

THEMATISCHES ATTRIBUT

TOPOLOGIE

KOORDINATEN

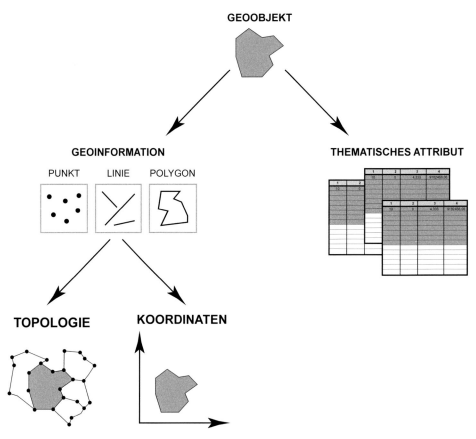

Abb. 8.3 Aufbau von Geoobjekten

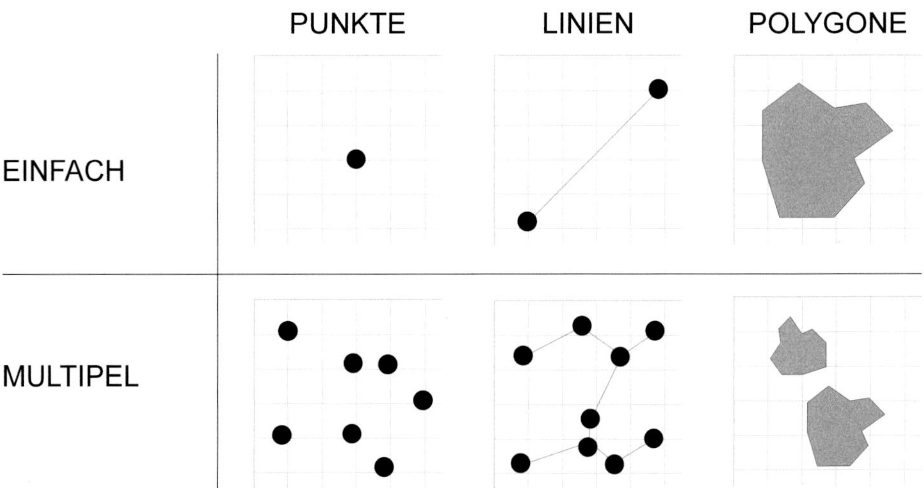

Abb. 8.4 Grundelemente der Wiedergabe geographischer Objekte. (Quelle: Kappas, Martin: Geographische Informationssysteme; Braunschweig: Bildungshaus Schulbuchverlage Westermann Schroedel Diesterweg Schöningh Winklers GmbH, 2011, S. 17)

8.3.5.2 Visuelles Attribut

Ebenfalls enthalten sind visuelle Attribute, also eine graphische Repräsentation des Objektes wie Farbe, Füllung, Linienstil oder die Symbolik des Objektes. Die graphische Objektrepräsentation ist kein einheitliches Symbol, da es immer unmittelbar mit dem gewählten Maßstab verknüpft ist. Es muss unbedingt beachtet werden, dass alle Objekte bei einem kleiner werdenden Maßstab irgendwann nur noch als Punkte sichtbar sind und nur unscharf verortet werden können. Durch einen größeren Maßstab kann erreicht werden, dass aus dem Punkt eine geformte Fläche entsteht, die mit steigenden Maßstab an Genauigkeit hinsichtlich ihrer Form und der Verortung zunimmt. Konkret kann es durch starkes Zoomen zu einem Verschwinden der Symbole für Objekte kommen, da die Symbolgröße relativ zu dem Maßstab abnehmen muss. Eine kleine Stadt, die bei einem Maßstab von 1:5000 auf Häuser-/Straßenebene gut erkennbar ist, wird zu einem Polygon mit deutlich erkennbarer Form bei einem Maßstab von 1:50.000 und zu einem Punkt bei einem Maßstab von 1:500.000. Details der Stadt sind dann nicht mehr erkennbar, jedoch wird das Umland nun sichtbar. Dieses Verhalten wird unter dem Begriff des Generalisierungsgrades verstanden. Visuelle Attribute können nach einer quantitativen Aussage (Unterscheidung nach Größen, Mengen oder Werten z. B. Darstellung der Bevölkerungsdichte) oder einer qualitativen Aussage (Unterscheidung nach Merkmalen) differenziert werden.

8.3.5.3 Generalisierungsgrad

Der Generalisierungsgrad eines Objekts definiert sich einerseits durch die Klassifikation und Auswahl von Objekten, also der Generalisierung der Realität, und andererseits durch die Reduktion der geometrischen Information, was beim Zoomen besonders deutlich wird. Ein Polygon vereinfacht sich beim Herauszoomen beispielsweise zu einem Kreis, siehe Kap. 8.3.4.2.

8.3.5.4 Klassenmodell

Geoobjekte können innerhalb ihres Klassenmodells atomar oder komplex, also aus atomaren Objekten zusammengesetzt sein. Atomare Objekte verfügen über eine einfache Geometrie, auf die sich alle inhaltlichen Komponenten beziehen. Komplexe Elemente beschreiben mehrere atomare Objekte des gleichen Typs, die jedoch aus unterschiedlichen Geoobjekttypen bestehen. Beispiel:

1. Ein komplexes Gewerbegebiet besteht aus mehreren kleinen Gewerbegebieten.
2. Ein Siedlungsraum besteht aus Wohngebäuden, Straßen, Parkanlagen usw.

In der Geoobjektkategorisierung kann eine Klassifikation stattfinden, die die Gesamtheit aufgrund einer definierten Eigenschaft zerlegt. So lassen sich Elemente mit denselben Eigenschaft in einer Klasse zusammenfassen. Dies bedeutet, dass ein Objekt, das diese Eigenschaft nicht besitzt, auch nicht Teil der Klasse ist. Kein Objekt kann gleichzeitig Element zweier verschiedener Klassen sein.

Die Hierarchisierung der Klassen kann durch eine Generalisierung oder eine Differenzierung erfolgen. In der Generalisierung werden verschiedene Klassen zu Oberklassen zusammengefasst: Straßen, Wasserwege oder Bahnverbindungen werden zur Oberklasse Verkehrsnetz zusammengefasst. In der Differenzierung werden hingegen aus Oberklassen Unterklassen spezialisiert: Europäische Großstädte werden in englische Großstädte, französische Großstädte und deutsche Großstädte differenziert. In Bezug zur geometrischen und topologischen Differenzierung lassen sich GI-Systeme auch hinsichtlich ihrer Dimensionen einteilen und so ergibt sich das nachfolgende Datenmodell für GIS.

1. geometrische Dimension:
   - zweidimensional (x, y-Koordinaten),
   - zweieinhalbdimensional (x, y-Koordinaten und Höhe als Attribut),
   - dreidimensional (x, y, z-Koordinaten).
2. topologische Dimension:
   - 0-Zellen (nur Punkte und Knoten),
   - 1-Zellen (Linien/Kanten → Linienmodell),
   - 2-Zellen (geschlossene Linienpolygone → Flächenmodell),
   - 3-Zellen (0-, 1- und 2-Zellen werden zu komplexen 3D-Modellen zusammengesetzt → Volumenmodell)

8.3.6 Vektor- vs. Rasterdarstellung

Digitale Bilder können einem bestimmten Grafiktypen zugeordnet werden, je nach dem, wie das Bild aufgebaut ist. Handelt es sich um einen mosaikartigen Aufbau, liegt eine Rastergrafik vor. Wird das Bild durch mathematische Vektoren beschrieben, ist es eine Vektorgrafik.[15] Beide Grafiktypen finden bei GIS ein Einsatzgebiet. Auf Abb. 8.5 sind die verschiedenen Layer und ihre Zuordnung zu sehen.

8.3.6.1 Rasterdarstellung

Rasterdaten sind in Form einer Matrix vorliegende digitale Geometriedaten, die durch das Zeilen-Spalten-Prinzip implizit eine räumliche Positionsangabe aufweisen. Diese werden in der Regel in quadratische Zellen gleicher Größe aufgeteilt. Der Rasterfläche wird anschließend eine beliebige Information zugeordnet. Zusammenfassend ergeben sich folgende wichtigen Eigenschaften:

- Geoobjektdarstellung durch Zellhaufen mit gleichen Attributwerten.
- Die Topologie wird durch die Geometrie der Zellanordnung definiert.
- Größerer Speicheraufwand als bei Vektordarstellung.

[15] Siehe Kap. 7.2 „Grafiktypen".

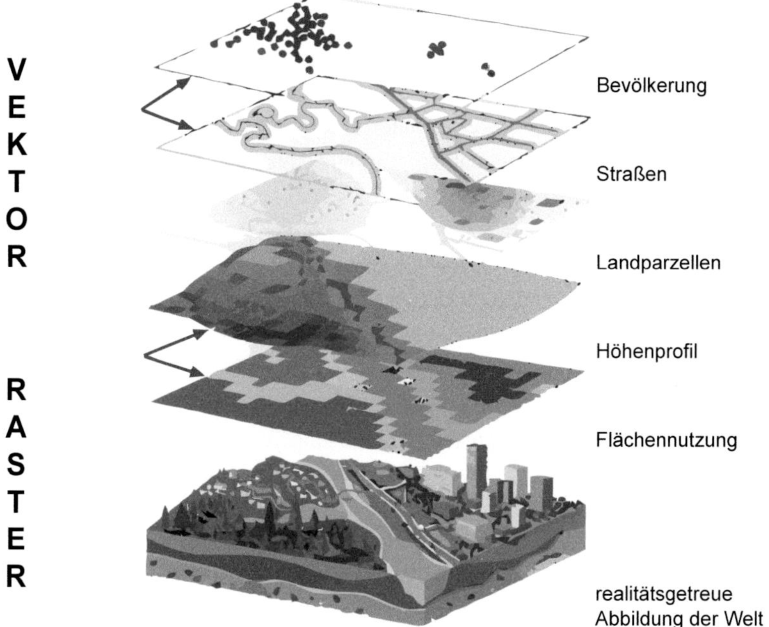

Abb. 8.5 Layertechnologie in GIS. (Quellen: http://www.seos-project.eu/modules/agriculture/images/gis_layers.gif, http://www.ncddc.noaa.gov/technology/gis/view)

8.3.6.2 Vektordarstellung

Die Geometrie eines Geoobjektes wird durch Koordinaten entweder als Einzelpunkte oder Anfangs- und Endpunkt einer Strecke in einem Bezugssystem angegeben. Diese Koordinaten sind Vektoren. Zusammenfassend ergeben sich folgende wichtigen Eigenschaften:

- Für jedes Geoobjekt werden nur Punkte erfasst. Die geometrische Information basiert auf Vektoren.
- Linien und Flächenstrukturen müssen berechnet werden.
- Vektordaten müssen konsistent sein.

• Topologische Informationen müssen zusätzlich abgelegt werden. Diese könnte folgendermaßen aussehen:

- Welche Knoten stehen in direkter Verbindung zueinander?
- Welche Polygone grenzen aneinander?
- Welches ist der kürzeste Weg zwischen zwei Knoten?

8.4 Karten und Koordinatensysteme

Bereits in der Antike haben Wissenschaftler Geoobjekte identifiziert und auf einer Karte abgebildet. Ausschnitte der Erde oder des Himmels/Weltraums und auch vollständige Abbildungen der Erde werden seitdem modellhaft auf einer Karte dargestellt und mit möglichst genauen geometrischen Daten realitätsnah auf Karten verortet. Die Darstellung eines dreidimensionalen Raums auf einer zweidimensionalen Karte wirft sehr schnell weitreichende Probleme auf. Um eine solche Darstellung zu ermöglichen, wird die kugelähnliche Erde mit einem Netz aus horizontalen und vertikalen Linien, den Längen und Breitengraden, versehen. Es entsteht ein Koordinatensystem aus dem sich geographische Koordinaten, wie die geographische Länge und Breite, ergeben.

Der deutsche Landvermesser C.F. Gauß hat Anfang bis Mitte des 19. Jahrhunderts ein Verfahren zur winkeltreuen Abbildung mit einem längentreuen Hauptmeridian entwickelt, das von L. J. H. Krüger Ende des 19. Jahrhunderts ergänzt wurde und seitdem als Gauß-Krüger-Koordinaten (siehe Abb. 8.6 (Gauss-Krueger-Raster_Deutschland)) oder GK-Koordinaten bzw. transversale Mercator Koordinaten bekannt ist.

Basierend darauf wurde die international angewendete UTM-Projektion [16] (Universale Transversale Mercator) entwickelt. Diese hat sich mehr und mehr durchgesetzt und auch in Deutschland werden die Gauß-Krüger-Koordinaten durch UTM Koordinaten ersetzt. Der Hauptunterschied zwischen diesen liegt in der Ellipsoid Auswahl [17] und der Meridianstreifenbreite: Während Gauß-Krüger-Koordinaten das Bessel Referenzellipsoid und 3° breite Meridianstreifen zugrunde legt, bezieht sich UTM auf das WGS84-Ellipsoid und verwendet 6° breite Meridianstreifen. Gauß-Krüger-Koordinaten sind kartesische Koordinaten und ermöglichen kleine Gebiete mit metrischen Koordinaten zu verorten; UTM Koordinaten stellen ein globales System dar, das die Erdoberfläche streifenförmig in 6° breite vertikale Zonen aufteilt.

Die unterschiedlichen Verfahren Gitternetze bzw. Koordinatensysteme zur räumlichen Verortung um die Erdkugel zu legen, verfolgen das vermeintlich einfache Ziel die unregelmäßig „runde" Erdoberfläche möglichst exakt auf eine Ebene, der Karte abzubilden (siehe Abb. 8.9 Kartennetzentwürfe). Die krummlinigen Koordinaten der Kugel (des Ellipsoides) müssen auf die geradlinigen Koordinaten des kartesischen Koordinatensystems umgerechnet werden und es kommt bei dieser Transformation immer zu Flächen-, Winkel- oder Längenverzerrungen. Es existiert derzeit keine Methode eine Kugel ohne Verzerrung auf einer Ebene abzubilden aber durch die Wahl der Art der Transformation kann entweder Winkeltreue oder Längentreue oder Flächentreue erreicht werden.

Leider kann an dieser Stelle nur ein kurzer Überblick über das Thema und die Problematik gegeben werden. Vertiefende Einführungen dazu findet sich in der Fachliteratur.

[16] Unter einer Projektion versteht man in diesem Kontext eine mathematische Funktion, welche die Positionen einzelner Geoobjekte auf der Erdkugel (besser Ellipsoid) auf einer zweidimensionalen Ebene, der Karte, abbildet.

[17] Ellipsoide werden verwendet, um die unregelmäßige Form der Erdoberfläche (Geoid) vereinfacht abzubilden, siehe Abb. 8.7 Kugel-Ellipsoid-Geoid.

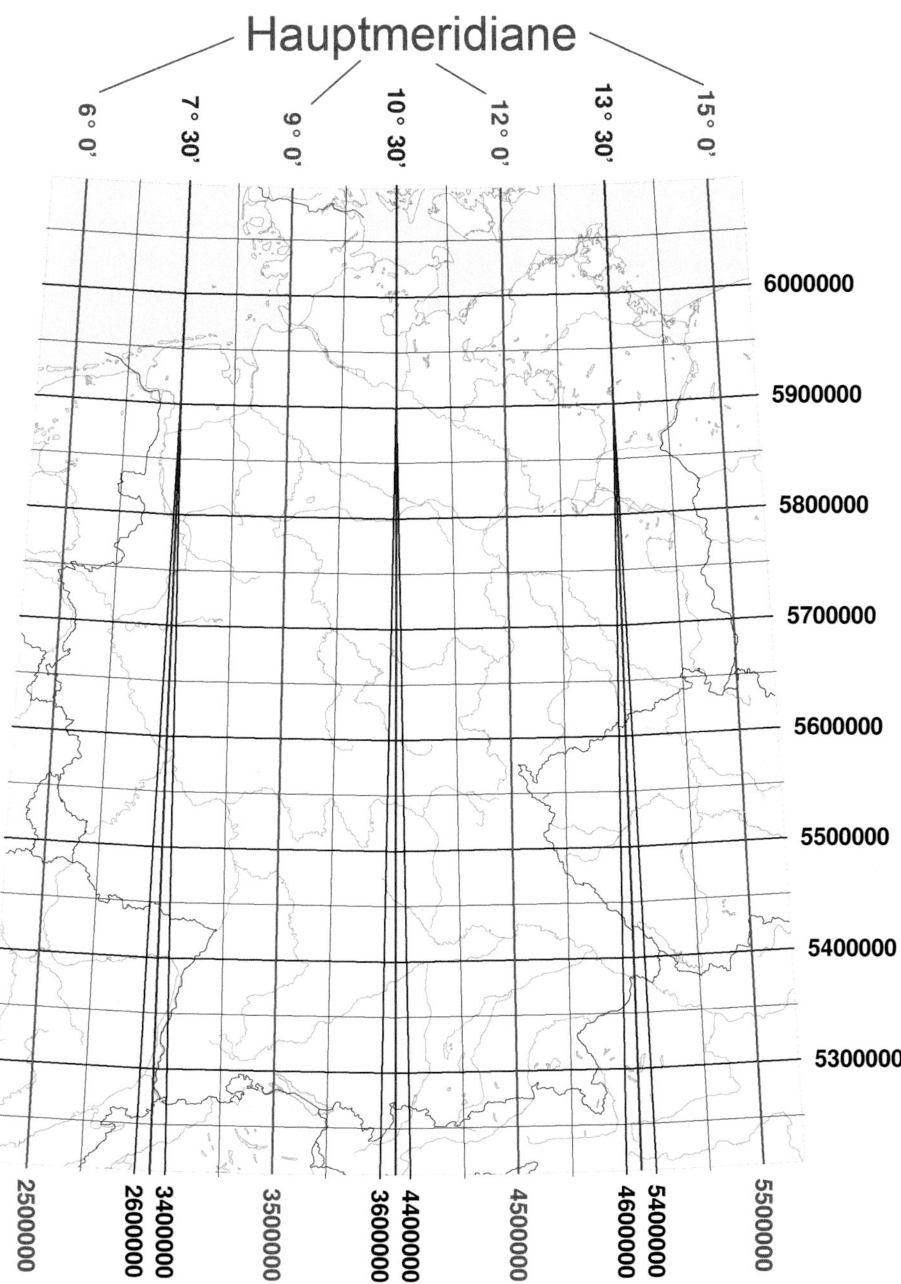

Abb. 8.6 Gauss-Krueger-Raster

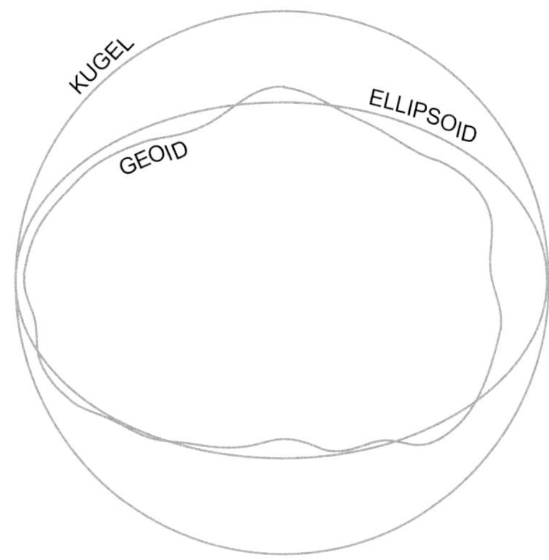

Abb. 8.7 Kugel-Ellipsoid-Geoid

8.5 Analysen von Geodaten

Die entscheidende Funktion, die ein GIS von einem rechnerbasierten digitalen Kartenprogramm unterscheidet, ist die Möglichkeit verschiedenste Analysen auf der Basis aller vorliegenden Daten vorzunehmen. Letztlich ist das Ziel dieser Analysen die Gewinnung neuer Informationen durch das System. Die häufigsten Analysen sind statistische Berechnungen, angefangen von den deskriptiven bis hin zu Raum-Zeit-Muster-Mining, Entfernungsmessungen, die Analyse von Netzen (z. B.: Gasleitungen, Brandschutz, Logistik, Standortanalyse …), der Aufbau digitaler Geländemodelle, Interpolation und vor allem Flächenverschneidung und Selektionen.

8.5.1 Deskriptive Auswertung der Attributdaten

Die Daten der Attribute können zunächst mit allen klassischen Methoden der deskriptiven Statistik ausgewertet und durch eine entsprechende Visualisierung verdeutlicht werden. In Abb. 8.8 ist eine einfache Auswertung und Visualisierung von Sachdaten verdeutlicht.

8.5.2 Selektion

Geoobjekte können grundsätzlich hinsichtlich drei verschiedener Gesichtspunkte selektiert werden:

1. Selektion nach Sachdaten: Hier werden die Objekte selektiert, deren thematischen Attribute eine Bedingung XY erfüllen. Beispiel: „Selektiere alle Häuser, in denen Menschen leben, die nicht schreiben können.“

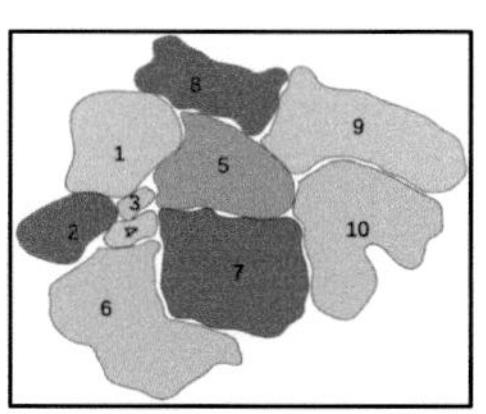

Abb. 8.8 Auswertung und Visualisierung von Sachdaten

UID	Art der Nutzung	Größe m²
1	Forstwirtschaft	7555
2	Landwirtschaft	3864
3	Bebauung	567
4	Forstwirtschaft	1240
5	Industrie	7038
6	Bebauung	10276
7	Landwirtschaft	11495
8	Landwirtschaft	5831
9	Forstwirtschaft	9303
10	Bebauung	8211
	Gesamt	65380

Art der Nutzung	Gesamt m²
Forstwirtschaft	18098
Landwirtschaft	21190
Bebauung	19054
Industrie	7038

Gesamt m²

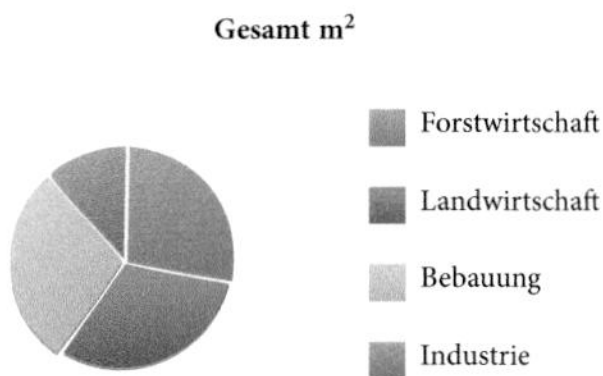

2. Selektion nach Geometriedaten: Hier werden die Objekte selektiert, deren räumliche Attribute eine Bedingung XY erfüllen. Beispiel: „Selektiere alle Häuser, die nicht mehr als 100 m von dem Dom entfernt stehen.“
3. Selektion nach Topologiedaten: Hier werden Objekte selektiert, deren topologischen Attribute eine Bedingung XY erfüllen. Beispiel: „Selektiere alle Häuser, die in unmittelbarer Nachbarschaft zu dem Dom stehen.“

Abfragen dieser Art können auf den Gesamtbestand aller vorliegenden Geoobjekte angewendet werden. Es ist jedoch auch möglich nur eine Teilmenge aller existierender Basisdaten in Analysen dieser Art einzubinden. Auch eine Kombination der Selektionsarten ist in vielen Fällen äußerst sinnvoll.

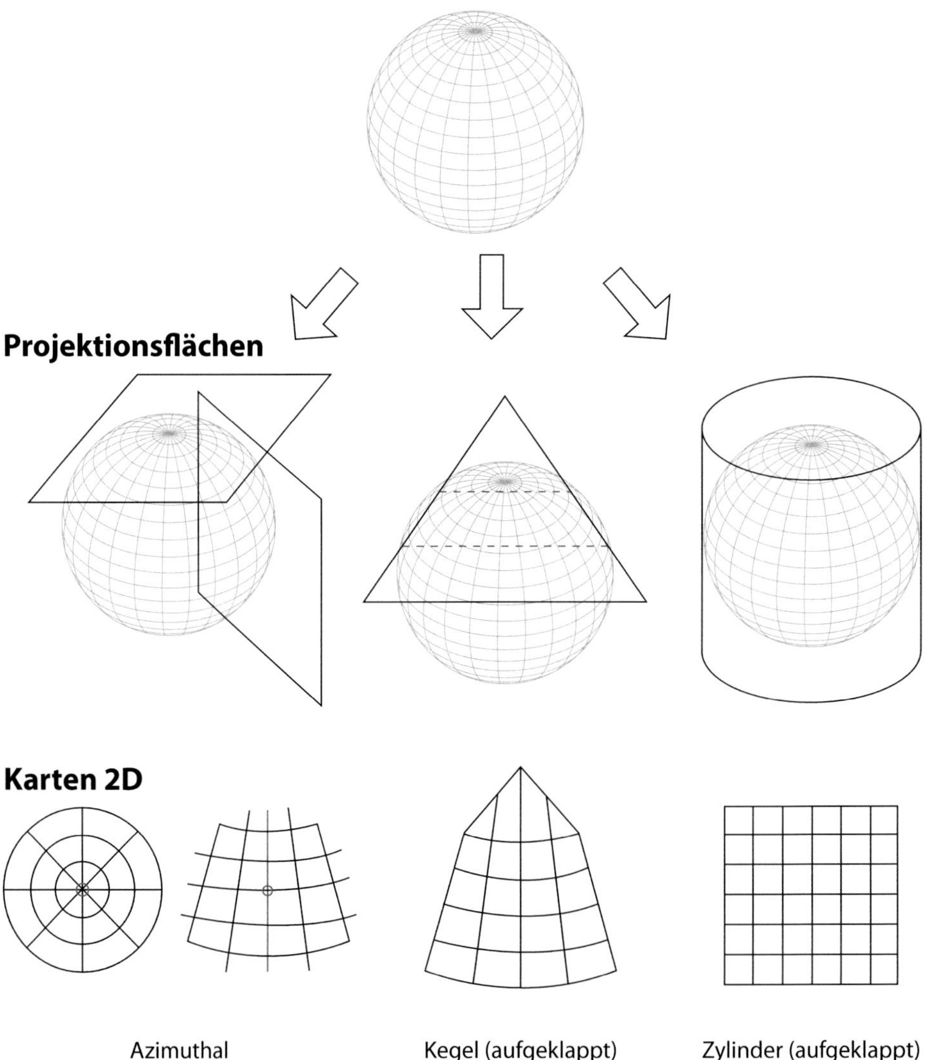

Abb. 8.9 Kartennetzentwürfe

8.5.3 Flächenverschneidung/Overlayanalyse

Unter Flächenverschneidung oder Overlayanalysen versteht man das Übereinanderlegen von verschiedenen thematischen Karten des gleichen geographischen Raums, um durch Zusammenführung der unterschiedlichen darauf verorteten Sachdaten neue Erkenntnisse zu gewinnen. Als Urvater dieser Technologie gilt der Londoner Arzt Dr. John Snow, der mit Hilfe von einem Punkt-Flächen-Overlay nachweisen konnte, dass es eine Anhäufung von Cholerafällen rund um eine bestimmte Wasserpumpe in Soho gab. Nach Bill ist die Overlayanalyse eine der Minimalanforderung an die Analysefunktionalität eines GIS,

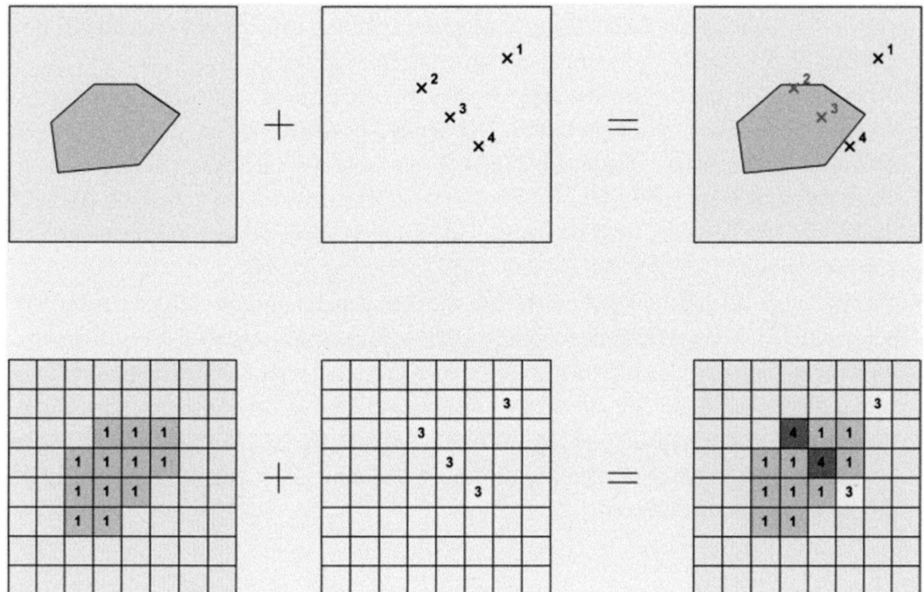

Abb. 8.10 Punkt-Flächen-Overlay

ohne diese sollte nur von einem interaktiven graphischen System und nicht von einem GIS gesprochen werden. Das Ziel der Flächenverschneidung muss immer das Gewinnen neuer Informationen, neuer Geoobjekte, durch das Generieren von Daten auf der Basis der bestehenden Daten sein. In einem GIS können viele Layer übereinandergelegt werden, um Sachverhalte zu verdeutlichen, zur Overlayanalyse jedoch werden aber immer nur zwei Layer verschnitten. Dies können Raster- oder Vektorlayer sein und grundsätzlich sind drei verschiedene Arten der Verschneidung unterschieden werden. Overlays können entweder

- mit einem Punkt- und einem Polygonlayer (Punkt-Flächen-Overlay) oder
- mit einem Linien- und einem Polygonlayer (Linien-Flächen-Overlay) oder
- mit zwei Polygonlayer (Fläche-Fläche-Overlay) siehe Abb. 8.12

erreicht werden.

Die nachfolgenden Abbildungen[18] zeigen in

- Abbildung 8.10: Punkt-Flächen-Overlay, im Vektormodell Punkte, die innerhalb eines bestimmten Polygons liegen. Zum Beispiel sind alle Hotels gesucht, die sich in einem bestimmten Siedlungsgebiet befinden. Im Rastermodell werden die gesuchten Punkte

[18] Grafiken aus http://gitta.info/Suitability/de/html/BoolOverlay_learningObject1.html cc 05.2015.

durch die Addition der beiden Eingangsebenen sichtbar. Die neu gewonnene Information ist, ob die Hotels im Siedlungspolygon liegen oder nicht.

- Abbildung 8.11 ein Linien-Flächen-Overlay zur Ermittlung von Straßenabschnitten, die sich im Siedlungsgebiet befinden. Dabei muss beachtet werden, dass sich im Vektormodell nun auch die Topologie ändert. Es entstehen neue Segmente und für jedes neue Segment muss angegeben werden, ob es sich innerhalb oder außerhalb des Siedlungspolygons befindet. Im Rastermodell identifiziert wieder eine Addition die gesuchten Punkte.
- Abbildung 8.12: Fläche-Fläche-Overlay, die Verschneidung von Polygonen im Vektormodell, die eine neue Datenebene mit neuer Topologie entstehen lässt. Durch die Verschneidung von Umrisslinien entsteht eine Vielzahl neuer Schnittpunkte und Polygone, für die Attribute neu zugeordnet werden müssen. Außerdem muss für nicht geschnittene Flächen geprüft werden, ob Inselpolygone entstanden sind. Raster-Overlay von Polygonen ist hingegen denkbar einfach. Wiederum gilt es nur, die Zellenwerte der Eingangsebenen zu addieren.

8.5.4 Interpolation

Ziel dieses Analyseverfahrens ist die Umwandlung von Geoinformation, die als Einzelpunkt verortet ist, hin zu einer Flächenstruktur. „Mittels Interpolationsverfahren wird also versucht, Attributwerte an Stellen vorherzusagen, an denen zuvor kein Wert gemessen wurde. … Damit lassen sich auch aus spärlich verteilten Beobachtungen kontinuierliche Oberflächen berechnen.“[19] Wirklich sinnvoll durchführbar wird dies, wenn mehrere punktuelle Geoobjekte nahe beieinander liegen. Es soll für punktuell verortete Attribute, die für mehrere Objekte gemessen/bestimmt wurden, eine Flächenstruktur berechnet werden, sodass eine Aussage über ein bestimmtes Gebiet möglich wird. Daraus folgt unmittelbar, dass für Daten, die räumlich unabhängig sind, keine Interpolation durchgeführt werden kann. Die prinzipielle Grundannahme bei diesem Verfahren ist, dass die gemessenen Daten Nachbarschaftseffekte aufweisen, also in Abhängigkeit von Distanz und Richtung im Raum Ähnlichkeiten aufweisen. Es wird vorausgesetzt, dass die Eigenschaften zweier Messpunkte umso ähnlicher sind, je geringer die Distanz zwischen ihnen ist. Die Visualisierung erfolgt häufig über Farbverläufe, siehe Abb. 8.13.

Je nach dem, welches Ziel verfolgt wird, muss zwischen den zur Verfügung stehenden Interpolationstechnik die richtige ausgewählt werden. Verschiedene Interpolationsmethoden sind beispielsweise[20]:

[19] Aus Geoinformatik-Service: http://www.geoinformatik.uni-rostock.de/einzel.asp?ID=991 (06.2015).

[20] Weitere Informationen unter http://ibis.geog.ubc.ca/courses/klink/gis.notes/ncgia/u40.html (06.2015).

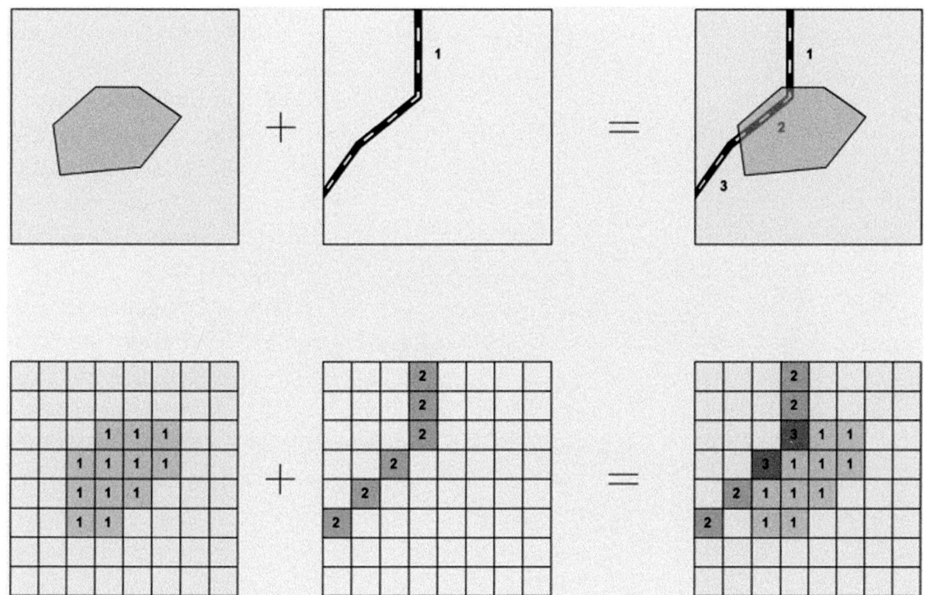

Abb. 8.11 Linien-Flächen-Overlay

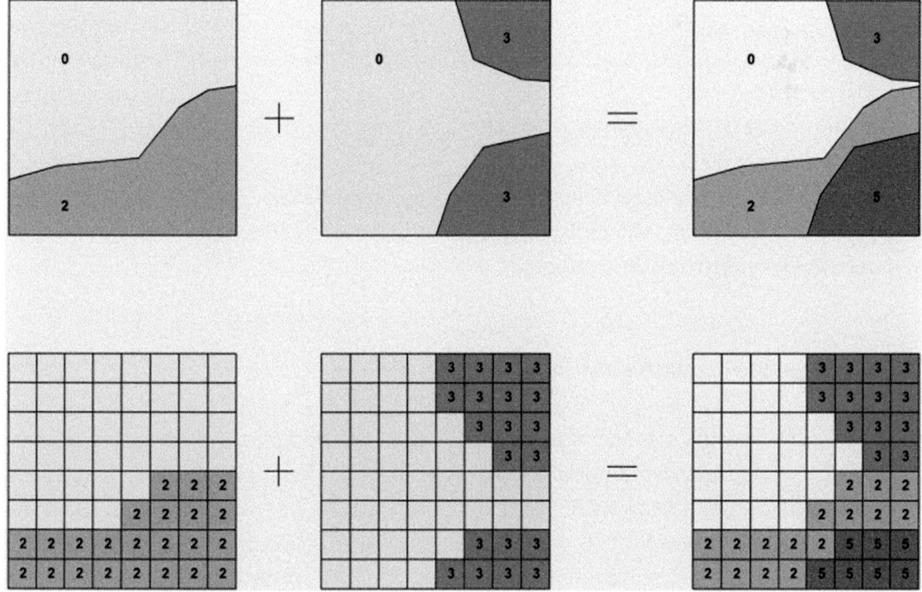

Abb. 8.12 Fläche-Fläche-Overlay

Abb. 8.13 Interpolation

- Klassifikation
- Trendflächenanalyse (Polynom)
- Regressionsmodelle
- Thiessen-Polygone (Nearest Neigbours für nominale Daten)
- Splines (zur Erstellung einer Oberfläche mit minimaler Krümmung)
- Kriging (Geostatistisch/Stochastisch)

8.5.5 Digitale Geländemodelle

Während die klassische Landkarte in analoger wie in digitaler Form die dreidimensionale Erdoberfläche auf eine zweidimensionale Fläche abbildet, kann mit einem Digitalen Geländemodell eine dreidimensionale Darstellung der Oberfläche erreicht werden. Die sogenannten Digital Elevation Models oder Digitalen Höhenmodelle bilden die Höhenstruktur einer Landschaft ab und zusammen mit dem digitalen Situationsmodell, das Grundrissdaten aufnimmt, kann ein Digitales Geländemodell berechnet werden. Häufig werden jedoch die Begriffe des Digitalen Höhenmodells und des Digitalen Geländemodells synonym verwendet. Siehe Abb. 8.15: ‚Layertechnologie in GIS'.

In Deutschland stehen die sogenannten ATKIS[21]-Daten zur Verfügung, mit denen Digitale Geländemodelle für Deutschland erzeugt werden können. Für globale Geländemodelle können die globalen Höhendatensätze SRTM DEM[22] und das ASTER GDEM[23] verwendet werden. Mit fortschreitender Technik werden sich diese Datensätze in der Zukunft deutlich verbessern, verschiedenste Projekte mit diesem Ziel sind derzeit am Start.

8.6 Visualisierung

Jede Art von raumbezogener Information kann in einer graphischen Darstellung deutlich besser erfasst werden, als in Textform. Gute Visualisierungen ermöglichen auch die Darstellung schwer vorstellbarer Objekte und helfen, das Verständnis für Daten zu verbessern und somit die Kommunikation über Daten zu erleichtern. Ziel von Visualisierung ist es in der Regel, den Betrachter in die Lage zu versetzen, Inhalte nicht nur zu sehen sondern diese zu erkennen, zu verstehen und zu bewerten. Bisher nicht erkannte Zusammenhänge innerhalb der Daten können von Betrachtenden gelungener Visualisierung unmittelbar erschlossen werden.

„Visualisation is a method of computing. It transforms the symbolic into the generic, enabling researchers to observe their simulations and computations. Visualization offers a method for seeing the unseen. It enriches the process of scientific discovery and fosters profound and unexpected insight. In many fields it is already revolutionizing the scientists do science."[24]

Resultate von Analysen zusammen mit kartographischen Darstellungen sowie sachverhaltsverdeutlichende Raster- und Vektorlayer ergeben eine Vielzahl an Einzelinformationen, die als komplexe Informationsquelle sehr gut durch den visuellen Wahrnehmungssinn verarbeitet werden kann. Durch Verwendung der Layertechnologie ist es leicht möglich, in grafischen Darstellung auszuwählen, welche Information zeitgleich betrachtet werden soll. Umfangreiche Datenmengen können so gezielt eingesetzt werden, um eine Demonstration eines Sachverhaltes zu erreichen.

Besonders erfolgversprechend sind 3D Visualisierungen für komplexe räumliche Zusammenhänge, um diese leicht verständlich darzustellen und sie eignen sich auch, um neue Erkenntnisse zu gewinnen, die mit zweidimensionalen Visualisierungen nicht möglich wären. Digitale Geländeund Oberflächenmodelle zeichnen sich dadurch aus, dass Höheninformationen zu den räumlichen Daten hinzukommen und auf dieser Basis eine zusätzliche Visualisierungsoption, die digitale Geländeanimation, entsteht. Frühe Einsätze

---

[21] Amtliches Topographisch-Kartographisches Informationssystem.

[22] Shuttle Radar Topography Mission Digital Elevation Model der NASA http://srtm.usgs.gov/index.php (06.2015).

[23] Advanced Spaceborne Thermal Emission and Reflection Radiometer Global Digital Elevation Model http://www.jspacesystems.or.jp/ersdac/GDEM/E/1.html (06.2015).

[24] B. H. McCormick, T. A. DeFanti and M. D. Brown (Eds.) (1987). Visualization in Scientific Computing, Computer Graphics Vol. 21, No. 6.

fand diese Technologie in Flugsimulatoren und sie ist heute aus modernen Computerspielen, Rekonstruktion historischer Stätten, Landschaftsbildsimulationen bei Bauvorhaben, Funknetzplanungen, Klima- und Umweltforschung und vielen weiteren Bereichen nicht mehr wegzudenken.

Eine Sonderstellung nehmen in diesem Kontext die Raum-Zeit-Würfel oder Space Time Cubes ein, die bereits in den 1970er Jahren von dem schwedischen Humangeograph Torsten Hägerstrand[25] entwickelt wurden aber erst jetzt mit immer leistungsfähigerer Hard- und Software und fortschreitender Webtechnologien pragmatisch realisiert werden können. Er hat als erster erkannt, dass eine Verknüpfung von Raum- und Zeitdaten in einem grafischen Modell deutlich mehr Erkenntnisse bringt, als die getrennte Betrachtung der Faktoren. Als Grundlage dient eine zweidimensionale Karte, die mit einer orthogonalen dritten Raumachse zur Abbildung der Zeit versehen wird. Dieses Konzept eignet sich hervorragend für den Einsatz in Geoinformationssystemen, da nun auch zeitliche Analysen sehr gut visualisiert werden können, siehe Abb. 8.14[26].

Ab 2004 hat sich das IAIS[27] mit der visuelle Analyse von raum-zeitlichen Daten im Rahmen des CommonGIS-Projektes auseinandergesetzt und einen Java 3D basierten interaktiven Browser zur Beobachtung raum-zeitlicher Gruppierungen in diskreten raumzeitlichen Ereignissen in Form eines Raum-Zeit-Würfels entwickelt, der leider nur einen sehr geringen Funktionsumfang aufweist. Für die kommerzielle Software ESRI ArcGIS gibt es ein PlugIn namens Extended Time-Geographic Framework Tools, das eine raumzeitliche Visualisierung für Geodaten in Form eines Raum-Zeit-Würfels ermöglicht[28].

Das NCSU OSGeo Research and Education Laboratory[29] zeigt im Internet multidimensionale Geovisualisierung in GRASS GIS[30] und auch dort findet sich eine Space-Time-Cube Visualisierung von Eye-Tracking Daten, die von Personen stammen, die einen vorgegebenen Weg gesucht haben. Alle diese Systeme sind reine Desktop Anwendungen. Die Übertragung in eine Webarchitektur mit HTML5, CSS3 und WebGL[31] würde entscheidende Vorteile mit sich bringen und es stünde dann ein allgemeines Tool zur Verfügung, dass für unterschiedliche Vorhaben eingesetzt werden könnte.

---

[25] https://de.wikipedia.org/wiki/Torsten_Hägerstrand (06.2015).

[26] Quelle: http://www.itc.nl/personal/kraak/move/_Media/napoleon_4_med.jpeg (06.2015).

[27] Fraunhofer-Institut für Intelligente Analyse- und Informationssysteme (http://www.iais.fraunhofer.de).

[28] http://desktop.arcgis.com/de/desktop/latest/tools/space-time-pattern-mining-toolbox/visualizing-cube-data.htm (06.2015).

[29] http://geospatial.ncsu.edu/osgeorel/index.html (06.2015).

[30] http://geospatial.ncsu.edu/osgeorel/multidim-geovis.html (06.2015).

[31] Web Graphics Library, mit deren Hilfe hardwarebeschleunigte 3D-Grafiken direkt im Browser dargestellt werden können. siehe auch https://www.khronos.org/webgl/ (06.2015).

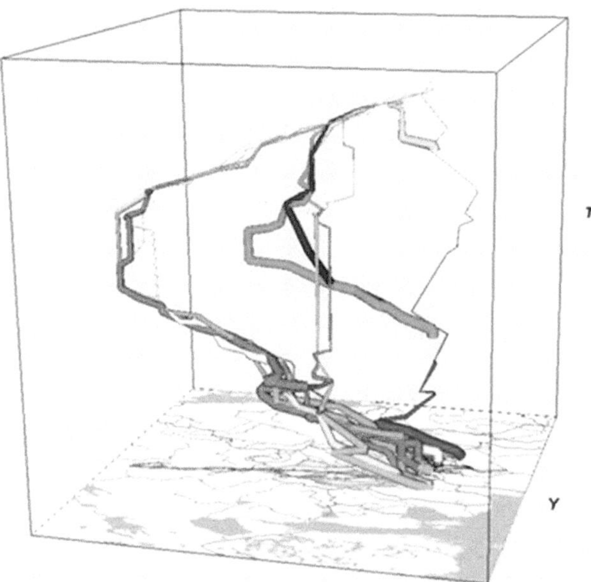

Abb. 8.14 Beispiel für einen Raum-Zeit-Würfel

8.7 Offene Datenformate

Das Open Geospatial Consortium OGC[32], das seit 1994 tätig und seit 2007 dem World Wide Web Consortium, W3C, zugehörig ist, hat sich zur Aufgabe gemacht, allgemeingültige Standards für Geodaten zu entwickeln. Diese Standards sollen Interoperabilität zwischen autarken Geoinformationssystemen ermöglichen. Dies ist dringend nötig, da viele verschiedene proprietären Datenformate und Applikationen zu zukunftsuntauglichen Insellösungen führen. Zur Verfügung stehen beispielsweise Sprachen wie die Geography Markup Language GML[33] und die Keyhole Markup Language KML[34], sowie Dienste wie WebMapService (WMS), WebFeatureService (WFS) und der WebCatalogService (CSW). Eine vollständige Liste aller OGC Standards ist auf der Homepage des OGC zu finden[35].

Die beiden speziell für Geodaten konzipierte Markup Languages GML und KML sind XML basiert und unterscheiden sich maßgeblich in der Zielsetzung: GML, die Geographic Markup Language, ist eine umfassende Sprache für Modellierung und Austausch von Geodaten und sehr gut geeignet, um Entitäten (Objekte) mit ihren Attributen, Relationen und Geometrien zu beschreiben (Straßen, Flüssen, Badesee, Bahnhof, Vermessungspunkt, …). In dem OGC® document: OGC 10-129r1 Version: 3.3.0 ‚OGC® Geography Markup

[32] Ehemals OpenGIS Consortium, http://www.opengeospatial.org (06.2015).

[33] Weitere Informationen unter http://www.opengeospatial.org/standards/gml (06.2015).

[34] Weitere Informationen unter http://www.opengeospatial.org/standards/kml (06.2015).

[35] http://www.opengeospatial.org/standards/is (06.2015).

Language (GML) – Extended schemas and encoding rules' kann das zugrunde liegende XML Schema eingesehen werden, das projektspezifisch erweitert wird. Grundsätzlich stehen folgende Basiselemente zur Verfügung[36]:

- Objekt
- Geometrie
- Koordinatenreferenzsystem
- Zeit
- Dynamisches Objekt
- Coverage (Anwendungsbereich)
- Maßeinheit
- Gestaltungsregeln für die Kartendarstellung

KML, Keyhole Markup Language, ist ebenfalls eine Auszeichnungssprache für Geoobjekte und wurde für die Visualisierung geographischer Informationen (inklusive Navigation durch den User) konzipiert. Google Inc. entwickelte diese Sprache bis zur Version 2.2 und setzt sie bei den Applikationen Google Earth und Google Maps ein, was KLM eine große Bekanntheit bescherte. Seit 2008 ist KLM ein von der OGC anerkannter Standard.

Das den KML Instanzen zugrunde liegende geodätisches Referenzsystem muss WGS84 (World Geodetic System 1984)[37] sein. Als extrem vereinfachtes Anschauungsbeispiel folgt eine Instanz mit dem sehr häufig verwendeten Placemark-Element, das die selbsterklärenden Kind-Elementen name, description, Point und coordinates, beinhaltet.

```
<?xml version="1.0" encoding="UTF-8"?>
<kml xmlns="http://www.opengis.net/kml/2.2">
<Document>
<Placemark>
   <name>Zürich</name>
   <description>Zürich</description>
   <Point>
    <coordinates>8.55,47.3666667,0</coordinates>
   </Point>
 </Placemark>
</Document>
</kml>
```

Auf den Webseiten der Google Developers ist ein umfangreiches Tutorial[38] zu KML zu finden und auch folgender sehr interessanter Tipp: „To see the KML ‚code' for a feature in Google Earth, you can simply right-click the feature in the 3D Viewer of Google Earth and select Copy. Then Paste the contents of the clipboard into any text editor. The visual

[36] Siehe: http://www.gis-news.de/paper/gml (06.2015).

[37] Siehe Kap. 8.3.6 Karten und Koordinatensysteme.

[38] https://developers.google.com/kml/documentation/kml_tut (06.2015).

feature displayed in Google Earth is converted into its KML text equivalent. Be sure to experimnt with this feature.“ [39]

8.8 Software – Übersicht

Die Auswahl der Software ist eine langfristige und nicht triviale Entscheidung, die eine gute Kenntnis der aktuellen Softwaresysteme voraussetzt. Die nachfolgend in Tab. 8.1, 8.2, 8.3 aufgeführten Systeme stellen zum Zeitpunkt des Erscheinens dieses Buches eine sinnvolle Zusammenstellung dar.

8.8.1 Kommerzielle GIS Software

Tab. 8.1 Kommerzielle GIS Software

Produkt	Hersteller
Map3D[a]	Autodesk
ArcGIS[b]	ESRI
MapInfo professional[c]	MapInfo Corp.
TNTmips[d]	MicroImages Inc.

[a] http://www.autodesk.de/products/autodesk-autocad-map-3d/overview
[b] http://esri.de/products/arcgis/[c] http://pbinsight.eu/ger/produkte/location-intelligence-und-gis/mapinfo-professional/[d] http://www.gisteam.de/index.htm

8.8.2 freie GIS-Software

Tab. 8.2 freie GIS Software

Produkt	Lizenz
GRASS GIS[a]	GNU General Public License
Quantum GIS (QGIS)[b]	GNU General Public License
TNTmips free (stark begrenzte Funktionalität)[c]	Kommerziell: MicroImages

[a] http://grass.osgeo.org/
[b] http://www.qgis.org/de[c] http://www.gisteam.de/produkte/#tntmipsfree

8.8.3 Software für online-GIS bzw. web-GIS

Eine Vergleichsübersicht findet sich bei Wikipedia unter http://en.wikipedia.org/wiki/Comparison_of_geographic_information_systems_software (29.11.2013).

[39] Quelle: https://developers.google.com/kml/documentation/kml_tut (06.2015).

Tab. 8.3 Software für online-GIS bzw. web-GIS

Produkt	Anbieter/Lizenz
Google Maps[a]	Google Inc.
	Kommerziell: kostenlos, aber nicht frei!
	Kostenpflichtig nur bei kommerzieller Verwendung!
Bing Maps[b]	Microsoft/kommerziell: kostenlos, aber nicht frei!
	Kostenpflichtig bei kommerzieller Verwendung!
OpenStreetMap[c]	Open Database License
	Webangebot, API und Kartenmaterial frei!

[a] https://maps.google.com/
[b] http://www.bing.com/maps/
[c] http://www.openstreetmap.org/

8.9 WebGIS

Die Nutzung von Softwareapplikationen bewegt sich seit einiger Zeit weg von den proprietären Desktop-Lösungen hin zu Anwendungen in Netzwerken. Dies können Installationen in lokale Intranets sein oder zentral zur Verfügung stehende Applikationen im Internet. Netzwerkanwendungen sind grundsätzlich plattformunabhängig und müssen nicht von jedem User eigens installiert werden. Ein aktueller Internetbrowser auf dem lokalen System ist ausreichend, um diese Applikationen zu verwenden. Die Anwendungsbreite eines Web-GIS kann je nach Konfiguration sehr unterschiedlich ausfallen, mindestens sollten jedoch dynamische thematische Karten dargestellt werden können, die durch den User spezifizierbar sind. Notwendig für ein solches Angebot ist ein Webserver[40] und ein Kartenserver (Internet Map Server (IMS)), der Geodaten als Webservice in sogenannten Geodiensten bereitstellt. Diese sind in unterschiedlichsten Geschäftsmodellen verfügbar. Die OSGeo[41] betreibt unterschiedliche Projekt in diesem Bereich, beispielsweise GeoServer[42], „[…] an open source server for sharing geospatial data. Designed for interoperability, it publishes data from any major spatial data source using open standards.“[42] oder MapServer[43], das als Grundlage eine freie, in C geschriebene Software (Open Source) zur Darstellung von GIS Daten beinhaltet und aus dem bekannten Projekt UMN MapServer der University of Minnesota hervorgegangen ist. Weitere IMS wären:

[40] Siehe Kap. 2.10 Serverseitige Dynamisierung.

[41] Open Source Geospatial Foundation http://www.osgeo.org (06.2015).

[42] http://geoserver.org (06.2015).

[43] http://mapserver.org/about.html (06.2015).

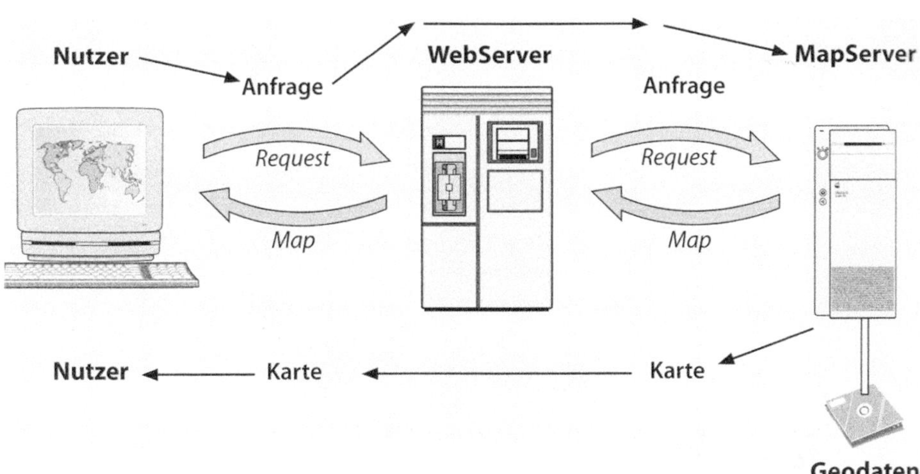

Abb. 8.15 Web-GIS-Architektur

- ArcGIS for Server der Firma ESRI[44],
- QGIS MapServer, als Erweiterung der OS Software QGIS oder
- deegree[45].

Grundsätzlich erfolgt dieser Dienst nach folgendem Prinzip: Useranfragen werden über den Client (Webbrowser) an einen Webserver geschickt, der eine Anfrage an den MapServer sendet und von diesem eine auf die Useranfrage spezifizierte Karte zurückbekommt und an den Client weitergibt (Abb. 8.15).

Unterschieden werden muss zwischen reinen Geodaten-Servern und dezidierten Web-Mapping-Servern. Während die Geodaten-Server ausschließlich Daten zur Weiterverarbeitung durch ein lokales System liefern, schickt ein Web-Mapping-Server fertige Karten an den Client zurück. Diese können als bereits vorgefertigte Karte gespeichert sein und werden als statische Karte auf Anfrage an den Client übersandt. Solche Systeme werden auch als Online-Geo-Auskunftssystem bezeichnet. Dagegen stehen sogenannte dynamische bzw. interaktive Systeme, die durch den User modifizierbar sind, und auf Anfrage eine bestimmte Karte generieren und an den User zurückschicken.

Um Interoperabilität zu gewährleisten, hat die OGC den Web-Map-Service (WMS) geschaffen, der einen standardisierte Kartendatenübermittlungsdienst gewährleistet: auf eine standardisierten Request folgt ein standardisierter Response. Es handelt sich hierbei um eine spezielle Ausprägung eines Standardwebservices. WMS wird über die drei Funktionen ‚getCapabilities', ‚getMap' und ‚getFutureInfo' realisiert. getCapabilities liefert ein XML Instanz mit allgemeinen Angaben zum Anbieter des WMS, welche Ausgabeformate unterstützt werden sowie die abfragbaren Layer der Karte. getMap liefert die georeferen-

[44] http://www.esri.com/software/arcgis/arcgisserver (06.2015).

[45] http://www.deegree.org (06.2015).

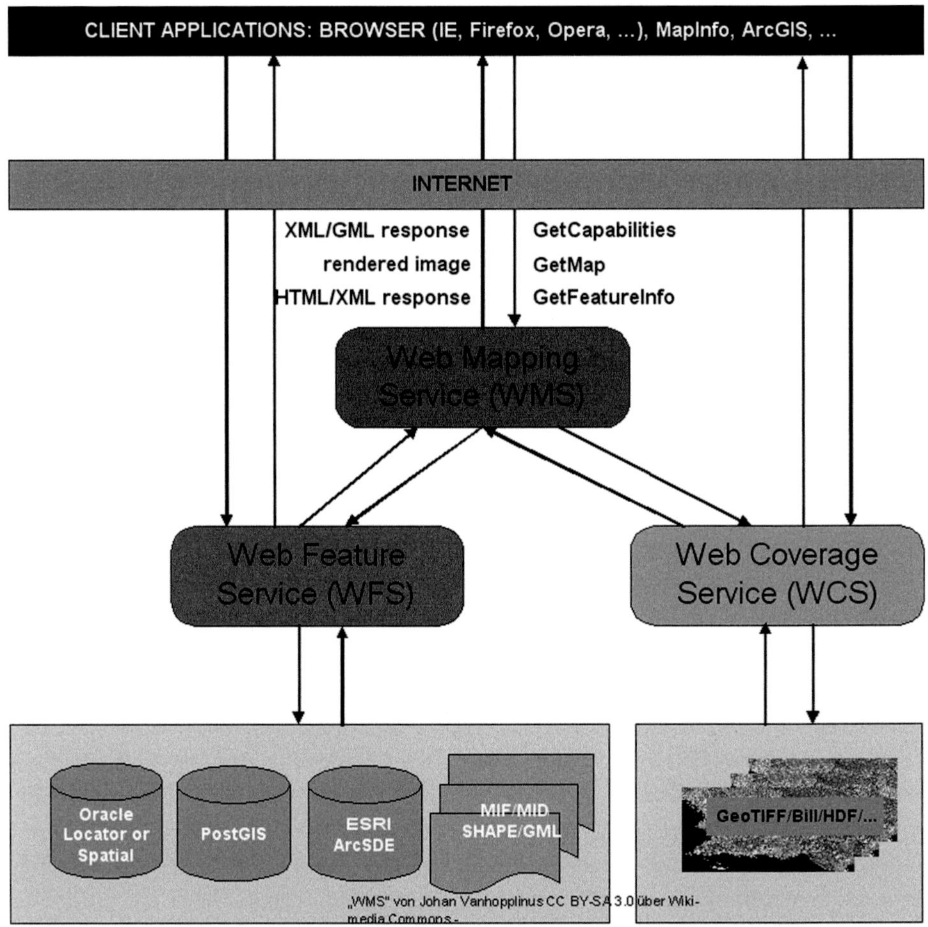

Abb. 8.16 WMS-Architektur

zierte Karte zurück, welche die gewünschten Layer und ihre Darstellung enthält sowie das KBS und die Gesamtgröße und den Kartenausschnitt. getFutureInfo ist eine optionale Funktion, die thematische Informationen im XML Format liefert.

Wichtig ist, dass dieser Dienst nicht die Geodaten als solche anfordert, sondern deren visuelle Darstellung als Rasterbild. So ist es möglich, von verschiedenen Servern heterogene Daten zusammenzuführen und bestenfalls zu neuen Erkenntnissen zu kommen. Auf Abb. 8.16 ist der Dienst im Detail gut nachvollziehbar.

Eine Übersicht über die Verfügbarkeit von Web-Diensten in Deutschland ist auf der Seite GeoInfoMarkt des Bundesministeriums für Wirtschaft und Energie unter der URL http://www.geoinfomarkt.org/modules/geomonitor/search.php abrufbar.

8.10 Aufgabe

Mit der Software Quantum GIS erstellen Sie ein Mini-GIS. In diesem GIS soll eine thematische Karte, z. B. der Ferieninsel Mallorca, angefertigt werden. Ziel ist es, mit der entsprechenden Grundkarte und verschiedenen Vektorlayern eine Kartographierung der Inseln durch das Einzeichnen von kulturellen und historischen Stätten, Naturgegebenheiten etc. vorzunehmen.

Vorgehensweise

- Installation der OpenSource Software QGis.
- Einlesen einer Grundkarte, z. B. mallorca.jpg[46] oder etwas Vergleichbares, als Rasterlayer.
- Fügen Sie mindestens zwei, gerne aber auch mehrere Vektorlayer ein, um z. B. folgende Dinge einzuzeichnen:
  - Touristenballungsgebiete,
  - Buchten,
  - Berge,
  - Kirchen,
  - Sehenswürdigkeiten
  - oder auch eigene Ideen.
- Erstellen Sie zu jedem Layer eine geeignete Attributtabelle und füllen Sie diese mit ein paar Beispieldaten.
- Speichern Sie das GIS abschließend als Projekt.

Ist das geschafft, erweitern Sie das Projekt, indem Sie:

- Beschriftungen hinzufügen,
- Füllungen, Farbverläufe und SVG-Symbole für die Objekte definieren,
- die Karte mit Nordpfeil, Maßstab und Copyright Text versehen und
- eine Abfrage einfügen.

8.10.1 Quantum GIS

Quantum GIS (QGIS) ist ein benutzungsfreundliches Open Source Geographic Informations System (GIS) und auf Linux, Unix, Mac OSX, Windows und Android lauffähig. Es unterstützt Vektor-, Raster- und Datenbankformate und ist unter der GNU GPL (General Public License) lizensiert. Die wichtigsten Funktionen sind unter http://qgis.org für die jeweils aktuelle Version zu finden.

[46] http://commons.wikimedia.org/wiki/File%3AMallorca.jpg.

8.10.2 Projekt

Bitte fertigen Sie ein GIS zu einem Thema Ihrer Wahl an. Folgende Anforderungen sollten erfüllt werden:

1. Grundkarte (Achtung: eine geeignete Karte zu finden, ist nicht immer unproblematisch!)
2. Mindestens drei verschiedene Layer/Layerarten zur Visualisierung des Themas erzeugen und sinnvolle unterschiedliche visuelle Attribute einsetzen. Umlaute bei der Benennung unbedingt vermeiden!
3. Gute Präsentation mit automatisch erstellter Legende, Maßstabsleiste und Nordpfeil,
4. sinnvolle Farb- und Mustergebung (Verwendung des kategorischen Farbverlaufs zur Visualisierung eines Sachverhaltes) und symbolische Darstellungen
5. Ein-/Ausblendung und Kombination verschiedener Layer (Raster- und Vektordaten)
6. 3D-Darstellungen,
7. Animationen,
8. Einbindung von Diagrammen,
9. Bild- oder Audiodaten
10. ausreichend Sachdaten, sinnvoll und zur Analyse geeignet.
11. (wenn möglich) Georeferenzierung der vorliegenden Grundkarte (unbedingt am Anfang durchführen, sonst Layerkonflikte!)
12. Messen von Distanzen und/oder Bestimmung von Flächengrößen (wenn möglich)
13. Analyse der Geodaten wie zum Beispiel:
    - Abfragen oder Selektionen;
    - Overlays;
    - Zusammenführen von Geometrien, Herausstanzen von Gebieten, Aufsplitten auf mehrere kleine Gebiet, Herausschneiden/Löschen von Teilen aus dem Inneren eines Gebietes;
14. Analyse von Netzwerken:
    - Ermittlung kürzester Wege zwischen zwei Punkten,
    - Problem des Handlungsreisenden,
    - Ermittlung von Einzugsbereichen,
    - Standortanalyse,
    - Interpolation
15. Hinzufügen eines Zeitbezugs (optional).
16. mind. eine umfangreiche, eigenständig erarbeitete und nicht angesprochene Funktionalität von QGIS umsetzen
17. … viele eigene Ideen!!! Im Handbuch finden sich viele Funktionalitäten, die sinnvoll integriert werden können.

Erratum

Erratum zu:
Digital Humanities
Susanne Kurz
ISBN 978-3-658-11212-7, DOI 10.1007/978-3-658-11213-4

Versehentlich wurde im ursprünglichen Buch das Literaturverzeichnis nicht angefügt. Dies wurde nun korrigiert.

Die Online-Version des ursprünglichen Buches ist unter folgendem Link verfügbar: DOI 10.1007/978-3-658-11213-4

S. Kurz, *Digital Humanities*, DOI 10.1007/978-3-658-11213-4_9

Literatur

1. Bartelme, Norbert (1995): Geoinformatik – Modelle, Strukturen, Funktionen. Springer, Berlin, Heidelberg.
2. Franz-Josef Behr (1997): Geographische Informationssysteme. Wissenschaftliche Buchgesellschaft, Darmstadt.
3. Franz-Josef Behr: GML-basierte Kodierung von Geodaten. Auf http://www.gis-news.de/papers/gml/ (06.2015) Hochschule für Technik, Stuttgart.
4. Bill, Ralf (2010): Grundlagen der Geo-Informationssysteme. 5., völlig neu bearbeitete Auflage. Wichmann-Verlag, Berlin.
5. Birbeck, Mark, et.al. (2001): Professional XML. Wrox Press, Birmingham, UK.
6. Born, Günter (2001): Dateiformate - Die Referenz. Galileo Press, Bonn.
7. Droß, Kerstin (2006): Zum Einsatz von Geoinformationssystemen in Geschichte und Archäologie. In: Historical Social Research 31, 3, pp. 279-287. URN: http://nbn-resolving.de/urn:nbn:de:0168-ssoar-49997.
8. Duckett, Jon, et.al. (2001): Professional XML Schemas. UK: Wrox Press, Birmingham.
9. Eisenberg, David J. (2002): SVG Essentials. Producing Scalable Vector Graphics with XML. O'Reilly, Sebastopol, CA.
10. Endres, Albert, und Fellner, Dieter (2000): Digitale Bibliotheken. Informatik-Lösungen für globale Wissensmärkte. dpunkt.verlag, Heidelberg.
11. Flanagan, David (2007): JavaScript. Das umfassende Referenzwerk. O'Reilly, Köln.
12. Foley, James D.; van Dam, Andries; Feiner, Steven K.; Hughes, John F. (2013): Computer Graphics. Principles and Practices. Addison-Wesley, Boston u.a.
13. Fulton, Steve, und Fulton, Jeff (2011): HTML5 Canvas. Native Interactivity and Animation for the Web. O'Reilly, Sebastopol, CA.
14. Gierling, Rolf (2001): Farbmanagement. mitp-Verlag, Bonn.
15. Gumm, Hans-Peter, und Sommer, Manfred (2012): Einführung in die Informatik. Oldenbourg, München, Wien.
16. Günther, Ulrich (2003): PHP. Ein praktischer Einstieg. O'Reilly, Köln.
17. Harold, Elliotte Rusty (2002): Die XML Bibel. mitp-Verlag, Bonn.
18. Harold, Elliotte Rusty; Means, W. Scott (2003): XML in a Nutshell. O'Reilly, Köln.
19. Häßler, Ulrike (2003): Cascading Stylesheets: Stil mit <stil>. Springer, Berlin, Heidelberg u.a.
20. Hauser, Tobias (2007): AJAX. Web 2.0-Anwendungen mit JavaScript und XML. Markt + Technik, München.

S. Kurz, *Digital Humanities,* DOI 10.1007/978-3-658-11213-4

21. Hogan, Brian P. (2011): HTML5 & CSS3: Webentwicklung mit den Standards von morgen. O'Reilly, Köln.
22. Holman, G. Ken (2002): Definitive XSLT and XPath. Prentice Hall, Upper Saddle River, NJ.
23. Holzner, Steven (2001): XML - Insider. Das Expertenwissen zum De-Facto-Dokumentenstandard. Markt + Technik, München.
24. Jähne, Bernd (2002): Digitale Bildverarbeitung. Springer, Berlin, Heidelberg, New York.
25. Kappas, Martin (2011): Geographische Informationssysteme. Bildungshaus Schulbuchverlage Westermann Schroedel Diesterweg Schöningh Winklers GmbH, Braunschweig.
26. Koch, Daniel (2011): HTML5. Grundlagen & Praxislösungen. Data Becker, Düsseldorf.
27. Kofler, Michael (2001): MySQL. Einführung, Programmierung, Referenz. Addison-Wesley, München.
28. Kränzler, Christine (2002): XML / XSL für Buch und Web. Markt + Technik, München.
29. Kröner, Peter (2011): HTML 5. Webseiten innovativ und zukunftssicher. Open Source Press, München.
30. Lerdorf, Rasmus, und Tatroe, Kevin (2001): Programmieren mit PHP. Dynamische Webseiten erstellen. O'Reilly, Köln.
31. Matzer, Michael; Lohse, Hartwig (2000): Dateiformate. dtv, München.
32. Meyer, Eric A. (2007): CSS. Das umfassende Handbuch. : O'Reilly, Köln.
33. Miano, John (1999): Compressed Image File Formats. JPEG, PNG, GIF, XBM, BMP. Addison-Wesley, Reading, MA.
34. Münz, Stefan und Clemens Gull (2014): HTML5 Handbuch. Franzis Verlag GmbH, Haar/München.
35. Spona, Helma (2001): SVG - Webgrafiken mit XML. Das Einsteigerseminar. vmi-Buch, Landsberg.
36. Strutz, Thilo (2005): Bilddatenkompression. Grundlagen, Codierung, JPEG, MPEG, Wavelets. Viehweg, Braunschweig / Wiesbaden.
37. Tidwell, Doug (2002): XSLT. XML-Dokumente transformieren. O'Reilly, Köln.
38. Vlist, Eric van der (2003): XML Schema. XML-Daten modellieren. O'Reilly, Köln.
39. Ziegeler, Theodor (1989): Vom Grenzstein zur Landkarte: Die bayrische Landvermessung in Geschichte und Gegenwart. Verlag Konrad Wittwer, Stuttgart.
40. Zimmermann, Albert (2012): Basismodelle der Geoinformatik: Strukturen, Algorithmen und Programmierbeispiele in Java. Carl Hanser Verlag, München.

Sachverzeichnis

S. Kurz, *Digital Humanities,* DOI 10.1007/978-3-658-11213-4

Printed in the United States
By Bookmasters